另一张面孔

图像中的明代社会

金匠 著

江苏凤凰美术出版社

目录

乐：戏台上的人生

龙

奇异的图像

大明天子驾飞龙，

开疆宇，定王封，

江汉远朝宗。

庆四海，车书会同。

东夷西旅、北戎南越，

都入地图中。

遐迩畅皇风，

亿万载，时和岁丰。

——《大一统之曲·凤凰吟》[1]

1 《明太祖实录》卷五十六，中华书局，2016年版，第1109页。

朱元璋穿龙袍的两副面孔

书写的朝代历史总是从一个相似的图景开始。

《明史》记载：凤阳农妇陈氏，刚怀孕的时候，梦见神仙送给自己一个神秘的药丸，放在手掌之中闪闪发光，她在睡梦中吞下了这个药丸，醒来时口中还残留着余香；到婴儿出生时，满屋的红光，夜里空中火光数起，邻居以为火灾，赶来救火时，火光却不见了。每一位开国皇帝，他们的人生总是伴随着奇异天象的出现而开始的。稍微迟钝的人们在惊诧这种奇异的天象之外，当时并没有做出过多的猜想和预测。而只有当这个婴儿在艰难的环境中存活下来，并通过轰轰烈烈的奋斗，打下一片江山后，才猛然醒悟当时天象所预示的意义。

在奇异的出生场景之外，他们的相貌同样受到了人们的关注，在他们的相貌之中一定存在着某些特殊的征兆，预示着他们必然可以得到天下，并顺应天意地将天下传承给自己的子孙，而百世不易。

“比长，姿貌雄杰，奇骨贯顶，”“（郭）子兴奇其状貌，留为亲兵，”[1]这是《明史》中对于明代立国皇帝朱元璋成年之后形貌的描述——《明史》的书写是在清代，书写的依据自然参照了明代早已成型的一些观点和文献——可以肯定的是郭子兴第一眼一定是被这个英姿飒爽的青年所吸引，才将朱元璋作

1 《明史》卷一“本纪第一”之“太祖一”。

为一个亲兵留在自己的身边。但是否真的是“奇其状貌”，则是后世书写者的揣测。这个青年在随后的几次作战中获胜，进一步获得了领导的赏识。郭子兴将自己收养的义女马姑娘许配给了他。从这些记载和有限的描述中，我们可以在自己的脑海中为青年朱元璋描绘出一个大致的形象来：一个讨领导喜欢、能干的英俊青年。

然而历史留存的图像中，让我们看到的，更多的是一个形貌异状的朱元璋（图 1.1），这类画像，研究者称之为“异像”[1]。这种异像目前在台北故宫博物院中就保存有十轴之多，原属于清代南薰殿旧藏，主要是清廷从民间收集的画像——这些“异像”有一些共同的特点，“朱元璋”都长着一张类似鞋拔子一样的怪脸——面部狭长，面颊凹陷，下巴向前凸出，双目凤眼，八字形倒挂在面门之上，整个面门上还布满了麻点——这个形象曾一度出现在中国历史的教科书中，作为明代开国皇帝朱元璋的“真实”画像，但这是否就是真实的“朱元璋”呢？

在这些“异像”之外，故宫还保留着两张朱元璋的“标准像”，属于官方的“御容”，其中一张绢本设色的御容是全身坐像，朱元璋身着黄色团龙纹龙袍正襟危坐在金交椅之上，朱元璋黑髭广颐，标准的国字方脸。此时图像中的朱元璋正值壮年，自信从容的大度气势透体而现，充盈着画面（图 1.2），这倒有点

1　董进《恢恢皇度穆穆圣容：明代皇帝画像略考》，《紫禁城》2020 年第 2 期，第 59 页。

像《明史》中描绘他刚出生时的情形："红光满室"。另一张"御容"，是半身像，朱元璋的容貌与前者一致，只是须发斑白，人已经进入老迈之年，但威严犹存，帝王之气不减。

这两种图像同时存在于故宫的庋藏中。那么，谁才是真实的"朱元璋"？我们首先来分析一下这些画像都可能是谁创作的。

御容

陆容（1436—1497）的《菽园杂记》被同时代的王鏊赞为明代记事书第一。这本明人杂记为后世提供了很多重要史料。该书记载洪武年间，朱元璋曾多次征召画师进宫，为自己"传写御容"，"高皇尝集画工，传写御容，多不称旨。有笔意逼真者，自以为必见赏。及进览，亦然。一工探知上意，稍于形似之外，加穆穆之容以进。上览之，甚喜，仍命传数本以赐诸王。盖上之意有在，他工不知也"[1]。这则明人笔记包含了不少的信息，后人有不少的解读，甚至还有一些误读。首先，可以肯定的是：朱元璋曾经多次征召画工为自己画像，估计传写御容的目的各有不同。从他最后传写多本赐给自己的王孙来看，其中一个重要的目的就是让他们能时刻看到自己的御容，并接受这个"御容"严厉的监督。如果是这个目的，御容的传写是

1　陆容《菽园杂记》卷十四，《明代笔记小说大观·一》，上海古籍出版社，2005年版，第511页。

图 1.1　朱元璋异像

图 1.2　朱元璋御容

必须要“形似”，这一点在笔记中也说得很明白，但显然“形似”并不是朱元璋所满意的唯一标准。一些传写御容的画师没有能体会到，而丢失了性命[1]。朱元璋还需要自己的御容在形似之外，更多地体现出自己威严的“穆穆之容”来——这才是那个坐在南京城内宫廷里的皇帝的真实目的。自己威严的御容，能代表着自己时刻监督着那些在封地里的儿孙们。但这些意思，包括陆容这则笔记所载的信息，还是被一部分人误读了，误读的人们认为朱元璋担心自己“真实”的丑陋相貌流传到外边，而影响到皇权的尊严，所以下令修改了自己的画像。正因为这样一个先入之见，让后人们更加倾向于去相信一种形貌异状的“异像”才是朱元璋的真实形象。或许正是这样一个普遍的心理，让朱元璋“异像”的诞生和流布提供了“合理”的空间。

在明代的笔记中，明太祖朱元璋真实的形象和相貌在民间的出现，还有两段相近的记载。一则还是前面提到的陆容的《菽园杂记》记载：苏州天王堂中一个土地神像，就是洪武时期一个宫廷工匠按照太祖高皇帝的形貌所塑造的，开始并没有人知道，直到永乐初年，一个曾经在朱元璋身边侍奉很久的阖姓百户军官被贬到苏州时，偶然见到这尊神像，而道出了这个秘密[2]。另一则笔记是在陆容之前的王锜（1432—1499），他在自

1 张瀚《松窗梦语》卷六“方术纪”，中华书局，1985 年版，第 110 页。
2 陆容《菽园杂记》卷十四，《明代笔记小说大观·一》，上海古籍出版社，2005 年版，第 511 页。

己的笔记《寓圃杂记》中更详细地记载了这尊神像的相貌特征，这些特征与我们前面所看到的宫廷画工所绘的御容是一致的，只是服装是居士头巾，身着深衣：

> 吴故墟之西，有天王堂，寺廊之南，一神端坐，长可八尺，巾若居士，衣若深衣，隆准大耳，耳有垂珠，目深肤厚，唇努而丰，额甚广，颧甚高，须类虬而不张，有深思穆穆之容。永乐初，百户阖俊来官于苏，偶见其像，伏地而哭。人问其故，乃曰："此我太祖皇帝之容也。俊侍左右者五年，谛视甚熟，今鼎湖之驾已远，故感泣耳。"遍传吴中，观者如市。至今人每过之，即加瞻仰，以实为太祖圣像。此乃塑手之精，偶类天日之表一二而已。特人心思之至，遂形容之过也。[1]

这两则历史笔记的记录，记载着同一件史实，一前一后，或有借鉴，均对于我们确定明太祖朱元璋的真实相貌有所帮助。这些历史文献记载，让我们确认了历史流传的"隆准大耳，耳有垂珠，目深肤厚，唇努而丰，额甚广，颧甚高，须类虬而不张，有深思穆穆之容"的御容可能就是真实的形象，它们是按照朱元璋的真实形象，对照本人写生描画和凭着高巧的技艺塑造出

1 王锜《寓圃杂记》卷一"天王堂神像"条，《明代笔记小说大观·一》，上海古籍出版社，2005 年版，第 299 页。

来的。那么，历史上流传的“异像”就并非明太祖朱元璋真实的形象了。

异像的出现

有研究者指出：今天收藏在故宫中的十余轴的朱元璋“异像”，它们并非洪武期间创作的，它们的创作年代应该是明末至清中期的作品[1]。一个关键的鉴定理由就是“异像”中人物的衣冠，与明代的制度，以及出土的明初实物完全不符合。如明初期的龙纹继承了宋元以来的风格，龙的造型以侧身为主，龙嘴紧闭，鬃毛上扬，身体修长，四肢有力（图 1.1、图 1.2）；而“异像”中龙纹张嘴露出獠牙，或呈现正面龙头——呈现了明中后期以及清代龙纹造型的特点，甚至一些图像还将皇帝专用的五爪龙纹画成了四爪或三爪的“蟒纹”。可见，这些图像更多是凭空臆造出来的，而且一些创作者的历史知识参差不齐，但他们在表现“异像”时所呈现的相貌特征却惊人地相似。

为什么会出现这么多几乎相似的臆造图像？这些图像具体出现是在什么时候，其目的是什么，又是如何开始流布开来的？

虽然目前尚没有确切的答案，一则明代中期官员张瀚（1510—1590）的笔记中，或许隐藏着某些可以启发我们继续追问下去的线索。张瀚在隆庆时期做过南京工部的尚书，他曾在南京大内武英殿里瞻仰过朱元璋的御容：“太祖之容，眉秀

1　董进《恢恢皇度穆穆圣容：明代皇帝画像略考》,《紫禁城》2020 年第 2 期，第 63 页。应该在明中期就已经出现了这种“异像”。

目炬，鼻直唇长，面如满月，须不盈尺。与民间所传奇异之象大不类。相传太祖图像时杀数人，后一人得免，意者民间所传，即后一人所写，未可知也。”[1]张瀚在南京大内武英殿中所见到的朱元璋的御容，与我们前面所提到的故宫所藏的御容“标准像”是一致的。而且说明明太祖朱元璋的异像在明中期就已经在民间传布了。按说，我们在前面已经提到了朱元璋传写御容的一个目的，是赐予自己的儿孙——当然这不是皇帝传写御容的唯一目的——但民间应该没有这样瞻仰已经去世100多年皇帝的必要，而且还是一个与官方公布的标准像严重偏差的图像。在解读这则文献时，我们发现张瀚作为朝廷大员，在闻知民间流传的太祖高皇帝的本来面目全异的“异像”时，并未表现更多的诧异，也并未有上报朝堂严拿收缴的举动，说明在当时的社会，这种现象已经是司空见惯了，朝堂似乎也早就默许了这种现象的存在。

这种异像不仅在张翰为官的江浙地区流传甚广，而远在边陲的云贵地区也有流传。张萱（约1553—1636）在《疑耀》中记载，自己的祖先在云南做县令时，就在黔国公府邸中临摹过这样一张太祖高皇帝“龙形虬髯”的御容：“先大夫令滇时，从黔国邸中模高皇御容，龙形虬髯，左脸有十二黑子，其状甚奇，与世俗所传相同，似为真矣。余直西省，始得内府所藏高、成二祖御容，高皇帝乃美丈夫也，须髯皆如银丝可数，不甚

1　张翰《松窗梦语》卷六“方术纪”，中华书局，1985年版，第110页。

修，无所谓龙形虬髯十二黑子也。”[1] 朝廷勋戚的官邸之中，收藏或供奉的也是一张太祖高皇帝“龙形虬髯”的“异像”，而不是南京武英殿或者北京太庙中所供奉的那种“标准像”，说明明太祖朱元璋的“异像”在当时的明代社会中的影响之广。这种流传之广现象的背后必然指向某种特定的历史原因。或许这些原因，也就是我们解读明太祖朱元璋两种形象流传的钥匙。

在中国传统社会和文化中，与人的相貌最为直接相关的神秘学问就是“相术”。早在东汉末年至魏晋时期，官员的选拔所采取的“九品中正制”，其中相貌、相骨就是一个重要的手段。《世说新语》专设“容止”一门，来品鉴当时名流的相貌举止。隋唐之后，科举取士，相貌同样是一个影响士子仕途的重要因素。唐宋时期，一些重要官职的任免需要咨询相士。据宋人周辉笔记《清波杂志》记载，宋代政和、宣和年间，朝廷提升或罢免侍从以上官员，“皆先命日者推步其五行休咎，然后出命，故一时术者，谓士大夫穷达在我可否之间”[2]。这种风气到了元明时期更盛，户籍之制中，在“军、民、医、匠”之外，还有专门地分出“阴阳”的一类户籍来，说明存在着一个数量足够庞大的专业队伍。他们甚至在朝堂之中，受到了各种礼遇。洪

1 张萱《疑耀》卷一，“高皇帝像”条，文物出版社，2019 年版，第 5 页。
2 周煇《清波杂志校注》卷三，“日者谈休咎”条，中华书局，1994 年版，第 104 页。

武时期，“朝廷访求通晓历数、数往知来、试无不验者、必封侯，食禄千五百石”[1]。

我们从明代的图书出版刊行的资料来看，也能察觉到明代相术发展之盛。据明代嘉靖年间出版的《晁氏宝文堂书目》统计，“阴阳”部的书籍有300种。当时人们的生活深受这种相术的影响，无论是平民的考学、婚配，还是朝廷的任免、皇室选择继任者等，甚至日常连赠答诗、戏剧演员的化妆，肖像画的技法、军队作战上都应用相术知识的指导[2]。人人都沉浸在其中，将其视作为日常生活的指南。成书于万历年间的《续英烈传》中描绘了明太宗朱棣夺取自己侄子建文帝朱允炆皇权的故事，而相术在这个历史故事的陈述中，仿佛成了左右明代历史转向的一个关键因素。小说中的明太祖朱元璋自身就十分精通相术，他摸着长孙朱允炆的头：“抚摩数遍，细细审视，因见他头圆如日，真乃帝王之相，甚是欢喜，忽摸到脑后，见微微扁了一片，便有些不快，因叹息道：‘好一个头颅，可惜是半边月儿。’”[3]由此相信：如果朱允炆继承皇位，会有始无终，于是开始犹豫将帝位传给自己的孙子朱允炆，而有意直接将皇位传给自己“龙姿凤表，英武异常”的第四子朱棣。但遭到了大臣们反对，刘

1 陆容《菽园杂记》卷一，《明代笔记小说大观·一》，上海古籍出版社，2005年版，第372页。

2 ［日］小川阳一，李勤璞译《明清肖像画与相术的关系》，《美苑》2002年第3期，第63页。

3 《续英烈传》第一回，宝文堂书店，1986年版。

基的应对，也是典型的相术思维语言："天之所兴，人岂能废！"于是朱元璋只好作罢，继续立朱允炆为皇位继承人。朱棣虽不满，也无计可施。而后朱棣起兵，同样是得到了相术师们的鼓动。首先精通相术的道衍和尚屡次劝燕王起兵夺位，朱棣不敢贸然行事。为了慎重起见，他又召来大相术家袁珙，自己故意伪装在卫士之中，去酒楼饮酒取乐。结果袁珙一进酒楼就认出了朱棣，立刻跪拜于地道："此相，帝王也……殿下龙形凤姿，天高地阔，额如圜璧，伏犀贯顶，日丽中天，五岳附地，重瞳龙髯，五事分明，二肘若玉，异日太平天子也。"朱棣听了他的话后，才坚定了起兵夺位的决心。不久建文帝派五大臣带重兵来北平监视朱棣，朱棣暗中安排相术师袁珙为五人相了面，结果是五人之相都"犯凶"，而非"令终之人"，朱棣这才释然，即刻布兵起事。从这种故事的编撰，和观众接受的角度来考量，反映了相术在明代社会中，影响的深度和广度。在作者和读者的心中，相术在左右着一个国家的命运。而且，帝国的命运也应该服从这样一个"命运天授"的规律，才是顺天意。

在这样一个历史语境之中，我们再来解读明太祖的"异像"在民间的"创造"和流传，可以看到一个更为清晰的历史图景。深受相术思维影响的古代小说，其中对于君王的相貌概括描写，到了明代已经开始出现类型化特征，其中主要有六个典型特征：两耳垂肩、双手过膝、天庭饱满、地阁方圆、隆准、龙睛凤颈

图 1.3 《三才图会》明太祖高皇帝朱元璋像

等[1]。我们在明太祖朱元璋的御容中可以看到这几个特征，同样在朱元璋“异像”的塑造中，我们可以发现这几个特征的存在：大耳，耳郭高耸，耳垂下垂如轮；额头虽然被头冠遮盖部分，但依然可见饱满隆起；下巴方正宽厚，鼻隆高耸；一对凤眼倒悬面颊两侧——一些龙眼的造型本就借鉴自凤眼——脖颈稍前耸，象形凤颈；即便是坐像中双手掩盖在长袖之中，我们依然可以看出，手臂的长度超过正常人的长度。

1　金业焱《相术文化与中国古代小说研究》，南京师范大学 2015 年博士论文。

我们挨个分析“异像”中的耳、额、下巴、鼻，以及眼睛和项颈、手的形态，可以发现“异像”中所塑造的特点均符合相术中对于君王相貌的类型化特征要求，而唯一让这个“理想”的图像显得奇异的地方，就是脸的形状。脸被拉长中段稍微凹陷，两端凸起，呈“猪龙”形，以及脸上的黑子。这应该是那些塑造明太祖朱元璋“异像”的塑造者们，在原来相术知识基础之上一个创新的地方。他们让这张脸在具备所有君王相术特征之外，更赋予了一个新的龙形造型——猪龙。虽然明刊的《新刊京本风鉴相法人相编》中记载了“龙形”的相法：“夫龙形者，其人鼻高耳耸，形貌端严，身体长大，骨骼清秀，眉目分明，举措出众，有威权，足机变。昔汉高帝龙（隆）准龙颜，唐太宗龙姿而日角，乃帝王之相，非常人也。”[1]但它的图像化过程还没有完全成型。在《锲王氏秘传知人风鉴源理相法全书》“龙形诗断”中说：“体势如飞宛若龙，美髯头角鼻高隆，威灵赫变（奕）如无比，万国云从仰帝聪。”[2]在诗之外，该书还配了一幅“龙形”的人相图，明太祖朱元璋“异像”的面廓眉眼以及须髯都与该图完全吻合。说明此时相法中对于“龙形”的人相，有了更为具体的图像化再现，这对于朱元璋的龙形“异像”的塑造提供了一个具体化的图样参考，而满脸的黑子，更被解

1 转引自董进《恢恢皇度穆穆圣容：明代皇帝画像略考》，《紫禁城》2020年第2期，第64页。

2 转引自董进《恢恢皇度穆穆圣容：明代皇帝画像略考》，《紫禁城》2020年第2期，第64页。

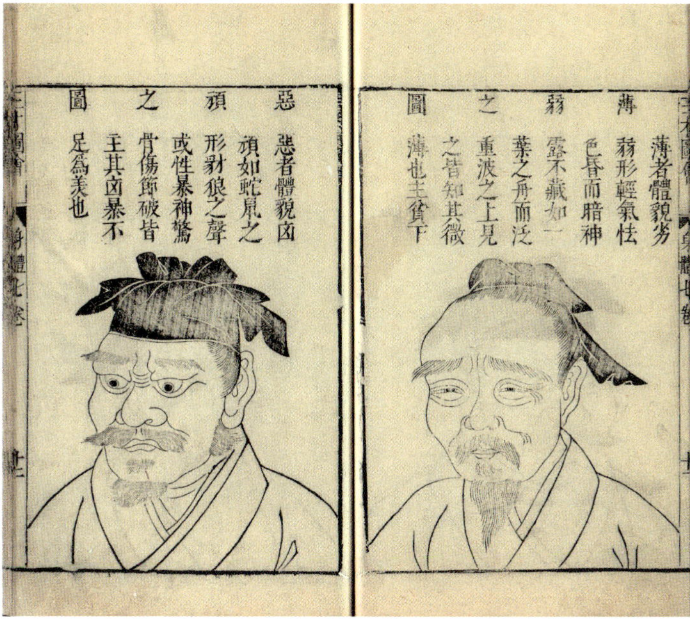

图 1.4 《三才图会·身体七卷》

释为龙鳞蜕变的痕迹。

在明代的日用、百科类书中，如《三才图会》《学府全编》《三台万用正宗》均专门设有叫作“相法”之类的相术内容，在其中刊载了图像化的各类相图，如贵相图、富相图、穷通相图、弥寿相图、夭折相图、贫贱相图、孤苦相图、凶恶相图、流贼相图、盗贼相图、刑伤相图、妇女相图、小儿相图等，虽然每种书籍中的名称会略有差异，但均是诸如此类的区分；分析这些图像的创作方法，我们可以了解到，这些相图并非照着特定的模特儿画出来的肖像画，而是根据各种类型的特征总结出来的图像，这些图像所代表的相图，集中地突出或者强化了每一种具体相法的标志性的特征。可以肯定的，这是相图创作的一个基本的手法（图 1.4）。明太祖高皇帝朱元璋的龙形虬髯的“异像”肖像画，更准确地说是一张“异像”的相图。毋庸置疑，它们也正是通过这种方法创作出来的。

沿着这样一个思路，我们再综合前面的分析，我们可以得出这样一个结论，深受相术文化浸染的明代社会，在明代的相术师的理论指导下，明代社会合力将一个最为尊贵的“望若龙状”[1]的“猪龙”贵相赋予了这个朝代的缔造者，甚至这个“猪龙”还谐音明代皇帝的姓氏“朱”。而不是像我们今天所理解的那样，是在丑化或者诋毁这个帝国的缔造者的形象。明万历年画有着画家和剧作者身份的徐渭在《高皇帝像赞》中高度讴歌这个有着“异像”的高皇帝，是汉统天下的“唐尧虞舜”正传，是上古“金天氏（少昊）”的后裔，“上之岩也，天高以覆耶？下之丰也，地载以厚耶？扫孽胡而握汉统，维斯之与味耶？眉采耶？目河耶？唐与虞之后耶？氏以朱耶？金天氏之胄耶？是为我圣祖高皇帝之面耶？部耶？”[2]而那些真命天子、龙主化身的朱元璋子孙们，显然他们是默许了这个“猪龙”图像的存在，以及它们在社会上的流传，甚至在一定程度上，他们本身就参

1　宋起凤《稗说》卷一“御容”，谢国桢编《明史资料丛刊》第 2 辑，江苏人民出版社，1982 年版，第 21 页。

2　王焕镳《明孝陵志·艺文第七》，南京稀见文献丛刊，南京出版社，2006 年版，第 133—134 页。

与了这个形象的最初塑造。

朱元璋有“异相”的文献记载始见于永乐时期的官方文件中。明太宗朱棣是其父亲异像的最初塑造的参与者。成书于永乐年间的《天潢玉牒》，其作者是解缙，当时的内阁学士，《天潢玉牒》记录了明太祖高皇帝开创大明帝国事迹，其中记载了许多与相术有关的奇异事件，为明太祖的形象首次披上一层神秘的色彩。如朱元璋微时，“潜居草野四载，往来濠城，有一奇士，指太祖言：‘此非凡人。’因避而弗敢入城”[1]。这是关于明太祖朱元璋之“奇”的最早文本[2]，书中对于这个奇士没有过多的描述和记载，从他的认识上看，他应该是一个精通相术的相术师，他从相貌上预测了明太祖朱元璋并非凡人，乃至回避，而不敢与他一起进城，来突出明太祖起初就与众不同的相貌，但此时的文本至少还没有具体指出朱元璋在相貌外形上之所以“奇”的地方来——异像的塑造还停留在草创阶段。

根据《明太祖实录》记载，在朱元璋吴元年时（1367），朱元璋梦见有人将玉璧放在自己的后脖颈上，继而后脖颈上肌肉隐痛并微微隆起，开始以为是病，用药敷贴，并没有效果，最后逐渐成为隆起的骨头[3]。今天我们所见的《明太祖实录》

1 解缙《天潢玉牒》，邓士龙辑《国朝典故》卷一，第 2 页。
2 胡丹《相术、符号与传播：“朱元璋相貌之谜”的考析与解读》，《史学月刊》2015 年第 8 期，第 15 页。
3 《明太祖实录》卷二八，“吴元年十二月戊申”条，中华书局，2016 年版，第 427 页。

是永乐九年至永乐十六年的三修本，正因为如此，有研究者质疑这段记录是为了塑造明太祖的“奇骨贯顶”的形象而后补上的[1]。或许也有可能，但从这段记录来看，这只是我们今天理解的一个生理病变——脊椎的骨质增生，即便被明代的相术师理解为“奇骨”，但这个形象，距离明太祖的“猪龙形”“异像”还有很大的差距，而且这个“奇骨”是生在后脖颈上，较难从正面的画像中体现出来——明代的相术塑造师们还需继续努力。

永乐十一年（1413）在建朱元璋陵寝的神功圣德碑时，碑文“龙髯长郁，然项上奇骨隐起至顶，威仪天表，望之如神”。为明太祖的相貌开始冠以了“奇骨贯顶”的形象标签，显然这个“奇骨贯顶”还在指项上的“奇骨”。但到晚明时期的何乔远撰的《名山藏》中，已经称“太祖日章天质，凤目龙姿，声如洪钟，奇骨贯顶”。“奇骨贯顶”原是相术相法中的术语，多指额头正面头骨方正而大，上至头顶百会穴，又称为“朝天伏羲骨”“方伏羲骨”，是常说的“日角相”，多被视作古代帝王的奇品骨相。如果我们仔细分析这两段文献，可以看出，明代相术师在塑造明太祖“异像”的时候，其实是转换了相术中的概念，朱元璋后项的奇骨，被形象化为相术中的“奇骨贯顶”，转移到了前面的额头。这个改变耐人寻味，或许也正是在这样一种文字的转换之中，随着时间的推移，一种模糊的概

1 胡丹《相术、符号与传播：“朱元璋相貌之谜”的考析与解读》，《史学月刊》2015 年第 8 期，第 15 页。

念和太祖形象逐渐远去的影子，更有利于后人，尤其是描绘太祖“异像”的创作者们的大胆发挥和自由塑造。

前面我们在《续英烈传》中所提到的相术大师袁珙，他在关键时刻用自己的相术知识帮助朱棣坚定了起兵的决心。其子袁忠彻同样也是明代朝廷十分信任的相术大师，他们父子在《明史》中均有传记留世，袁忠彻在景泰二年（1451）奉敕编纂的《古今识鉴》一书，用相术师的语言和另一个相术师的视角，来描绘了明太祖朱元璋的早年的出众相貌：

> 明公状貌非常，龙瞳凤目，天地相朝，五岳俱附，日月丽天，辅骨插鬓，声音洪亮，贵不可言。但四维滞气，如云行月出之状，所喜者准头黄明，贯于天庭。直待神采焕发，如风扫阴翳，即受命之日也，应在一千日内。[1]

这是在太祖被赋予“奇骨贯顶”异像之后，官方对于太祖早年的一个相术描绘的版本，在这个版本中虽然没有“奇骨贯顶”的异像，但已经在说明朱元璋的面相骨相是他能“受命于天”的前提。

综合上面的分析，我们可以确定的是：永乐时期的孝陵的

1　袁忠彻《古今识鉴》卷八《国朝》，明景泰二年刻本，国家图书馆藏。转引自吴丹《相术、符号与传播：“朱元璋相貌之谜”的考析与解读》，《史学月刊》2015 年第 8 期。

神功圣德碑碑文、《明太祖实录》的撰写，已经为明太祖朱元璋的“异像”塑造奠定一个基调，同时预示了向更为奇异方向发展的趋势。而到袁忠彻奉敕编纂《古今识鉴》时，进一步确定了明太祖朱元璋的“异相”在“受命于天”中的关键性作用，凸显了“异相”的价值，从而为“异像”的进一步发展，提供了更大的塑造空间。毋庸置疑，在这些过程中朝廷的意志都直接参与了其中。

那么，第一张成型的“猪龙形”“异像”具体出现在什么时候？从目前留存的文献资料来看，我们还很难给出一个确切的答案。从成化、弘治年间的王锜（1432—1499）的笔记，和陆容（1436—1497）的笔记所记载的明太祖御容绘制，以及在苏州天王堂所见类似太祖朱元璋的土地神塑像来看，此时民间还没有出现“猪龙形”的“异像”。而到隆庆年间的张瀚（1510—1590）所记载来看，此时的太祖异像已经在民间流传已久。所以根据这个时间节点来推算，明太祖朱元璋“异像”的成型，应该大约在正德、嘉靖时期，自此之后在社会中广为流传。可以进一步推测的是：正德皇帝在位时间16年，主要精力在于戏玩娱乐，对于这种重塑祖宗的形象工程，估计难以有时间顾及；而嘉靖皇帝在历史上以崇信道教而著名，是继宋徽宗之后的又一位“道君皇帝”，他自身长年在深宫之中修道炼丹，相信方术到痴迷的地步。上行下效，在长达45年的嘉靖朝，信奉道家的风气在社会中盛行，社会大众的广泛信仰为“异像”

的诞生、接受和流行提供了有利的土壤。

相术是一种文化，同时其背后还有一个重要的目的就是神道设教，统治者利用这些神秘的观点来进一步神化自身，巩固自己的地位，并教化子民，愚弄被统治者，维持统治者的既得利益和巩固社会秩序。在这种文化的影响下，显然，人们在心理上更容易接受一个有着相术异相特征的“异像”的开国皇帝。历史的书写者在书写历史时也会乐于去记载异征、异兆、生而有的异像。

那些通过民间传闻、街头话本说唱、小说传奇流传下来的历史总是充满了传奇的色彩，以及鲜活的力量。历史的图像也是这样，有着传奇色彩的明太祖朱元璋的“异像”也同样具备了更强的传播力量。

明朝的缔造者的“真实相貌”在历史语境中呈现出两种截然不同的“面孔”。有意思的是，笔者在分析明代所留存的历史图像时，发现它们同样呈现出另一张面孔。

明代的“龙见”[1]

前面我们提到明代的统治者借用相术的力量，以及全民的

1　本节内容写作资料参考自卜正民的《挣扎的帝国：元与明》“龙见”部分，中信出版社，2016年版，第7页。“龙见”是指《元史》《明史》或地方方志及其他书籍中记载出现和目见“龙”的记载，据卜正民统计共有近100次。一般是指恶劣天气中出现的一些奇异的景观。

“参与”，为自己帝国的开国皇帝塑造了一个“猪龙”的形象，朱氏的子孙成了这片神州大地合法的统治者，他们是这片国土的“龙主”。在明代人们的认知之中，在这天地乾坤之间，还存在着另一种真正的神龙，它们“或飞或潜，能大能小，其变化不测。信矣哉！”[1]而它们在凡世间的骤然显现，称为“龙见”，即龙现，往往被视作为“祥异”而记载在官方史书、地方志，甚至图像之中。

活跃于明代弘治年间的山水画家汪肇，具体生卒不详，是一位典型的浙派画家，风格类似吴伟、张路，多用粗笔水墨，用草书的线条入画。地方方志、明代笔记中有他能画、善饮的记载，《徽州府志》说他遇酒能鼻吸象饮数升。《无声诗史》《金陵琐事》都记叙了一则汪肇饮酒的故事：有一回，他误上贼船，为了博取贼首的好感，他自称善画，愿为每人画一扇。扇画好之后，众贼高兴，叫他一起饮酒，汪肇用鼻吸象饮，众贼称奇，个个手舞足蹈，喝得过了量而沉睡过去，汪肇借机脱险[2]。汪肇常常自负地夸耀自己“作画不用朽（构思打草稿），饮酒不用口”。他的传世作品有故宫博物院收藏的《起蛟图》轴、《芦雁图》轴及《柳禽白鹇图》轴等。从这些传世的作品中可以看出他的率性洒脱的性格，以及天马行空的想象力。

1 陆容《菽园杂记》卷二，参见《明代笔记小说大观·一》，上海古籍出版社，2005年版，第378页。

2 姜绍书《无声诗史》卷二。

图 1.5　汪肇《起蛟图》

《起蛟图》（图 1.5）是明代画家中较为少见的画龙作品之一。树木正在狂风中摇摆，石壁之下，一老一少主仆二人，老者或许就是画者本人，正躬身回望苍穹中一条蛟龙，龙腾风旋，天惊雷动，天地欲崩的气势，让画中的人物瑟瑟发抖，急急逆风而行，要急忙找到一处安全的避难所。

汪肇所作《起蛟图》，是自己狂饮后“不用朽”的一种即兴发挥，还是画家在目睹了某次龙见现象的纪实性记录呢？我们今天无从得知。但它依然成为我们在明代图像中所能找到的最好的一张表现“龙见”的绘画，让我们从图像的层面感受到了明代史书中记载的“龙见”。当然图像对于龙的具象化的表现，是画家的创作行为，是画家头脑中虚构的图像。但图像所呈现的氛围，和图像中人物身体反应的表现则一定是明代社会“历史的真实”。

明代 276 年历史中，《明史》中记载了“龙见”13 次，显然这个记录还没有全部包括一些见之于地方志中的记录。似乎每一次的龙见都预示着一场规模巨大的自然灾害或者一个重要的事变，《明史》的撰写者以“龙蛇之孽”来为其归类：

> 成化五年六月，河决杏花营，有卵浮于河，大如人首，下锐上圆，质青白，盖龙卵也。
>
> 弘治九年六月庚辰，宣府镇南口墩骤雨火发，龙起刀鞘内。

十八年五月辛卯，日午，旋风大起，云翳三殿，若有人骑龙入云者。

正德七年六月丁卯夜，招远有赤龙悬空，光如火，盘旋而上，天鼓随鸣。

十二年六月癸亥，山阳见黑龙，一龙吸水，声闻数里，摄舟及舟女至空而坠。

十三年五月癸丑，常熟俞野村迅雷震电，有白龙一、黑龙二乘云并下，口中吐火，目睛若炬，撤去民居三百余家，吸二十余舟于空中。舟人坠地，多怖死者。是夜红雨如注，五日乃息。

十四年四月，鄱阳湖蛟龙斗。

嘉靖四十年五月癸酉，青浦佘山九蛟并起，涌水成河。

万历十四年七月戊申，舒城大雷雨，起蛟百五十八，迹如斧劈，山崩田陷，民溺死无算。

是岁，建昌民樵于山，逢巨蛇，一角，六足如鸡距，不噬不惊，或言此肥𧌒也。

十八年七月，猗氏大水，二龙斗于村，得遗卵，寻失。

十九年六月己未，公安大水，有巨蛇如牛，首赤身黑，修二丈余，所至堤溃。

三十一年五月戊戌，历城大雨，二龙斗水中，山石皆飞，平地水高十丈。

四十五年八月，安丘青河村青白二龙斗。[1]

在汪肇活跃的弘治年间（1488—1505），《明史》共记载了两次龙见现象，第一次是：弘治九年五月二十五日（1496），这一天突降雷电暴雨，一条龙从一个士兵的刀鞘中腾空而起。第二次是弘治十八年四月二十六日（1505），正午时刻，北京皇宫内突然狂风大作，遮天蔽日，阴翳遮蔽了三大殿，突然云翳中出现幻象："若有人骑龙入云者。"这次龙见预示着孝宗皇帝不久之后的驾崩，让明代"弘治中兴"的历史早早地画上了句号。孝宗皇帝"骑龙入云"的故事，或许是史家的附会之笔，想表明弘治皇帝是为上天所喜爱和人们所爱戴的，这是明代龙见中的一个特例。这一次不是上天在向人们示警，而是在告诫人民拥戴自己的皇帝[2]。

在其他的时候，龙见更多的是一种上天的警示。在《明史》中记载的 13 次龙见中，正德年间（1506—1521）发生了 4 次。还有一些没有记录在《明史》中的龙见，被当时人记录在历史文献中。正德年间的龙见，显然并非上天喜欢的征兆，而是一种警示，因为正德皇帝是有明一代最为荒唐的一位皇帝。沈德符（1578—1642）像一个考据学者一样，将正德年间的每一次龙见，与正德皇帝每一件荒诞的行为对应了起来，让明代正德

1 《明史》卷二十八"五行"之"龙蛇之孽"。

2 卜正民《挣扎的帝国：元与明》，中信出版社，2016 年版，第 12 页。

年间的龙见与对时政的警示呈现一种“现与象”的指向关系：

> 正德七年六月。山东招远县夜有赤龙悬空如火，自西北转东南。盘旋而上，时上在豹房游戏，昼夜不还大内。十二年上始出宣府大同游幸。是年六月，直隶山阳县有九龙昼见，俱黑色，一龙吸水，声闻数里，吸渔舟并舟中女子于空中。复坠而无伤。十三年八月，云南顺宁府澜沧江龙斗，水涌百丈，行人不能渡者七日，时上在宣府。十四年五月，上在喜峰口，时直隶常熟县俞墅村，迅雷震电，有白龙一、黑龙二，乘云并下。口吐火，目如炬，鳞甲头角俱见，撤去民间房三百余家，吸舟二十余艘。并舟人空中坠地，有怖死者。十四年初夏，江西大雨，鄱阳湖涨，小孤山亦没不见，水退，死黑龙一，蛟二十余。未几宸濠反，被擒于鄱阳。时上南征至金陵京口，盖六飞四出，人皆有鱼服之忧。次年渔于氾光湖。上坠水得疾北还。实与前吸舟涌水事相应，即鄱阳之怪，亦似关圣躬，宁庶人长鲸耳，不足当此变也。[1]

沈德符的叙事，似乎是想让后人明白，皇帝既为“龙主”，他们的言行，自然受到了上天的监视，一旦他们离经背道，上

1 沈德符《万历野获编》卷二十九“正德龙异”条，《明代笔记小说大观·三》，上海古籍出版社，2005年版，第2670页。

天就会让神龙以各种形式出现在他们的面前或者国土中的某个地方，来警示这些被视作“龙主”的帝王，如果他们不能及时改弦易辙，将会得到上天的惩罚。正德皇帝之死，也在早先的“吸舟涌水”龙见现象给出了警示，而正德皇帝并没有在一次次的警示之后收敛自己的荒诞行为，龙只好带走了这位不称职的皇上。

明朝灭亡的前一年，即崇祯十六年（1643）秋，二条龙再次出现在明朝帝国的上空。此时的明朝已是强弩之末，内困外忧，真龙天子再也无力回天。神龙只好将“猪（朱）龙”的天下易手他人。

人

众生的肖像

庶民的形象

市井中的乞丐

正德丙子（1516）秋七月，成名已久的苏州府吴县老画师周臣，闲坐在画案前，凭着自己超越常人的视觉记忆，将自己平素在苏州府城市井之中所见的乞丐形象，乘着笔墨之便，图写纸上，率性而画，不觉之间完成了二十四帧。看着这些形象，显然区别于他日常在临摹宋元古画时，所经常见到的仕女才子贤臣等形象。但他很清楚这些描绘市井乞丐的绘画作品，同样会得到某些主顾喜欢，并被收藏。想到这里，周臣的心情变得复杂起来，顺势在册页的后面题下了这样尾跋：

> 正德丙子（1516）秋七月，闲窗无事，偶记素见市道丐者往往态度，乘笔砚之便，率尔图写，虽无足观，亦可以助警励世俗云。

这套二十四帧的册页，在清代末年被人一分为二，装裱成两个手卷，每卷各十二人，并题名为《流民图》流传到海外，现分别被美国克利夫兰艺术馆和夏威夷火奴鲁鲁艺术学院收藏（图 2.1）。老画师周臣没有想到的是：这些流传下来的乞丐图像为我们今天了解明代的底层社会提供了一个重要的视觉资料。同时，也引发了我们对于这些被题名为《流民图》的形象，

图 2.1　周臣《流民图》卷（局部）

是否是明代真正的流民群体的讨论。

周臣题跋中很清楚地叙述了自己的作画时间，以及当时作画的心态。在题跋的最后他还着重提到“虽无足观，亦可以助警励世俗云”。意思很明确，他自谦地说自己所绘的这些图像，如果从过去评鉴绘画的标准来看，确实没有什么好值得鉴赏的地方，但可以起到“警励世俗”的目的。从周臣的叙述语气中可以察出这不是一种对于图中所绘形象的同情，而是希望世人要以这些形象作为警励的对象，直白地说就是要警告世人要学好，不要像这些乞丐一样，成了世俗冷眼对待的对象。既然周臣题跋的意思是这样。那么后人所题名的《流民图》，则完全是对于周臣原画的一种误读，此流民非彼流民。

首先需要说明的是“流民”与“乞丐”的概念是有区别的，“流民”一般是指因自然灾害或战乱而流亡在外的人，明史中也直接将他们称作“流氓”。他们的身份在当时可能是以乞讨的形式背井离乡，而在社会上流动的脱籍人口，他们在世人的眼中是一种被动的乞丐，他们最终会得到政府的安置或妥善的对待，至少在宋代和明代这些稳定的社会中，政府都有相应的针对因灾害而起流民现象的应对措施。显然，这些因灾而变成“流民”的人，是值得同情和应该得到世人及政府的帮助。相对于这些被动成为乞丐的流民，在明代的社会中还存在着一种更为普遍，和大家所知道的主动成为乞丐的群体，他们大多数是乡里间的懒汉或者是以乞讨为业的人。这些人，才是周臣在题跋中所要劝诫世人警戒的。

我们再来看看周臣题跋之外，作品中其他人的题跋，这些信息也有利于我们进一步了解这些形象。周臣之后的第一跋文是黄姬水（1509—1574）于1564年所书，他在提到周臣善画人物画后，接着说：

> 吴中东村周君善丹青，尤长于人物。此图其所见街市丐者之状种种，各尽其态，观者绝倒，叹乎今之昏夜乞哀以求富贵者，安得起周君而貌之耶！卧云征君出示，余漫题其后。甲子岁十月吴门黄姬水。

黄姬水题跋的时间与周臣所作绘画的时间相距不到50年，可以看作是相似的历史语境，他应该十分清楚周臣所绘的现实形象。显然从他的叙述中，依然看不到他对于画中这些形象的同情，他首先赞叹周臣对于这些人物描绘得入木三分的高妙技法。随即，他由此及彼，从这些形象出发引发了他对于那些“昏夜乞哀以求富贵者”的挖苦和讽刺。将“乞食者”与“乞求官禄和富贵者”等同了起来。他借用了《孟子》中一个故事——一个齐国人每次外出回来，都吹嘘自己和有钱有地位的人吃饱喝足了，妻妾问他显贵体面的朋友在哪里，他从来都不说，第二天他妻子在后面跟踪他，发现他走到东门城外的坟墓中间，向那些扫墓的人乞讨残羹剩饭。不够时，又四下里看看，到别的扫墓人那里去乞讨，这就是他天天酒醉饭饱的方法。妻子回来告诉男人的小妾，两人在院中大哭。这个故事常被后人用来形容那些通过不正当手段求得升官发财的人——黄姬水将社会中求富贵不择手段的伪君子与乞丐等同起来，在这种等同的关系之中，很容易察觉出在明代社会中也是“贫士”的黄姬水，并没有给予这些图像中的乞丐以同情，反而是一种嘲讽的态度。

在黄姬水之后的张凤翼（1527—1613）从另一个角度来解读了这些图像：

> 是册凡数种，其饥寒流离、疲癃残疾之状种种，其观此而不恻然心伤者，非仁人也。计正德丙子（1516），逆瑾之流毒已数年，而（江）彬、（钱）宁辈肆虐方炽，意分符剖竹诸君，亦鲜有抚首其民者。然则舜公（周臣）此作，殆与郑君《流民图》同意，其有补于治道不浅，要不可以墨戏忽之也。长洲张凤翼题。

明代嘉靖年间中过举的张凤翼，罢官后闭门自居以写作戏剧为业，是明代中后期重要的戏剧家。他将周臣所绘的乞丐形象第一次与北宋郑侠的《流民图》联系起来，认为看到图中饥寒流离、疲癃残疾的形象，而不能恻然心伤的，则非仁人。他认为周臣所作画的时间（1516）正是明代正德年间，宦官刘瑾（1451—1510）专权为害朝野的流毒犹存，江彬（？—

1521）、钱宁（？—1521）等正在混乱朝政的时期。周臣所作的绘画大概也是继承了北宋郑侠《流民图》以图进行政治讽喻的传统吧。从张凤翼陈述的语气来看，“殆与郑君《流民图》同意”，一个“殆”字揭示了他也是不能确切肯定周臣绘画的意图。

产生于宋代熙宁年间的郑侠《流民图》是一幅有着极强政治目的，为了反对王安石变法而作的叙事性绘画。郑侠的绘画有着直接的指向——自己监守汴梁安上门附近，因华北连年旱灾所引发的流民潮流入汴梁的实景——和政治目的——反对王安石变法，动摇宋神宗支持新法的决心。郑侠的《流民图》并没有流传下来，明代人也只是从文献中得知这幅画的存在，至于画面的内容和特色，也只是一种猜测。周臣能直接从历史文献中获得郑侠《流民图》影响的机会应该是微弱的。而且对于周臣这样一位活动在世俗社会底层的老画师来说，更缺乏创作《流民图》的政治动机。所以张凤翼的题跋，只能算作是从自己认知基础上的猜测。

文徵明的次子文嘉的题跋作于1577年，已经是周臣绘制作品的61年之后。他首先肯定了周臣原题的警世之意，在他看到黄姬水和张凤翼的题跋之后，认为他们的观点和角度各有所指，但这些观点是否恰当，则没有给出最后的判断。而是马上转向了另一个角度，是从鉴赏家的角度来评价这套作品的绘画价值：

东村此笔，盖图写饥寒乞丐之态，以警世俗耳。而质山欲其写昏夜乞哀，而灵墟则拟之于安上门图，二君之见，其各有所拟指哉。昔唐六如每见周笔，辄称曰“周先生”，盖深伏其神妙之不可及。若此册者，信非他人可能，而有符于六如之心伏矣，岂易得耶？若黄张之指，则又论于画之外，不在于形似笔墨之间也。茂苑文嘉。万历丁丑（1577）十二月三日

如何理解周臣原画题跋中的“警励世俗”的所指，我们首先来了解一下明代社会对于乞丐的看法，和时人对待乞丐的态度，定能帮助我们突破后人题跋和画作题名的干扰，来正确地认清周臣绘画中所呈现的形象。

与周臣差不多同时代的南京人陈铎（？—1507）在散曲《乞儿》中用文字描绘了明代的乞丐形象：“赤身露体，木瓢倒挂，草荐斜披。东家跪了西家跪，受尽禁持。宴席上残汤剩水，斋堂中素菜咸食。官府上无差役，自寻来自吃，冻饿死也便宜。”文字相对图像的叙事功能，虽然没有图像的直观，但有着历时性的优势，能将一个形象的生活状态从生到死的过程概括地描绘出来，而这一点图像很难实现。从陈铎的文字描述中，我们可以认识到乞儿在明代社会的一种生活状态。他们的形象“赤身露体，木瓢倒挂，草荐斜披”与我们在周臣的绘画图像中看到的并无二致，他们衣不蔽体，随身带着自己吃饭和睡觉的家

伙——木瓢和草席。他们在市井中乞讨，靠东家宴席、西家斋堂中的残汤剩菜填食，他们的日常处境，冻饿而死是常有的事情。陈铎的陈述没有携带自己对于这群人的好恶情感，既少有同情，也没有像周臣对社会劝诫的口吻和黄姬水所表现的一种嘲讽语气，倒像是为了乞儿对于自身的一种介绍和日常乞讨时所书写的一段自嘲式的吟唱。陈铎的这段散曲中，其实还透露了一个社会现实，有些时候这些乞丐是可以接受官府的差役，从而获取报酬，以此来养活自己，在没有官府派遣差役的时候，只好自己去市井中乞讨找食。

这也反映了一条重要史实，明朝借鉴了宋代以来的社会救济制度，各个州府县城都设有相应的养济院，来救济需要帮助的孤寡残疾人，甚至包括乞丐。但现实之中，这些需要救济的人群，往往需要自己出来乞讨找食。造成乞儿自己出来找食的原因可能是多方面的，一种可能是：虽然朝廷有政策要求地方有司保障对于当地孤寡残疾人的救济，但具体在实行过程中并没有落实，造成救济不及时或者施惠政策不能全部到位；另外还有一种可能，就是官府的这种救济是需要乞丐的劳动付出的，相比乞讨需要付出更大的体力劳动，而收获又相当微薄，所以他们自动地放弃了这种官府的救济，而开始在市井中乞讨。

历代文献书写者或者图像创作者对于自己生活时代的日常记录，会自然地偏向一种“日用而不知”的淡忘和忽视。这样看来，周臣《流民图》图像中诸人的题跋也都是一种从自身角度出发的片面陈述，呈现的都是大象的一个"真实"的局部罢了。有时候，反而是外来者带着好奇心态的事无巨细地记录，能更接近史实的真相。16 世纪来到中国的欧洲传教士对于中国明代社会现实的书写，为我们今天了解明代社会中的乞丐形象提供了一个"他者"角度。根据 16 世纪到达过中国的葡萄牙宣道团修士克路士所书写的《中国志》（1569）记载：当时明代国家中乞讨的乞丐是人人讨厌的，而且一般的人都不愿意施舍给这些人，他们被认为是社会群体中的懒人，是一群不愿意劳动而要得到收获的懒人。当葡萄牙人要施舍给某个乞讨者时，还受到了当地人的笑话："为什么你施舍给无赖子？让他自己去揾食……只有一些小丑得到报酬，他们站在高处，把人们引到身边，讲些故事以得到报酬。"[1] 一些身有残疾的乞丐，也需要靠自己在市井中的表演来获得报酬，这些也正是我们在周臣绘制的图像中所看到的，他们有的带着鸟、蛇、狗、羊、猴，甚至松鼠等动物来协助他们一起表演，以此来博得路人的观看并求得报酬。

作为局外人克路士在《中国志》中具体介绍了明代社会对待残疾人的救济办法。据他的考察，他发现政府会为因残废、腿瘸或者瞎眼等而又没有家庭养活的残疾人安排简单的工作，

1　C.R. 博克舍编注，何高济译《十六世纪中国南部行纪》，中华书局，1990 年版，第 83 页。

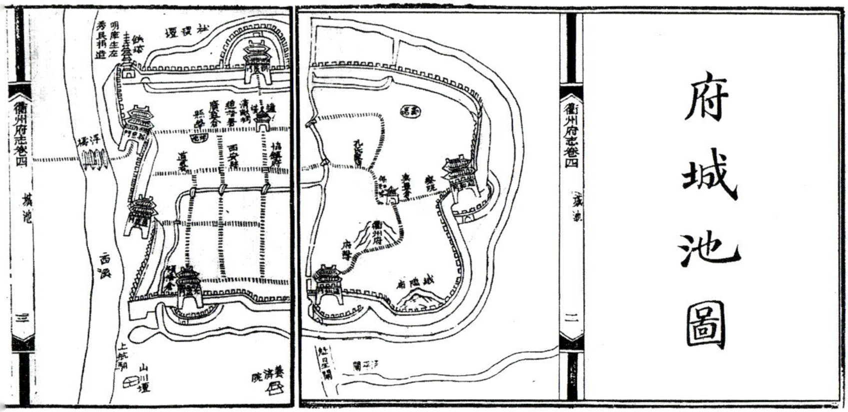

图 2.2　明代《衢州府志》“府城池图”养济院在图左页右下角

或者直接收纳在皇帝的医院里赡养（应为养济院）。查看明清时期各地的地方志，我们可以在各地的府县志的城池图中看到，城池之外的某个角落标示着养济院的所在（图 2.2），它几乎是每个州府、县城的标准配置，并存在于城池外的一个偏僻的角落之中。根据《衢州府志》记载：明代衢州府下属的五县养济院共收养孤贫 175 人，每岁供给布花木柴银共 150 两[1]。这个数量虽然不能算多，但也可以看出政府在救济城市乡间中孤贫残疾所做出的努力。而且，这一制度是从北宋的崇宁年间一直到清代都存在着的，并非一个虚设的面子工程。克路士还在他的记录中记载了政府对这些残疾人安排适当营口生计

1　《康熙衢州府志》卷二十七，江苏古籍出版社，1993 年版，第 438 页。

情况，如：盲人有一份分配给他们谋生的工作，就是在磨坊里服务，像马一样碾谷，通常一间马磨坊里有两个盲人，一个盲人管理一个磨，相互之间还可以交谈消遣；女盲人则是私娼，有专门的鸨母为她们梳妆打扮，并照顾她们的生活；躺在床上的瘸子每月可以领到一定数量的大米，靠这份大米和靠他们在医院内养的一些鸡和猪，他们足以维持生活。奉赋税监督官之命而被接纳入院的人都登记入册，每年医院的官员要报告花费数字和救济贫病的情况，如果有差错或者玩忽职守的情况，他们将要因此受到严惩。在克路士看来这是一个很完美的救济穷人的办法，当时的社会在这方面有一套完整的制度，在这种救济制度之下，那些依然在乞讨的人，则受到世人的厌恶，而被认作是懒人来对待也就不以为怪了[1]。

这可能准确地反映了明代当时社会对待乞丐最普遍的一种看法，从这个角度，我们也就能理解周臣和黄姬水等人对于他们所见的乞丐，没有给予更多的同情，而是一种对社会劝诫，甚至是嘲讽的态度了。正因为有了局外人克路士的陈述，我们回头再看周臣这些图像中的形象，就能更加清晰。

从周臣绘画现存的 24 个人物的形象来看，其中有 20 个人物的形象可以轻易地理解为乞丐。正如我们在冯梦龙编撰的话本小说《金玉奴棒打薄情郎》所读到的，一段对当时乞丐很生

1　C.R. 博克舍编注，何高济译《十六世纪中国南部行纪》，中华书局，1990 年版，第 84 页。

图 2.3　周臣《流民图》（局部）　檀香山美术馆藏本

动的文字描述："开花帽子，打结衫儿。旧席片对着破毡条，短竹根配着缺糙碗。叫爹叫娘叫财主，门前只见喧哗，弄蛇弄狗弄猢狲，口内各呈伎俩。敲板唱杨花，恶声聒耳；打砖搽粉脸，丑态逼人。一班泼鬼聚成群，便是钟馗收不得。"文字中描述与我们在周臣的绘画中看到的众多形象如出一辙，可见这些形象在当时的明代社会之中是一种较为普遍的存在，而且可以视作明代街市中所见乞丐的标准形象。

但其中有 4 个人的形象超出了我们对于乞丐标准像的理解（图 2.3），一个是抱着鱼鼓的道士，一个是右手持钵盂正在化缘的僧人；另外，还有两个衣着干净得体的女子，一个年长一个年轻，均背着一个白布口袋。他们是否也是乞丐呢？学者黄小峰认为他们绝非乞丐，而是市道人物，并进一步推测其中的两个女性可能就是明代中叶江南地区城市中大量出现的一种被称作"卖婆"的女性[1]。顾名思义，"卖婆"就是做买卖的女性，她们走街串巷主要做针对女性客人消费的商品，如卖些刺绣首饰等。由于本身的女性身份，便于她们进得内宅，与深闺女子接触。陈铎另一首《卖婆》散曲："货挑卖绣逐家缠，剪段裁花随意选，携包挟裹沿门串。脚丕丕无远近，全凭些巧语花言。为情女偷传信，与贪官过付钱，慎须防请托汇缘。"文字也较形象地概括了卖婆的特征。但周臣画中的这两个衣着得体的女

1　黄小峰《红尘过客——明代艺术中的乞丐与市井·上》，《中国书画》2019 年 11 月刊。

性，无论她们是否是卖婆还是其他的社会角色，是否真的不是乞丐呢？值得我们进一步追问。

首先我们可以肯定，因为无论是周臣自己在题跋中说的“市道丐者”，还是黄姬水在题跋中所说的“街市丐者”都肯定了这些人物角色均是“丐者”的身份，这一点是不应该存疑的。如果她们同样都是“丐者”，则为我们思考问题提供了一个新的角度，让我们看到了明代社会中乞丐作为一个社会群体的复杂构成，他们不仅是那些衣着褴褛或者身体残疾的贫苦人，又或者是离乡背井的流民，他们还可能有着更为复杂的社会层次。

首先需要说明一点的是：在明代的社会中，一些底层的道士和僧人是同样被视作乞丐的，一方面，僧人的化缘本身就是一种乞讨行为，这在佛教中有时被认为正是苦修行为；另一方面，明代当时的社会在对待这些道士和僧侣时，与对待一般的乞丐也并没有太多的不同，来自西方基督教的修士16世纪对于中国当时明代社会的记载，也正反映了这个史实。克路士在自己的《中国志》中说：明代社会乞讨的和尚和道士也在被嫌恶的行列中，官员会随意鞭打和斥责这些人，在官员看来“这些是懒惰的被遗弃的歹人”[1]。正是基于这样的一个视角，和对待乞讨道士和僧侣的态度，周臣在描绘市井中的乞丐时，将乞讨的僧侣和道士也归类在描绘市道丐者的画作中，这应该是当时

1　C.R. 博克舍编注，何高济译《十六世纪中国南部行纪》，中华书局，1990年版，第83页。

明代社会的一种普遍的态度。

另外，在明代一些地区，主要是江浙地区还存在一个区域性的贱民户籍，称作丐户。丐户是被称作堕民的一种贱户的户籍名称，相传从南宋就已经出现。在明代的社会户籍中，丐户有点类似于我们所知道的乐户，乐户一般是籍没犯罪者家属为官伎、乐籍，比"士农工商"等良民低贱一等，其后代子孙世代均保留原籍。丐户的来源众说不一。有丐户自己说他们是宋代将领焦光赞家丁的后人，因为投降金国，在南宋时期其后人均被摒之为堕民，入丐户籍而流传至今[1]。但明代的丐户是否是宋将的后人，这个观点值得怀疑，明代沈德符在自己的《万历野获编》中记载浙东丐户的笔记中也提出了这样的疑问。另一则明代文献的说法或许更加可信些，"相传逊国勋裔，故置之海边，摈不与四民伍"[2]。逊国勋裔可能是蒙古兵之后裔，也有可能是陈友谅、张士诚所部抗将的后人，朱元璋没有对这些敌对势力的后人，实行铲草除根的杀戮，已是宽宏大量。而摒弃为贱民籍的敌人后代考虑自身在明代社会的处境，而谎称为宋代降将的后人也是有可能的。虽然明朝律典中找不到明确的对于丐户的规定，但从明代的文献记载来看，丐户从事的都是最微贱的职业，为一般良民所不齿。如收旧货、捉青蛙、卖鸡鸭

1 沈德符《万历野获编》卷二十四风俗，《明代笔记小说大观·三》，上海古籍出版社，2005 年版，第 2554 页

2 殷聘尹《外冈志》卷一，转引自谢国桢编：《明代社会经济史料选编下》，福建人民出版社，1981 年版，第 23 页。

鹅毛、学鼓吹歌唱及主办凶吉、做牙侩、抬轿、修足等一切下贱工作，此外他们的衣着也有特殊的规定，女子穿蓝色或青色裙，出门必束腰带，携带布包及雨伞且雨伞必须倒持，以示与平民的区别[1]。另外丐户男子不许读书，女子不许缠足[2]。这些特征也正是我们从周臣的绘画中看到的两个女性的形象一致，她们均穿着青色的裙子，携带布包，而且也没有缠足。从这些特征可以推断这两个女性极有可能是来自丐户，她们从事的自然也是微贱的职业，根据《万历野获编》记载，她们从事的主要职业是替人梳头、为人说媒、做喜娘等，即使有人强行调戏，也不敢拒绝，也不敢计较，在吴中一带俗称伴婆。图中的两个女性形象应该就是这样的职业，她们身着青色的裙子，背着布包正在匆匆地赶往职业场所。

自然不能将丐户与乞丐等同起来，乞丐在各个朝代中均有，而且可以是来自各个户籍阶层，他们既可以来自贱民，也可以本身是良民中的贫民。但从丐户等堕民阶层中出现乞丐的概率是一定大于其他良民的，尤其是那一些靠技术杂耍获取报酬的乞丐，他们可能是世代为丐、子承父业。前面我们提到的冯梦龙编撰的话本小说《金玉奴棒打薄情郎》中，女主金玉奴的父辈，以前就是丐户的“团头”，管理着一帮乞丐，祖上做了几代丐

1　《浙江新志》上卷，第七章，杭州正中书局发行，民国二十五年版。
2　沈德符《万历野获编》卷二十四风俗，《明代笔记小说大观·三》，上海古籍出版社，2005 年版，第 2554 页。

户的头头后，发迹起来，有田有地，自己的女儿也习书能文，并入赘招了一个秀才女婿，但依然比不得平常百姓人家。可见，在冯梦龙的话本中这些乞丐则是与丐户直接相关联的。

也有研究者指出：活跃在苏州地区的堕民群体并非真正意义上世代生活在浙东地区的丐户，而是乐户。乐户的服饰由教坊司制定的绿色为主色调，而丐户服饰以黑色为主[1]。无论是丐户还是乐户，他们均属于堕民的群体，一直处在社会的底层，在明代的社会中沦落为乞丐的可能性是极大的。或许在周臣和黄姬水等人看来，他们本身低贱的身份和所从事的职业是等同于市道中的乞儿，描绘他们同样是可以起到“警励世俗”的目的。

《清稗类钞》记载了江浙地区乞丐的另一种来源，他们是来自凤阳返乡的流民，“江浙接壤处所，每入冬，辄有凤阳流民行乞于市，岁以为常。揣其乞食之由，则以明太祖念濠州（即凤阳）为发祥地，乱后，人少地荒，徙江南富民十四万户实之，私归者有重罪。富民欲回乡省墓，无策，男女扮作乞人，潜归祭扫，冬去春回……遂以行乞江湖为业”。

以行走江湖乞讨为业，是当时明代社会个别地区盛行的一种社会风俗，不仅是凤阳地区，其他地区也存在这类似的现象，如明代王士性在其人文地理学著作《广志绎》记载，明代中原

1　俞婉君《堕民的起源与形成考辨》，《浙江社会科学》2007 年 9 月刊，第 143 页。

地区由于灾荒，“闾阎不蓄积，乐岁则仅数粜卖以饰裘马，凶年则持框箧携妻子逃徙趁食”[1]。可见在一些地区，由于长期的灾荒，农民在丰年也不事积蓄，在荒年则全家出外逃荒，靠着乞讨为业已经成为一种地方风俗，我们在明代图像中看到的一些成群结队的靠杂耍为业的乞丐队伍，可能很大程度上就来自于这样一种地域性的风俗。

综上所述，可见明代社会乞丐的来源是复杂的，他们可能是因灾离乡的流民，也有可能就是江浙一带的流动的丐户、乐户，他们充当了一些技术性的乞丐，或者是当地市井中的一些残疾人等，他们共同组成了我们今天在明代图像中所看到的乞丐的群体。

我们在检索明代的图像文献时发现，早在周臣于 1516 年绘制“市道乞儿”之前，唐寅曾于正德四年（1509）绘制过一幅《醉丐图》的绘画，这幅作品今天是否留存已不得而知，从文献中我们得知，这幅绢本设色的作品，描绘了“群丐集地而饮，相扑为戏，男女老幼凡二十六人。卷尾行书款识一行”[2]。此外，还有吴伟大约于 1500 年前后创作的《流民图》卷（绢本设色，37.7cm×546.5cm，大英博物馆藏）；以及现收藏在陕西省历史博物馆的石峄《流民图》卷（绢本设色，38.5cm×634cm，

1　王士性《广志绎》卷三“江北四省”，中华书局，1981 年版，第 43 页。
2　周道振《唐寅书画资料汇编》，上海古籍出版社，2017 年版，第 22 页。收录于《古芬阁书画记》卷十四《明唐解元醉丐图卷》。

图 2.4　吴伟《流民图》卷（局部）大英博物馆藏

1588 年）——虽然这些明代绘画作品也被题名为《流民图》，其实它所描绘的还是一群身怀手艺、沿街乞讨、嬉戏打闹的乞丐群像（图 2.4）。

在明之前，除了在佛教绘画里，把“乞丐”当作一个独立的画题，实际这在中国绘画史中是十分罕见的[1]。而市井乞丐图像在明代中叶之后突然大量地出现，为我们今天的图像观看提出了一系列的问题：明代社会对待市井乞丐的态度，这些图像的创作背景和欣赏他们的观众是谁；在明代中期，为什么突然出现了这么多同类型的图像，这些图像的消费者会是谁?

将这些图像综合起来看，我们在这些绘画作品的图像之中，看到的是市井底层包括乞丐在内的下层民众乞讨和游艺的形象。这些形象大量地出现在绘画中，其实在他们的身后有一个

1　高居翰《江岸送别》，生活·读书·新知三联书店出版，2009 年版，第 192 页。

更大的文化语境，那就是明代话本小说如“三言二拍”中市民、市井人物故事的大量涌现。明代话本类的市民文学作品的出现，和在市场中所受到的欢迎，这种现象直接指向了一个明代中叶再次崛起的社会阶层——市民阶层。他们作为一个阶层，正在成为文学和视觉艺术的重要消费群体。所以，这些描绘底层市道人物的图像，其实背后指向的正是市民阶层在文学艺术消费市场中的活跃。这种以市道乞丐和市井人物为主要的艺术形象的出现，也正如明代中叶之后世情话本小说中新的主人公——市民形象以不同于以往才子佳人等旧人物姿态的粉墨登场。

正如凌濛初在《初刻拍案惊奇原序》中指出：“今之人，但知耳目之外，牛鬼蛇神之为奇，而不知耳目之内，日用起居，其为谲诡幻怪非可以常理测者固多也。”说明文学的创作和描写对象的一种重大转向，从耳目之外转向了耳目之内的日用起居，同时包涵在日常生活中的诡谲幻怪。对比西方中世纪晚期的文学艺术作品描绘对象的改变，不难发现，从描绘骑士、贵胄、才子佳人、僧侣修士转向表现普通市民阶层的喜怒哀乐，这是中世纪向近代过渡过程中极为普遍并合乎规律的文艺潮流。这其中最重要的代表就是《十日谈》，打破了中世纪以来僧侣、骑士垄断文学舞台的局面，为我们展现了西方资产阶级社会中商人、工匠、走卒的众生相，这和明代中叶出现的以“三言二拍”为代表的话本小说中市道人物的粉墨登场有着殊途同归的相似性[1]。

市民阶层的崛起，尤其是在文艺消费市场中，用市场的消费能力为自己争得了重要的话语权。创作者们自然而然会为了自己的市场表现，创作市场消费主体喜闻乐见的故事和形象。从这样一个角度出发，我们来理解周臣的创作和题跋，就会显得合理了，市道丐者，既是日常市民同情、厌恶和轻蔑的对象，同时他们在市道中杂耍，以及他们本身的畸形怪貌，都是日常市民打量或者谈论的对象。而其中的“一班泼鬼聚成群，便是钟馗收不得”，更是符合了凌濛初所说的市民日用起居中“谲诡幻怪”的视觉审美标准。

而从黄姬水的题跋中“叹乎今之昏夜乞哀以求富贵者”，我们还可以读到另外一层的世俗社会的道德教化意义。

在明代社会中，他们既可能是一些社会犯罪集团的迫害对象，也有可能他们本身就是危害社会的罪犯。明代朱国祯的《涌幢小品》记载的两则关于明代乞丐的笔记，反映了明代乞丐在明代社会中的一种生存状态。一个案例是：在弘治年间一伙犯罪分子专门用衣食引诱乞丐，把他们养起来，在与他们事先物色好的富商巨家做交易发生争吵和买卖纠纷时，他们会有计划地杀害他们收养的乞丐，并以乞丐的尸体作为要挟，以此来获取富商巨家的赔偿，然后再烧毁乞丐的尸体，开始物色下一个

1 冯天瑜《袭常与新变：明清文化五百年》，上海人民出版社，2018 年版，第 160 页。

目标。到案发时，这一伙犯罪集团已经杀害了数十个乞丐。另一个案例也是令人发指的，但这里乞丐不是受害者，而是社会的危害者。在浙西地区，一些成群结帮的乞丐，组成了犯罪团伙，他们分散到各处，专门抱走人家的幼女，剔瞎幼女的眼睛，令她们白天在街市上乞讨，并规定每日必需讨到一定数量的钱财才能休息，晚上则靠这些女孩子出卖肉体获利，而积累了大量的财富。虽然这些危害社会的犯罪分子，最后均得到罪有应得的惩罚，同样这些恐怖的案例在当时社会的出现，加深了社会对于市井之中乞丐的偏见。

而明代话本小说和其他笔记会怎样记载这些被普通市民打量和观看的对象的生活呢？或许能进一步引起我们对于图像背后形象生活的好奇。他们的财富积累、社会地位晋级以及婚姻的状态，可以视作他们生活最重要的三个方面。

沈德符《万历野获编》卷二十四风俗篇中，记载了他自己所熟知的一个绍兴甄姓的丐户，在京城行医，积累了大量的财富，准备捐资买官，几乎到了将要授职的时候，突然被自己的同乡挤兑，说他是丐户出身不能当官。此人竭力辩驳，说自己祖上是北宋名将杨延昭部将焦光赞家丁的后人，因得罪远徙至浙东，流传至今，世代为贱隶，并非其部曲。但最终还是被人合力排挤没有能进入仕途，只好重操旧业继续行医为业。

据明人叶权《贤博编》记载：嘉靖初年，会稽董大贫（丐户），家巨富，有女儿很漂亮，想嫁给良民，良民虽然赤贫彻骨，也不愿意与其通婚。最后，还是不得不嫁了个乡里的贱民。[1]

这两则明人的笔记中所记载的堕民，他们都通过自己的努力，在明代社会这个重视商业发展和注重个人经济财富的社会里，积累了大量的财富，取得了经济上的成功，但最终还是因为自身的堕民户籍，而没能够取得在仕途和子女婚姻上的圆满。这在一定程度上反映了他们在明代现实社会中真实的处境。这也是我们在周臣的图像中看不到，而周臣也有想要"警励世俗"的地方，是带有良民对于比自己社会地位稍低的堕民的一种打量和观看，这种观看并非出于一种同情，而是一种嘲讽。沈德符和叶权的陈述语气中，采用的是一种纪实性的中立立场，在这种貌似纪实性的立场中，也看不出同情。这也进一步反映了当时明代社会对于市道乞丐和丐户的一种普遍态度。

冯梦龙《金玉奴棒打薄情郎》是明代中后期出现的话本小说，人物和情节自然是建立在一定现实环境的基础虚构塑造出来的，而创造者的虚构和塑造在一定程度上映照了当时社会的心态和道德价值的取向。趋炎附势，并想通过联姻改变自己状态的薄情郎穷秀才莫稽，先是看中丐户团头金老大家的殷实家财，同意入赘金家，虽然此后自己的经济境况大为改观，而且妻子金玉奴聪明漂亮、知书达理，但终因是入赘丐户，在同学中抬不起头来。金玉奴花费大量金钱帮助莫稽购买佳书寻觅良师，最后高中功名。莫稽耻于妻子的出身，在出仕为官的途中

1　叶权《贤博编》，中华书局，1987 年版，第 32 页。

将金玉奴推下水中，想另觅高门再娶。最后戏剧性的是：自己想再娶的上司女儿，居然是被自己推下水且要抛弃的妻子金玉奴。故事最后以金玉奴痛骂莫稽，夫妻好合的“大团圆”传统方式结尾。创作者虽然在故事的结尾为出身丐户女子谋得了一个美好的结局，而在过程中还是遭遇了抛弃的坎坷命运，而圆满的结局设计也是通过以金玉奴成了莫稽上司的义女，来转变自身身份的途径实现的。对照“三言二拍”中其他平民爱情故事的结局，还是可以察觉出创作者创作心理所指向的当时社会的普遍观念中对于丐户女子的成见。

真正的流民图像

如果将后世所有称作为《流民图》的绘画图像，均指向北宋郑侠的《流民图》这个前文本的话，对比它们的创作意图和图像所呈现的内容。我们在上面所提到周臣、唐寅、石嵉、吴伟等人的《流民图》，均还不是郑侠《流民图》这个前文本意义上的流民图，而是市井中人们日常所见的乞丐，这些图像中的“他们”既是世俗社会所要“警励世俗”的一部分，同时也是市民生活中日常遇见的一部分，他们甚至有时候还是自己在日常市井之中取笑和驱赶的对象，“他们”之中或许存在着流民的出身来源，但“他们”这个群体还不是当时明代社会所理解的流民，无论是流民还是《流民图》在当时人的认识中均不是周臣《流民图》所呈现的样子。那么什么是当时明代社会所认同的“流民”和《流民图》的概念呢？明史上这样定义了流民：“年饥或避兵他徙者曰流民。”[1]

“年饥或避兵他徙者”短短数字还不能清晰地描绘出明代流民的分量，在某种意义上，明代王朝的建立起于流民，而最终也亡于流民。有学者估计明代当时的全国流民至少有600万之众，相当于当时十分之一的在籍人口[2]。这样一种规模的脱籍的流动人口，是促使了明代社会动荡的最重要因素。历史中引起大规模流民的主要社会原因，几乎不会超出这几个范围：战乱兵灾、自然灾害、土地兼并以及繁重的赋税徭役，明代社会也不例外。

首先说说自然灾害，古气象学研究的资料表明，明朝时期是中国自然气候异常恶劣的时期之一，常用“九渊”来形容。也有称呼为“明清宇宙期”，整个明代都处于较为寒冷的气候环境之中，气候学认为地球表面平均温度如果下降3℃，大气中的水分将减少20%，明代长期持续的寒冷天气，容易导致严重的干旱，产生降水不平衡等现象，并进一步引发异常气候的连锁反应，导致其他灾害的频繁发生。据《中国灾害通史·明代卷》记载：明代自然灾害频发，水、旱、地震、虫害、瘟疫等十二类灾害共计3952次，其中水灾计1034次，旱灾计728次，地震计1159次。对比一下某个地区在不同的历代时期的自然灾

1 《明史》卷七十七“食货一”之“户口”。

2 李洵《试论明代的流民问题》，《社会科学辑刊》1980年第3期。

害的爆发频率，可以看出，明代灾害之多，是空前绝后的[1]。具体分析一个地区的灾害数据或许能更加直观一些，如湖北历史上的洪灾频率，东汉为8.43年，魏晋南北朝为8.71年，唐代为7.96年，北宋为5.68年，南宋为4.20年，元代为1.93年，明代为1.63年；旱灾的频率，东汉为11.5年，魏晋南北朝是19.5年，唐朝为11.95年，北宋为7.57年，南宋为3.26年，元代为2.78年，明代为1.78年[2]。可见，在明代湖北地区几乎是每一年半就会发生一次洪灾，不到二年的时间就会发生一次旱灾。这样一种洪、旱灾频发的现象，如果一些灾害交叉出现，就会是年年灾害，靠当年地里收成过活的农民，就没有了生路。这样一种灾害频发的现象在中国其他地区也同样存在，尤其是北方地区，灾害所造成的饥荒程度，更甚于南方地区。连年的灾荒，即便政府一时有赈灾措施，也是杯水车薪，难以保证绝大多数农民渡过难关，他们不得不选择离开自己的土地，流落到丰收的地面上求食。明代政治家吕坤记载的万历年间西北连续旱灾与饥荒情形也说明了这一点："西安府城外有大村，千余家居住，一时都要逃走，那知府慌忙亲来劝留，说道：'我就放赈济。'这百姓满街跪下诉说：'多费爷爷好心，念我饥寒。就是每家与了三二斗谷子，能吃几日，怎么挨到熟头？趁我走得动

1 邓拓《中国救荒史》，北京出版社，1998年版，第33—34页。
2 刘成武、黄利民、吴斌祥《湖北省历史时期洪、旱灾害统计特征分析》，《自然灾害学报》2004年第3期。

时，还闸挣到那丰收地面，且救性命。’大家叩头，哭声动天。那知府也恸哭，放他散了。”[1]即便知府亲自出面挽留，并答应马上赈灾，然而赈灾的口粮终归杯水车薪，不能阻止村民抛家弃业，走向流亡他乡的流民之路。

频繁发生的自然灾害，加上政府救济有限，造成了明代的大量人口死亡和大规模迁徙。从弘治四年（1491）的人口统计数据来看，当时的在籍人口与明初洪武年间比较，在约100年的时间内减少了716万人[2]。

明代造成大量流民的突然爆发，在自然灾害之外另一个最主要的动因还是土地的兼并。明代从15世纪三四十年代开始，土地越来越集中在诸王、勋戚、大地主的手中，他们通过钦赐、奏讨、纳献、夺买，甚至直接掠夺等方式占有了大量的土地，例如明中叶的四川藩王蜀王府，就利用各种手段，逐渐兼并了成都平原十分之七的肥沃土地，不用缴纳赋税的藩王土地从贯县延至了彭山县；正德时，江西宁王巧取豪夺的民田数以万计；就连朝中的大员所兼并的土地也是令人瞠目结舌，如在严嵩之后做过内阁首辅的徐阶，他在松江家乡的土地达到了24万亩（另说40万亩）。原来本身是明代农村经济生产中最主要的生产者——小地主和自耕农，在这样一种兼并的大潮中，绝大多数人失去了自己的土地，而不得不成为佃租农，依附在贵族和大

1 吕坤《吕坤全集》，中华书局，2008年版，第954页。
2 《明世宗实录》卷一〇二，中华书局，2016年版，第2405页。

地主的土地上，或者是离开自己户籍所在地，成为流民。被兼并的土地往往在一些特权者的手中，他们可以免交赋税，而各州府县几乎定额的赋税就不得不通过分割的方式，转嫁到还保有少量土地的其他小地主和自耕农身上，一旦在赋税不堪重负的条件下，则进一步加剧了这些还没有离开自己土地的人放弃土地，流离他乡寻找其他的出路。而明代的城市工业发展还停留在手工业阶段，没有达到英国圈地运动时城市工业的迅速发展水平，城市一时不能消化掉这么庞大的流动劳动人口，从而成为明代社会动荡的一个重要因素。另外，一些未开垦的不毛之地成为流民流向的主要集中之地。

如荆襄地区，在行政区划上，以荆州府、襄阳府为中心，包括德安府、随州府、陕西的汉中、西安府等部分区域，东西宽约600公里，南北长约700公里，这一地区地貌复杂、林木繁茂、地连数省、山深地广、容易屯聚，官府往往鞭长莫及。这些地区原来就是元末“流贼作乱”的地方，明初在平定之后，曾一度“空其地，禁流民，不得入”。成化年间，北方自然灾害严重，大量的北方农民离开自己本来勉强度日的土地，开始迁徙聚集到荆襄山区，在这些地区的深山老林中开始刀耕火种的生活。最后，在该地区聚集的流民最多时达到150多万人[1]。流民聚集，引起官府不安，流民聚众多次与政府发生冲突，引发了成化年

1 《明经世文编》卷四十六，项忠《抚流民疏》。黎淳《黎文僖公集》“平荆襄碑记”，岳麓书社，2017年版，第113页。

间的多次荆襄流民大暴动。

这些流民最后的处境呢？在荆襄流民大暴动中，数万参与反抗的流民被明军屠杀，“兵入，尽草剃之，死者枕藉山谷”[1]。编发充军48000余人[2]，另有数万流民在被押送流放的途中死亡。最终只有一少部分流民在新开设的湖广郧阳府这片土地上留了下来，而更一大部分流民的最终命运是“转死沟壑”。

关于明代流民的悲惨命运，在很多当时目睹了实况的官员文字中记载下来：

> 想那万历九年、十年，连年天旱，说起那个光景，人人流泪。平凉、固原城外掘万人大坑三五十处，处处都满。有一富家女子，父母都饿死了，头插草标，上街自卖，被一个外来男子调戏一言，却又羞惭，两头撞死。有一大家少妇，见她丈夫饥饿将死，将浑身衣服卖尽，只留遮身小衣，又将头发剪了，沿街叫卖，通没人买。其夫饿死，官差人拉在万人坑中，这少妇叫唤一声，投入坑里。时当六月，满坑臭烂，韩王念她节义，将妆花纱衣一套要救她出来。她说我夫身已饿死，我何忍在世间喫饱饭，昼夜哭，三日而死。同州朝邑一带拖男领女几万人，半是不贯辛苦妇人，又兼儿女连累，困饿无力，宿在一个庙中，哄得儿女睡着，

1 谷应泰《明史纪事本末》卷三十八，中华书局，1977年版，第565页。
2 黎淳《黎文僖公集》“平荆襄碑记”，岳麓书社，2017年版，第116页。

> 五更里抛撇偷去，有醒了赶着啼哭的，都着带子捆在树上，也有将毒药药死了的，恸哭流泪。岂是狠心？也是没奈何如此。又有一男子，将他妻卖钱一百文，离别时，夫妻回头相看，恸哭难分，一起投在河中淹死。万历十四年，邯郸路上有一妇人，带三个小儿女，路上带累，走步难前，其夫劝妻舍弃孩儿，妇人恸哭不忍。其夫赌气儿先走了数十里，又心上不忍，回来一看，这妇人与三个孩儿吊死在树。其夫恸哭几声，也自吊死。又有一男子，同一无目老母与一妇人，抱个十数月孩儿同行。老母饥饿不堪，这男子先到前村乞食供母，这妇人口中还吃着沙土，仰卧而死。老母叫呼不应，摸着儿妇，知是死了，也就吊死道旁。这男子回来，见他母亲吊死，又见那孩儿看看将死，还斜靠着死娘身上吮奶，也就撞头身死。[1]

那些侥幸在流亡的途中活了下来，到达异乡的流民，他们的命运又怎么样呢？另一篇收录在《吕坤全集》中的《山东招抚逃民劝语》为我们了解流落他乡的明代流民，提供了线索：

> 说与流移百姓，当初年景凶荒，妻子饥饿，死里逃生。没奈何舍了家园，丢了坟墓，抛了骨肉，千难万难，离乡趁食，不知受了多少奔波，投个主儿暂且安身，苟活性命。

1 吕坤《吕坤全集》，中华书局，2008 年版，第 954—955 页。

既然住下，或留恋地方不肯归来，或欠人钱债不得归来，或缺少盘费不能归来。挨日挨年，久久儿婚女嫁，牵扯因循，甘心做了流民，永无归念。想你在家时，外甥女婿弟女孙男叫你父母爷娘伯叔姑舅，本乡本土，何等气势。六邻亲戚，四时八节，团头聚面，何等欢喜。如今他乡在外，不是作婢为奴，就是佣工佃地；低头下气，叫人爷娘；忍耻包羞，受人打骂，才敢劲气高声，动说解回原籍。做流民的有甚好处？你家中丢下房屋任人拆毁，地土任人典卖。祖宗坟墓到那祭扫时，谁烧一张纸钱？就是那无嗣孤魂。儿女亲戚，到那思念时，流了多少眼泪。只恐死不相见。况去岁秋收七分，今春麦根又好。你若愿意归来，就少人些须钱财，那仗义阴德的好人，他也不问你。要但入我济南境内，每口每日给炒豆一升，你到家时，旧日差粮通免追要，荒闲地土给你耕牛子种，没处安身给你草木盖房，再与你几斗谷赡养家口，便在家里佣工佃地，担担推车，也比流民光华多少，切休把儿女卖在外边，去住两难，牵肠挂肚。但有好义之人，肯将买到流民男女，不要原价给伊父母同还乡里，或替人回赎男女得还乡里者，移文彼处州县官，上等旌奖。或爱惜流民子女，不肯折磨，使得成人长大自还乡里者，亦是上等阴德，应准大善三次。我言不虚，百姓思之。[1]

1 吕坤《吕坤全集》，中华书局，2008 年版，第 1047—1048 页。

这篇饱含温情的招抚流民公告，反映当地官僚在灾情过后，人走地荒的情况下，急切想招抚流民回原籍的良苦用心。撇开这种招抚的温情，我们从文字描述的内容中，可以查看到另外一些重要的信息，就是流民在异乡的一种生存状态。相对于过去丰年在家时，是何等其乐融融的生活，如今在他乡时，为了一口饭吃，不是卖身为奴，侍奉他人，就是在没有自己土地的情况下，佣工佃地，“低头下气，叫人爷娘；忍耻包羞，受人打骂”；而且自己原来家乡的土地任人典卖，房屋任人拆毁，祖宗坟墓没有人祭扫，儿女骨肉亲朋故友分隔两地。

从这些文字的叙述中，我们大约可以在脑海中勾画出明代流民的悲惨图景，显然这些是周臣、唐寅、石嶂、吴伟等人的绘画中，和被后人笼统地冠以“流民图”的图像中所没有呈现的内容。那么，明代真正意义上的《流民图》是否存在呢？由于《流民图》有用图像谏言的用途，它们最终归于朝堂内廷，而较少流传和面世，北宋郑侠的《流民图》如此，明代的诸多《流民图》也是这样的命运，我们多只能在文献中看到它们的存在。现存河南博物院的明代杨东明《饥民图说》，也只是得因其后人为了表彰先人的功德，而重新雕版刊印版画才得以流传下来——同时这也得益于晚明发展成熟的雕版技术（如图 2.5 ~图 2.7）。

明代真正意义上的《流民图》累见于文献之中。如嘉靖初，嘉靖皇帝征募了大量河南、湖广等地的流民，为其父母在湖北修建陵墓，竣工后，近万流民滞留当地，政府并未给出有效的后续措施。嘉靖十九年二月，湖广清军御史姚虞上《流民图》[1]，对显陵工程所造成的流民惨状进行了详细性的描绘：

> 今承天府修建陵宫及阳春等门，其工作匠役，俱官为招募，故郧阳、襄阳及河南饥民，皆来就役，欲资口实，携妻襁子，不下万计。而匠作有额，不能容收，屯聚饥饿，积尸载途，虽有司次第掩埋，而死者相继，枕藉犹多。其尚存者，或鬻子捐妻，或剥木掘草，或相向对泣，或矫首吁天，犹可言也。及其父不顾子，夫不计妻，飘零于阴风积雪之中，匍匐于陨垣荒垅之下，臣实掩鼻酸心，抚膺流涕，有不忍言。夫承天陵寝之地，二圣妥灵之所，而流民死亡，凄号万状，二圣之心，亦必有所弗安矣。臣不能尽述其状，谨命工为图一十有二，不避斧钺之诛，敢效郑侠之献。伏望圣明垂览，从宜赈恤。[2]

明代另一件《流民图》也同样如此。1586年，山西大饥荒，布政使沈子木模仿北宋郑侠绘《流民图》上奏[3]，“得捐帑金

1 《明世宗实录》卷二三四，中华书局，2016年版，第4792页。

2 范守己《皇明肃皇外史》卷二十。

3 孙鑛《南京都察院右都御史玉阳沈公子子木墓志》，焦竑《国朝献征录》卷六十四，台湾学生书局，1965年版，第2796页。

十万”，命令地方官员治粥施舍流民，而救活很多人。

在这些图像之中，明代万历年间杨东明的《饥民图说》，因为有翻刻的版画留存和传播，而最引人注目。根据焦竑《国朝献征录》记载：明万历二十一年（1593）“两河连江北诸郡大饥”，朝廷应对不及时，灾情严重。第二年，刑科给事中杨东明（1548—1642）“绘中州流民图以闻”，向万历皇帝进献《饥民图说》，并附以文字描述，请求朝廷救灾。原图在清代康熙二十七年（1688）重刻雕版存世，现收藏在河南博物院，图像描绘了水淹禾稼、河冲房屋、饥民逃荒、夫奔妻追、卖儿活命、弃子逃生、人食草木、全家缢死、刮食人肉、饿殍满路、杀二岁女、盗贼夜火、子丐母溺、东明叩首等14个惊心怵目的人间惨状场景。杨东明在所绘图像中题本说：“臣见四方多事，中土饥荒，日夜忧愁，恐成大变，皇上深居大内，何从得？臣乃据所见闻，进兹图说。”[1]从杨东明这段陈述中可以看出，他所绘制的《饥民图说》目的是和北宋郑侠的《流民图》是一致的，它的直接观看者就是深居大内的最高统治者，它们所反映的内容也是相同的，是“卖儿卖女、尸体遍地、吃草根树”的惨状——这才是图像学和政治意义上的《流民图》形象，这些场景是《流民图》中经常表现的景象[2]。

1 虞城县志编纂委员会编《虞城县志》，三联书店，1991年版，第666—678页。

2 黄小峰《红尘过客——明代艺术中的乞丐与市井·上》，《中国书画》2019年11月刊。

图 2.5 杨东明《饥民图说》版画之五“卖儿活命”现藏河南博物院（共有14 张）

图说：这是卖儿卖女的人家。生儿生女，惯养娇看，热气舍不得呵着，年荒无奈，母子不得两全，且将儿女来卖得几文钱，换得几升米，图救眼下性命。想那儿女离娘，难割难舍。卖到人家，酷刻的全没痛热，朝打暮骂，受冻忍饥，眼望亲娘偷哭几声。做娘的岂是狠，自是顾他不得。[1]

杨东明的《饥民图说》在明代的朝堂之中，最后所引发的政治作用，也可以与北宋郑侠的《流民图》相比。《明神宗实录》记载：万历二十二年三月，“是日随接，圣谕曰：‘昨者朕览《饥民图说》时，有皇贵妃侍，因问此是何图？画着死人，

1 虞城县志编纂委员会编《虞城县志》，三联书店，1991 年版，第 666—678 页。

图 2.6 杨东明《饥民图说》版画之十三“子丐母溺”现藏河南博物院（共有 14 张）
图说：有母子二人逃荒，母老不能行，子负母于肩，行数里，不能前进，其母私自言曰：“饿煞我了，儿可先到前面讨碗饭来我吃。”子前去，母遂投河。其子讨得粗糠一碗来迎，母已为波中鬼矣！子仰天大哭一声，就要跳入河内，被一行路人救住。那桥上人看见也不觉满眼流泪。

又有赴水的。朕说此乃刑科给事中杨东明所进河南饥民之图，今彼处甚是荒乱，有吃树皮的，有人相食的，故上此图，欲上知之，速行蠲赈，以救危亡于旦夕。’皇贵妃闻说，自愿出累年所赐合用之积，以施救本地之民，奏朕未知可否？朕说甚好。且皇贵妃已进赈银五千两，朕意其少，欲待再有进助，一并发出”。[1] 杨东明的《饥民图说》首先在内宫之中，起到了打动皇上和皇贵妃的作用，继而在皇贵妃捐银 5000 两赈灾的带动下，

1 《明神宗实录》卷二七十一，中华书局，2016 年版，第 5025 页。

图 2.7　杨东明《饥民图说》版画之七“人食草木”现藏河南博物院（共有 14 张）
图说：这个是掘草根剥树皮的百姓们。当太平时，少油没盐，便是米面饭食也吃不下，无奈遭饥荒，初间还吃糠，后来糠也没啦，又吃那喂猪的糟食；糟食也没啦，又吃那沙土；土咽不下，将那榆柳树粗皮剥将来掺和沙土捣成一块，暂且充饥，又将枯草根不分有毒无毒，堪吃不堪，都刨将来胡乱救命。总来此物，难以养生，渐渐饥瘦面黄、肚塌脚肿，不及十日半月，依旧丧了性命。

臣民开始自愿效仿，纷纷捐资赈灾。侍郎何雒文等四人各捐粮食千石以上，御史何倬等五人捐钱粮 500 石以上，尚书张孟男等 174 位官员捐 400 石以下，不一而足。为朝廷最后成功赈灾提供了重要的支持。据当时负责赈灾的官员钟化民记载：共“活饥民四千七百四十五万六千七百八十有奇”[1]。

1　钟化民《赈豫纪略》，《中国荒政全书》（第一辑），北京古籍出版社，2003 年版，第 269–270 页。

当然不能将此次河南赈灾的全部功绩归于杨东明的《饥民图说》，但图像在这个过程所起到的叙事和图读的作用，在一定程度上是超过地方官员奏疏文字对灾情的描述，以及抽象数字罗列所指向的灾情。图像因最为直观的视觉感染力，尤其是在图像稀缺和制作难度大的时代，图像有着自身不可替代的力量。

“桃花源”里的明代农民

我们从上一节市井乞丐和流民的图像中，看到了明代底层平民的一种悲怆的生存图景，正如我们在前面所分析的那样，造成这种状况的原因是多方面的。这些图像中的乞丐和流民，他们绝大多数是来自乡村的农民，他们的境况是否就是明代绝大多数底层农民最普遍的一种常态呢？

“桃花源”首先是东晋文人陶渊明所创造的一个文本母体，描绘的是动乱时期的东晋文人对于没有阶级、没有压迫、和平安详、自给自足、自得其乐的理想社会的向往。同样也是千百年来中国传统文化中，人们对于理想社会的共同图景。不同时代、不同身份的人分别从各自的角度，用不同的艺术形式——诗词、曲艺、绘画等——对这个母体进行了再创作的想象。毋庸置疑，这些想象中无意识地带进了创作者自己时代的印记。明代周臣创作的《桃花源图》明显带有明代风格，（图 2.8）清代石涛所绘的《桃源图卷》也只能属于清代的社会。

图像叙事因为本身的“共时性”特征，它不能像文字叙事那样可以有一个“历时性”的过程，来展示事情的起因、开端、发展、高潮、结局等。它只能选取事情发展过程中某一个关键的时间片段，或者是营造一个错位的“历时”空间——传统手卷的创作很多都是这样。周臣的《桃花源图》选择的是前一种营造画面空间的手法：画面前端和右边的山石叠嶂，将画面分割为内外两个空间；右下端开阔的水域，延伸至画面之外，和停靠在岸边随时可能驶出画面的小船，指示着一个更大的开放性外部空间的存在；山石之内，由山石叠嶂围成一个封闭的空间，它与外部空间的通道被掩盖在重重叠叠的山石之下；封闭的空间内是一个理想化村庄的图景——“土地平旷，屋舍俨然，有良田、美池、桑竹之属。阡陌交通，鸡犬相闻。其中往来种作，男女衣着，悉如外人。黄发垂髫，并怡然自乐”——界域封闭自成体系、物产经济自给自足，风俗仪礼遵循古俗，社会风貌整然有序。

“桃花源”本是一个虚构的意象，然而这个文学和绘画艺术想象创作出来的图景，与明代立国者朱元璋关于国家江山社稷的建设，尤其是家国民本的乡村建设如出一辙。

人们通常将明代的开国皇帝朱元璋描绘成一个不仅控制着国家行政权力，甚至也控制着社会形态的皇帝。他削去宰相，集权力于一身，亲自设置了各种行政和法律制度，并用较为通俗的文体形式将这些制度告诫天下，并严令自己的子孙不能变动。或许就是幼年痛苦的经历——在饥荒中失去了双亲，寄靠在寺庙中，同样无法得到温饱，而不得不远离家乡去沿街乞讨——让朱元璋将鸡犬之声相闻、老死不相往来，桃花源式的宁静乡村封闭世界视作了他心目中的理想社会。作为一个立国的皇帝，充沛的体力和无上的权力让他深信自己也可以像一个丹青画家一样，在一个满目疮痍的国土上创作出一个理想的“桃花源”式王国来，这个王国正是由他设计的无数个理想化的“桃花源”村落所构成。

理想的社会是以理想的秩序为根本，在朱元璋看来，乡村秩序的建立，首先要从礼法的恢复和规范开始，它甚至更重于乡村的基层权力组织的建设。洪武五年（1372），朱元璋首先颁发了《正礼仪风俗诏》：

> 天下大定，礼义风俗可不正乎？兹有所示谕尔臣民：曩者兵乱，人民流散，因而为人奴隶者即日放还；士庶之家毋收养阉竖，其功臣不在此例。古者邻保相助，患难相救。今州县城市乡村或有冻馁不能自存者，令里中富室假贷钱谷，以资养之。工商农业皆听其故，俟有余赡，然后偿还。孤寡残疾不能生理者，官为养赡，毋致失所。其有疾愈愿占籍为民者，听。乡党论齿，从古所尚，凡平居相见揖拜之礼，幼者先施；岁时燕会坐次之列，长者居上。佃见田主，不论齿序，并如少事长之礼。若在亲属，不拘主佃，

图〇〤 周臣《桃花源图》

则以亲属之礼行之。乡饮之礼，所以明长幼、厚风俗，今废缺已久，宜令中书详定仪式，颁布遵守。婚姻古之所重。近代以来，狃于习俗，专论聘财，有违典礼。丧事以哀为本，葬祭之具称家有无，今富者奢侈，贫者假贷，务崇炫耀，又有惑于阴阳，停柩经年，以至暴露，宜令中书集议，颁示天下。

四方既定，流民各归田里，其间有丁少田多者，不许仍前占据他人之业。若有丁众田少者，许于附近荒田内，官为验其丁力，给与耕种。中国衣冠坏于胡俗，已尝考定品官命妇冠服及士庶人衣巾、妇女服饰，行之中外。惟民间妇女首饰、衣服尚循旧习，宜令中书颁示定制，务复古典。僧道之教，以清净无为为本。往往斋荐之际，男女溷杂，饮酒食肉自恣，已令有司严加禁约。福建、两广等处豪强之家，多以他人子阉割役使，名曰火者。今后有犯者，以阉罪抵，之没官为奴。于戏！用夏变夷，风俗之所由；厚哀穷赈乏，仁政之所当施。因时制宜，与民更化，其臻礼义之风，永底隆平之治。[1]

在这个诏令中，朱元璋描绘了这个理想的“桃花源”王国的蓝图：这里没有奴隶，那些兵荒马乱而流散外乡为人做奴做

1 《明太祖实录》卷七十三“洪武五年五月戊辰”条，中华书局，2016年版，第1352页。

婢的子女回到了自己父母的身边；邻里相助，患难相救，富裕人家借贷钱谷给穷人渡难关，穷人一旦有多余钱粮的时候，要及时偿还；孤寡残疾由政府出资赡养，病养好后，准其为民，自食其力。乡党之间论资排辈，遵循古风，长幼有序；婚嫁丧葬，遵循古制，量力而为，力阻铺张浪费。四方既定后，在这个理想的“桃花源”中，耕者有其田。人口少而田多的家庭，不许再占据他人的产业；人口多而田地少的家庭，允许开垦附近的荒地，政府在为其登记丁力的条件下，给予耕具和粮种补给。民间衣服首饰仪礼，因循旧俗，恢复古典；僧道以清静无为为本；严禁豪强之家阉割他人子女为奴……

朱元璋相信由少数精英分子统治的封闭乡村社会体系，严厉的酷刑和谨密的管理制度，能给混乱的国家恢复秩序，以及保存永久的稳定和安宁[1]。除了形而上的礼法制度的颁布实施外，朱元璋还从其他几个方面制定制度来巩固自己的“桃花源”村落的建构：

一是规范乡村基层权力组织形式，构建里甲制、老人制等，将部分乡村社会治理权让渡给基层的“富户”与“耆老”等少数有能力的乡村精英阶层，充分发挥乡村基层社会的自我管理与自我维护功能。如《明史》称：“洪武十四年诏天下编赋役黄册，以一百十户为一里，推丁粮多者十户为长，余百户为十甲，甲凡十人。岁役里长一人，甲首一人，董一里一甲之事。先后

1　卜正民《纵乐的困惑：明代的商业与文化》，第 10 页。

以丁粮多寡为序。凡十年一周，曰排年。在城曰坊，近城曰厢，乡都曰里。里编为册，册首总为一图。鳏寡孤独不任役者，附十甲后为畸零……人户以籍为断，禁数姓合户附籍。漏口、脱户，许自实。里设老人，选年高为众所服者，导民善，平乡里争讼。”[1]

推选一户丁粮多的为甲长，下面管理十户组成一甲，再由十甲构成一里，从十个甲长中，选择出一个里长，根据丁粮的多寡为序，每隔十年轮换里长；里长、甲长负责里甲中的赋税收缴，以及其他如祭祀鬼神、接应宾旅、勾摄公事等工作——这实质是一种“职役”；孤寡独户因为不承担赋税徭役，计算在十甲之外，作为畸零。这些户籍编订在一个黄册之中，册首总为一图，这样就构成一个以登记在黄册内的固定组织形式，在这个组织形式内，另还有德高望重的老人负责乡里之间平常的争讼，不必事事到县衙的堂上去进行诉讼。这个组织形式对内是一个可以自我生产和自我管理的封闭系统，正如图像中所描绘的与世隔绝的桃花源村落，对外则便于国家进行垂直管理的一个行政单元。无数个理想的单元，共同构成了朱元璋心目中理想的、可以永固万年的江山社稷。

二是为了进一步稳固这种封闭的组织形式，朱元璋加强户籍的管理。根据《大明会典》记载：

凡立户收籍，洪武二年令：凡各处漏口脱户之人，

1 《明史》卷七十七“食货一”之“户口”。

许赴所在官司出首，与免本罪，收籍当差。凡军民医匠阴阳诸色户，许各以原报抄籍为定，不许妄行变乱，违者治罪，仍从原籍。三年，令户部榜谕天下军民，凡有未占籍而不应役者，许自首。军发卫所，民归有司，匠隶工部。又诏户部籍天下户口，及置户帖，各书户之乡贯丁口名岁，以字号编为勘合，用半印钤记，籍藏于部，帖给于民，令有司点闸比对，有不合者，发充军。官吏隐瞒者，处斩。十九年，令各处民，凡成丁者，务各守本业，出入邻里，必欲互知。其有游民，及称商贾，虽有引，若钱不盈万文，钞不及十贯，俱送所在官司，迁发化外。[1]

明代的户籍制度沿袭了元代的户籍制度，军、民、医、匠、阴阳诸色户籍也采用因袭制度，即祖上是什么户籍形式，子孙世代保留原来的户籍，身份不能改变，不得随意隐瞒脱籍，有违背者处以重罚；本地的人口编订在固定的户籍之下，原则上是不得随意分户和迁移，外来的人口也不能在本地中随意活动和居留；游民和商贾的移动，需要在官府备案，签发路引。这样一些规定，限制了人口的移动和身份的迁移。就像《桃花源图》中重重叠叠的山石隔绝了内外空间的通道一样，将人封闭在一个缺乏变动的系统之中。

然而事与愿违，朱元璋规范设计的遍布全国的“桃花源”

1 《大明会典》卷十九“户口”，明万历十五年内府刊本。

村落，并没有成为现实，我们在前面也着重分析过，明代处在一个“多灾荒”的时代中——这是身处于明朝的不幸。自然灾害对于环境的破坏，打破了乡村安宁的氛围；再加上诸王、勋戚、大地主等对于土地的兼并，更轻易地打破了这一个个的封闭自得其乐、自给自足体系——或许它就像周臣《桃花源图》中右侧那个倾斜的山峰，一旦失去重心发生坍塌必将给整个村落带来毁灭性的灾难一样——将全国近十分之一的“桃花源”村落里的居民，赶上流亡他乡的流民之路。

“桃花源”终究还是一个描绘在众人想象之中的幻象。

百年过后的成化年间，朱元璋的数十万子孙中的一人——秦简王朱诚泳在路过关中乡村“采访”一个老农之后，目睹了开国皇帝理想的破灭，写下了一篇令人心酸的《农民谣》，它具体地描绘在灾荒和差役双重压迫下，在虚构的山石屏障轰然倒塌后，“桃花源”式村落中悲惨的农民生活境况。虽然此时明朝皇帝和朝廷重臣还在提醒地方官员要铭记高祖皇帝朱元璋的理想，并确保他们能背诵他的训谕[1]，但现实偏离了明代建国者对于未来的构想：

> 我昨过农家，农夫于我陈。嗟嗟天地间，而唯农苦辛。
> 春耕土埋足，夏耘汗沾巾。秋成能几何，仅得比比邻。
> 老农惟二子，输边辛苦均。大儿援灵夏，性命逐车轮。

1　卜正民《纵乐的困惑：明代的商业与文化》，三联书店2004年版，第92页。

小儿戍甘泉，身首犯边尘。老妇卖薪去，老农空一身。
荒村绝鸡犬，四壁罄仓囷。公家不我恤，里胥动生嗔。
鞭笞且不免，敢冀周吾贫。我农老垂死，甘为地下人。
尚祈孙子辈，犹为平世民。

——朱诚泳[1]《农民谣》

明代吴门画派的宗师级别的画家沈周在周臣之前，应该是画过不少的《桃源图》，其中一幅《桃源图》的题画诗，道出了老画家作画的动机，“啼饥儿女正连郙，况有催租吏打门。一夜老夫眠不得，起来寻纸画桃源”[2]。另一幅《桃源图》的题诗说出了画家内心对于桃源式乡村中轻徭役的期望，“今人莫羡桃源好，一有桃源世无道，但愿四海轻徭民不烦，春风处处是桃源”[3]。“春风处处是桃源”的乡村不仅是明太祖朱元璋的理想，同样也是沈周、周臣为代表的明朝平民们的理想乡村图景。

乡村中的老人

朱元璋设计的“桃花源”社会，另一个重要的特色就是由

1 朱诚泳（1458—1498），安徽凤阳人，明宗室，号宾竹道人，太祖第二子秦王朱樉玄孙。弘治元年袭封秦王。工诗，著有《经进小鸣集》。卒谥简。
2 《题桃源图》，《御定历代题画诗类》卷三十一，《文渊四库》第 1435 册，第 398 页；《沈周集》上册，第 522 页。
3 沈周《沈周集》上海古籍出版社，2013 年版，第 344 页。

老人来管理和协调这个小社会的日常矛盾，即所谓的“老人制”。

明代基层社会的老人制，同样是在宋元制度的遗存和沿袭的基础上重新修正的。元代世祖忽必烈在至元七年（1270）颁布的“劝农条画”规定，每五十户组成一“社”，选举一名“年高通晓农事”者为社长，担任农耕指导和督促、义仓运营等劝农工作，以及负责乡村社会表彰和惩戒工作[1]。在之后颁行的“至元新格”中，更是明确了社长调停民事纠纷的权力。用法律条款的形式确立了在州府县政府机构之下的一种民间权力机构，来负责底层社会的管理。洪武二十七年（1394），朝廷禁止乡间的户婚、田地、斗殴等诉讼纠纷不经过里长、老人调节而直接向官府提诉；到洪武三十一年（1398）三月，重新颁布了《教民榜文》，成为最完备的乡村统治法令，进一步明确了老人制处理乡间纠纷的法令地位。

在中国传统的社会中，社会最基本的单元是家族，在家族之中，一般年长的家长、族长本身就有着较高的地位，而且有很高的权威性。政府正是巧妙地利用这种传统的社会组织机构形式，并充分发挥它自身的管理和自治能力。这在一定限度上节省了政府的施政力量，同时调动了民间力量参与国家管理的热情。为了进一步保证这种制度的执行，政府还制定了一些更为具体的措施，来保证乡村“耆老”“老人”的社会地位和权威性，如：“洪武十九年……今特命有司抚问高年及笃废残疾

1 《元典章》卷二三“户部九·农桑·立社”。

图 2.9 《小瀛洲十老社会诗图》（局部）万历四十一年海宁刊本

者，八十、九十乡党称善者，以时存问，给酒肉絮帛，惟应天、凤阳二府富民八十以上者赐爵里士，九十以上者赐爵社士，与县官平礼。”[1] 洪武时期，朝廷赋予了乡村“老人”“耆老”较大的地方管理权力之外，还赋予了对于地方官吏的监督权力，例如在《御制大诰》中，“耆老人等”可以告发害民的地方官吏，甚至可以直接上奏朝廷议事，而且每年末命令数十人至千余人“乡里年高有德等”赴京师，面奏当地官吏的善恶。

而一般厢坊、乡村中的老人在明朝的身份等级中，处在衙

1 沈德符《万历野获编·补遗》，《明代笔记小说大观·三》，上海古籍出版社，2005 年版，第 2730 页。

役和里长、胥吏之上，仅次于生员等。利用社会基层老人的权威性来管理明代最基层的社会结构，同样也是朱元璋设计的“桃花源”式乡村社会的一个部分。

乡村社学中的闹学童子

明代画家仇英（约1494—1552）临摹宋人的《村童闹学图》（图2.10），是目前所见最早的“村童闹学”的图像资料之一。“村童闹学”是中国传统社会中一个深受大众喜欢的画作选题，尤其是明代之后，累见于清代以及近代所创作的各种图像之中，不仅有文人所描绘的绢本工笔、纸本写意画，也出现在版画、年画，以及工艺品装饰中。对于这些图像的解读，众说不一，有学者认为这是宋代的风俗画的传统，表现的是乡村蒙学教育的实景：平时乡村学校的教学内容刻板枯燥，学究先生疲倦地靠在书案睡着了，学童们立即放肆起来，有的演戏，有的耍杂技，有的开始捉弄睡着的先生，摘下先生的儒生冠巾，或给先生描花脸，一个学童蹲在地上正在给先生画像，一个正在认真书写“上大人丘乙已”描红字帖的学生也不得不停下来观看这热闹的场景。研究者认为这个场景的描绘是对封建学究的嘲弄[1]。又有研究者对于这个图像所描绘的场景提出了质疑，以为这不是对于现实中某个真实场景的描绘，如果是真实的社会场景，不

1　马克明编著《中国美术教育史》，陕西人民教育出版社，2008年版，第25页。

图 2.10　仇英《村童闹学图》

可能同时出现在宋代、明代和清代画家的笔下，图像中所描绘的细节和所呈现的喜剧性效果，最大的可能是源自戏剧中的场景，是对戏剧场景的一种再现[1]。还有一种观点认为：《村童闹学图》所呈现的主体，并非“村夫子母题”，而是“婴戏图”的变式，反映的是传统“宜男寓意”观念下的村学顽童嬉闹的

1　黄小峰《孔夫子的乡下门生：解读〈村童闹学图〉》，《中华遗产》2010 年第 9 期。

场景[1]。

这些不同的观点，给我们提出了一个问题，图像呈现的到底是什么？图像如果不是现实场景的真实写照，它是否还有可能成为我们解读历史的重要视觉资料呢？英国历史学者伯克曾经告诫用图像证史的研究者，“看到的画像是一种被画出来的观念，是带有某种意识形态和视觉意义的‘社会景观’”[2]，所以从这个意义上理解，一些特定的历史图像并非现实的再现，而是某种“意义”的“历史的真实”存在，或者可以这么说，历史图像是我们了解一些“历史真实”的重要支点。明代仇英等人的“闹学图”，在这里也正是我们了解明代乡村教育的一个视觉支点。我们从这些图像出发，去了解明代乡村的读书人在求学早期阶段的情况。

中国古代的乡村教育历史久远，它的出现几乎与有文字记载的文明同步。据《礼记·学记》记载：“家有塾，党有庠，术有序。”[3]说明在西周时期就已经存在和地方行政组织相适应的乡学。西周乡学同样属于官办教育，它们不同于王朝京城中的辟雍和诸侯国国中的泮宫，乡学根据行政分辖的规模设置不同级别的学校，最低一级的是以家为基础的“塾”学，这说明

1 白军《仇英临宋人〈村童闹学图〉主题探析》，《艺苑》2017年第3期。
2 彼得·伯克著，杨豫译《图像证史》，北京大学出版社，2008年版，第162页。
3 孙希旦《礼记集解》卷三六《学记第十八》，中华书局，1989年版，第957页。

至少在周朝时期，就有了在乡村开办教育的设想，但严格意义的地方官学则是自汉代开始设立的，自汉以降，一直到宋代，一般历史文献对于地方官学的记载多停留在县学这个级别，即便有少数乡间庶民弟子入学学习的记录，也是些个例，是否存在真正全国成功推行过乡村学校，则较难考究[1]。元代在沿袭前代州县一级的官学之外，还特定了“社学”，这是严格意义上的全国推行的乡村学校，至元二十三年（1286），朝廷颁布条令，劝农立社，凡各县所述村庄50家为社，每社设立一所社学，聘用通晓经书者为社学的老师，让农家子弟在每年冬季的农事空闲时入学读书，对学有成者，向有关部门推荐，其目的主要是“教劝农桑为务”和普及基本的文字读写能力。明朝在很多国家制度上都因袭了元代，乡村教育也是如此。洪武八年（1375），朱元璋命令全国各地城镇厢坊和乡村里甲设立社学，让乡村子弟入社学读书。他对中书省臣说：“昔成周之世，家有塾，党有庠，故民无不知学，是以教化行而风俗美。今京师及郡县皆有学，而乡社之民未睹教化。宜令有司更置社学，延师儒以教民间子弟，庶可导民善俗也。”[2]最初的目的，就是为了在乡村这个层面推行明朝立国初期所颁布的治国法令和引导

1 1835年广东《南海县志》卷十一，页5b，记载“案乡城社学即古小学遗制。宋熙宁四年始令诸州、军置小学。崇宁元年令州置小学，10岁以上皆入学。元制有蒙古小学。明洪武八年诏有司立社学……”从这段文献中可以看出，元明时期的社学虽然是宋小学的遗制，但宋代的小学是否设立在五十户为社这个级别，则没有具体的文献证实。

2 《明太祖实录》卷九十六，中华书局，2016年版，第1655页。

民间风俗教化，所以教学的内容也主要是“御制大诰”和“本朝律令”。此外朱元璋看重社学的开设，还有一层原因，就是洪武三年（1370）明朝首开科举选拔人才，却未能挑选出朝廷合意的人才，让朱元璋大失所望，在罢停科举考试二年之后，他开始重新审视明朝的地方教育，认为虽然设立了高级的国子学和州县一级的官学，但没有初级学校的补充，中级和高级的教育质量必然受到影响，所以开设初级的社学是国家教育的必要补充。皇帝既然颁布诏令，在中书省的督令之下，各地担负起办学的重任。

然而各地的推行效果往往与明太祖朱元璋的最初目标背道而驰。有些地方的社学设置成为官吏营生的手段，朱元璋在《御制大诰》中痛斥了这些现象：

> 好事难成。且如社学之设，本以导民向善，乐天之乐。奈何府、州、县官，不才酷吏害民无厌，社学一设，官吏以为营生。有愿读书者无钱不许入学；有三丁四丁，不愿读书者，受财卖放，纵其愚顽，不令读书。有父子二人，或农或商，本无读书之暇，却乃逼令入学。有钱者又纵之，无钱者虽不暇读书，又不肯放，将此凑生员之数，欺诳朝廷。

有想读书的农家子弟因为没有钱不能入社学读书；家里有三四丁的，按要求应该送子弟去读书的，却买通官吏不按要求入社学，纵其愚顽。没有空暇读书的农商，有的被逼迫入社学读书。这种“往往以货为取舍，民之见之如重役焉”的办学方式，严重地违背了社学最初以教育民间平民子弟“导民善俗”的宗旨。朱元璋为之痛心，只得在洪武十三年（1380）关闭了官办社学，进行整顿，以免“逼坏良民不暇读书之家”。但社学开设最初的几个出发点，则无论是教化民俗，还是作为科举考试选拔人才的基础教育，都是当时明代朝廷政策执行所必要的。虽然在执行的过程中出现了不少的弊端，终不能因噎废食。三年之后，为了配合即将重开的科举考试，朱元璋又诏令地方恢复社学，并且允许民间力量私办社学。根据《大明会典》记载：“（洪武）十六年，诏民间立社学，有司不得干预。”而且进一步颁布严厉的条令，限制地方官府对于官办社学的干扰，一旦发现将治之重罚。这些措施保证了乡村和城市厢坊里甲中社学的正常发展，在教化民俗的同时，尤其是在随着明代科举考试发展的前提下，社学逐渐成为明代童子试培养童生的重要场所。全祖望曾声称：通过遍布在城镇和乡间的社学，任何用功读书的童子均能够获得升迁获得官位[1]。但事实上，科举考试的根本目的是把绝大多数人排除在官僚体制之外，而并非去接纳他们。来自贫苦家庭的学生虽然不可能进一步在科举方向上发展，但他们从社学教育中得到了基本的识字和书写能力。同时，我们通过对明代文献资料的综合分析，可以看到在明朝的各个

1　全祖望《鲒埼亭集外编》卷二十二，《明初学校贡举事宜记》。

时期，创办私学的主动权也从国家到社会之间的各个等级往下转移。社学也同样如此，在明代的各个时期，社学的性质是有所改变的，而且在不同的地区、在不同的掌管之下，性质其实也是不同的。所以很难用一个标准来整体地看待明代这个社会最基层的教育机构。大体而言，在洪武年间，朱元璋开设社学的重点还是旨在把国家颁布的法令教授给民间的平民子弟，在明代中叶之后，地方资源和力量越来越掌管了社学的开设，而且越往后，明代的地方社会拥有了对社学的主动权，而逐渐偏离了朱元璋开设社学的最初目的，但不管怎么样，社学作为一种基层的教育机构在明代得到了很好地推行。有研究者统计了地方志，找到了大约 9355 所明朝时期的社学[1]，这应该还不是完全的统计，真实的数据应该远在这个数目之上，社学几乎成为明代乡村教育成绩的一个重要体现。一个学生一年或者数个冬季，如果他坚持的话，他可以学习到大约 2000 个汉字，这些基础的汉字，已经可以应付日常的法律文书（如地契、买卖合同等）的识别和签署，甚至可以起草和撰写文书。

明代社学中，所教习的内容根据入学生源的年龄大小，循序渐进，由易至难。首先是从识字教育开始，一般以《三字经》《百家姓》《千字文》开始，继而教习“经、史、律、算之属”[2]。

1 ［美］施珊珊著，王坤利译《明代的社学与国家》，浙江大学出版社，2019 年版，第 5 页。

2 全祖望《鲒埼亭集外编》卷二十二，《明初学校贡举事宜记》。

先读《三字经》，能有利于学生“以习见闻”；《百家姓》，在一定程度上能实现“以便日用”的目的；而《千字文》，包含了一些义理思想，是进一步学习四书五经的基础[1]。这三本识字教材在明代成为中国传统蒙学的识字基础。在识字的同时，一些名家所书写的楷书字帖，也成了学生最初学临写的书法范本。这也是我们从仇英所临《村童闹学图》中，所看到的“历史真实”场景，一个学生还端坐在书案前，桌子上摆放的正是一张描红的字帖，从图像的细节中我们甚至可以看到所描写的内容：“上大人，丘乙已，化三千，七十士，尔小生，八九子，佳作仁，可知礼”——这是自宋代以来蒙学习字最初的字帖内容，它们较好地体现了书法书写的最基本笔画和间架结构，明之后“丘乙已”改为“孔乙已”，这也是鲁迅小说中人物“孔乙已”的由来。

在识字达到一定程度之后，开始对学生进行儒家的经典教育，所学习的内容包括《四书》《孝经》《小学》《五经》《性理》等。对于儒家经典的学习方法，如我们从今天的影视资料中所看到的那样，学生在先生的带领下，摇头晃脑地逐句背诵，再由先生进行章句解析。在熟读了儒家经典及史籍之后，则要开始学习写作，写作从作对子开始，继而是八股文及其他科场应试文体。

1　吕坤《社学要略》，引自（清）陈弘谋辑《养正遗规》，中国华侨出版社，2012 年版，第 242 页。

明末学者刘宗周的一则关于乡村“小学”制度的详细记录，为我们今天了解明代乡村社学的具体学习情况，以及社学的管理方式提供了详细的资料，这些具体的程序和细节是我们在静止的平面图像中无法看到的[1]：

> 一、学生入学，仿效古礼，以鲜蔬四色，或米糕，或酒肉为贽见礼。初进门一揖，亲手送贽毕，再揖，退侍立于父兄之后……先生升座。诸生序齿，分班对拜，行二拜礼。礼毕，诸生皆向上拱手齐立……
>
> 一、诸生每日到齐排班，与先生作揖，仍分班对揖，其早晚于学亦然。散班，照长幼次序出门，务行走端庄，遇亲长躬身作揖，到家见父母兄长作揖。
>
> 一、授书要随各人资质，限定行数，不可或多或少，不可人人画一，亦不可勉强多读。多读必是强记，日久相忘，前功尽弃矣。
>
> 一、授书要分句读，正字眼，辨平仄。先生先教数遍，然后诸生自诵，须细听其声音字眼，不可使其朦胧混过。诵毕再教二遍。
>
> 一、诸生清晨到齐，将昨日书读五遍即背，要极熟。再理近边带书三首熟背。背毕，将本日所授书分作两节，

1　刘宗周，吕光编《刘宗周全集》第六册文编下《小学约》，浙江古籍出版社，2007年版，第877页。

读二三十遍，才放早饭。

一、早饭后，先读会上一节，再读会下一节，巳刻讲书。

一、讲书先说大旨，这一章是为什么的。次训字，次逐句俗讲，次收缴通章主意，次分数段落，发明过文脉理，中间有关系德行伦理者，便要揭出，说与诸生知道：“你也要是这等，才是好人。”有关系修政事理、治民安邦、忠臣爱国者，便说道：“你他日做官，亦要如此，才是好官。”

一、讲书。每日要诸生轮番讲，还不明者，先生再讲之。看书之时有疑难字句，要细细再三叩问，讲不明者责之。

一、看书毕，仿临法帖一幅，送呈先生，较其美恶以行赏罚。写仿毕，调平仄、对句，或破承题、起讲，送呈先生改正，放午饭。

一、午后理远带书三首，熟背。

一、下午将上午所读书串合，限数读熟，不拘生熟，以数满为度，不然恐有强记之患，读至傍晚，须宜草草背过，庶次早方可背熟。

一、将本日书草草背完，即上次日生书，读二十遍。

一、每日将晚，讲忠孝勤学故事二条，令其熟记。空闲时常问之。

一、每日写疑难字数个于水板上，悬之壁间与诸生看。仍训解大义，各令牢记。待次日讲书时，一同背讲，有不能应对者，责之，始放晚学。

……

刘宗周的《小学约》对于乡村教育中仪节内容的具体要求还有很多，本文只引用了其中一天时间中的学习安排和学习内容，其他要求不再长篇引述。从这些安排中，可以见到一天之中学童的学习一个环节紧接着另一个环节，是没有给学童们闹学机会的。当然这是一种理想化的制度要求。现实中未必能严格执行，即便是从刘宗周自身的经历中，也没有这样严格执行过。刘宗周万历六年（1578）出生，是遗腹子，在其母亲怀孕5个月的时候，父亲因痢疾去世，母亲章氏27岁守寡。刘宗周出生后同母亲一道回外祖父家（南洲公），寄养在外祖父家。万历十二年（1584），刘宗周7岁，“始就塾，师事赵某”。这是刘宗周开始的“小学”教育，学校的机构应该是收费的乡村学堂，它属于官办的社学还是民间力量所办的私学，已无从考究。到明代晚期，其实随着民间力量更多地介入到乡村一级学校机构的建设中，已经较难区分他们[1]。万历十三年（1585）刘宗周8岁，跟从自己的叔叔学习《论语》；万历十四年（1586）跟随族舅章某学习；万历十五年（1587），因为没有钱交学费，跟随外祖父章老先生读书。外祖父是当地有名的教师，弟子中有数十人登科及第，老来在家里设馆教学。刘宗周就在自己外

1 施珊珊著，王坤利译《明代的社学与国家》，浙江大学出版社，2019年3月版，第5页。

祖父的私塾里开始读书。外祖父性情刚毅，喜欢豪饮，每日授书毕，就将学生关在馆舍内，自己到乡里去饮酒，诸生都趁机会逃出玩耍，独独刘宗周一人留在馆舍里，坐读自若。等到外祖父回来考课，除刘宗周外，其他诸生自然因为没有完成学习任务而会受到责罚[1]。这个场景被记录在刘宗周的年谱之中，而且是有关刘宗周的外祖父开馆教学的事情，真实性应该十分可靠。

我们在这个记录中，虽然没有看到仇英画面中的闹学场面的细节，但儿童天性好动，逃逸玩耍的场面一定是十分热闹的，尤其是边上还有一个端坐在书案前继续学习的好学生样板的对比，让我们眼前又再次出现了仇英所临宋人的图像。它们之间还有一个共同点，就是“教书先生的不在场”，现实中刘宗周外祖父章先生的不在场，是到乡里豪饮去了，留下了一班捣乱玩耍的熊孩子；仇英所临图像中的“先生不在场”，是绘画者安排先生靠在书案上睡着了，他“沉睡的身影”在图像中的存在，而不是缺席，是因为他身影的存在对于图像创作者来说有着符号学的意义，指示图像中的场景是一个乡村教学的馆舍，而不是其他“婴戏图”“百子戏”中的某个其他场景。

《渔乐图》：农户对渔户的臆想

传统绘画中渔夫的形象由来已久，或者可以追溯到五代时

1 刘宗周《刘宗周全集》第九册，第 213 页。

期的董源，他的《潇湘图》中渔夫的形象，作为南方山水画的一个经典视觉符号，在区分南方山水画和北方山水画中，发挥着重要的作用。从宋代到明代，渔夫的图像在山水画中愈来愈流行。尤其是在明代前期，由于政权的中心在江南水乡和当权者多来自南方，他们视觉中所熟知的渔夫形象，以各种形式和意义的指向而存在这一时期的绘画之中。

宋元明时期山水画中的渔夫形象，是寻道者的意象[1]，这是中国绘画史研究中普遍认同的观点，渔夫的形象代表了士大夫对于自由的“渔隐”生活的向往，而成为中国绘画中一种重要的画题类型——“渔隐图”。如：元代吴镇喜欢表现水上渔父形象，明初浙派画家戴进山水画中渔夫则作为点景人物而存在，其实均指向了士大夫对于归隐的精神向往。这类绘画题材的流行，和我们对于它们的理解，很容易让我们将明代另一种类似的绘画题材，混同在这个概念下，那就是《渔乐图》《渔家乐》——在明代逐渐成熟并发展成为一个重要的画题。需要指出的是，“渔乐图”“渔家乐”画题的发展或许受到“渔隐图”这个前文本的影响，但它们之间还是有着明显的不同。“渔隐图”更多是文人深受道家文化影响，从内心出发的精神归隐思想的流露和图像外化，是历代文人的一种精神图景。而“渔家乐”“渔乐图”则是一种世俗的图景描绘，其背后象征的是文人对于渔

1 段炼《明代山水画中的寻道者意象与艺术主流的终结》，《文艺理论研究》2018 年第 2 期，第 147 页。

图 2.11　沈周《江村渔乐图》（局部）　美国弗利尔美术馆藏

户这个特别的群体，从局外的观看。或许这个视觉的图景，尤其在他人题跋文字的意义再赋予下，也包涵了些许的文人归隐精神的意向，但并不是这类作品最为核心的主题。尤其当我们具体分析了沈周和钱穀等明人的“渔乐图”“渔家乐”的图像和这些图像背后所指向的意义时，将为我们了解此类图像的创作意图，提供一个新的视角。

目前我们所见此类的明代图像众多，仅美国弗利尔美术馆就收藏有戴进的《秋江渔乐图》（手卷题名“烟水生涯”）、传为李唐作品的《渔乐图》、传为刘松年的《渔乐图》、传为宋高宗的《春晓捕鱼图》、佚名的《渔乐图》，以及沈周《江村渔乐图》（图 2.11）；而美国克利夫兰博物馆收藏的钱穀《渔乐图》（图 2.12），与中国国家博物馆所藏的标明钱穀《山水卷》的作品，是同主题和同图式的作品，说明这类作品存在批量绘制的可能。

在这些明代画家所绘制的众多《渔乐图》的图像中，一旦我们抛开以往对这类画题的习惯性理解，而从另一个视角来解读明代为什么突然兴起了《渔乐图》，或许能有一个更加接近“历史的真实”的视角来了解明代社会中的农户和渔户，以及他们在明代的生活境遇。这个分析，我们可以先从所熟知的画家沈周的作品入手。沈周是“吴门四家”之首，他创作了不少的反映渔父生活图景的绘画。对它们的解读，或许我们过去一直停留在“渔隐图”的范畴。沈周也确实创作过“渔隐”这类作品，但它们之间的意义指向完全不同。

首先我们来介绍一下沈周在明代社会中的身份。以往我们对于沈周的了解，一般都是从绘画史或者文学史的角度来书写，注重的是沈周的社会关系和交往圈子，对于他在明代特定的社会体制下的身份缺乏兴趣——因为在研究者看来，这些与他的艺术成就没有直接的联系——不妨让我们以《沈周年谱》基础来梳理一下一些容易被我们忽视的信息。沈周祖籍吴兴，元季兵荒马乱，沈氏“家业荡析”，其曾祖父沈良琛入赘相城里徐氏，由此“因家相城”“辟田复业”，逐渐成为苏州府长洲县相城里的大户。沈氏自沈周祖父沈澄辈以来，“以高节自持，不乐仕进，后代以为家法。其族既富资产，亦重诗书。父子祖孙常相聚一堂，赋诗倡和。三吴间当时论盛族，咸称相城沈氏为之最焉”[1]。这段称述记载在《沈周年谱》中，原出处来自他人为其父所写的墓志铭中，“三吴首屈一指的盛族”或许有“谀墓”之嫌，但根据沈氏在相城里的田产面积估计是相城里的大户，这是没有疑问的。宣德六年（1431），沈周5岁时，其父沈恒23岁，被点充相城里粮长[2]，根据《明史·食货志》记载，明太祖时规定，里长由“田多者为之，督其乡赋税”[3]。我们前文也有提及，这是明代乡村管理里甲制度中的重要内容，明朝一里有一百一十户，下又分十甲，由交粮多的代理甲长，里长由十个里长轮流当值，以田多者为顺序，每一轮值为10年。这是明代政府安排给乡村地主的一种职役，里长在有的地方也直接称为粮长，因为他们主要工作就是负责督促自己里内一百一十农户每年赋税的缴纳和解运。

沈家此时被选派为相城里的粮长，说明沈家田产必定十分丰厚，是一百一十户当中首屈一指的大地主，沈氏家族具体的田产数量今天不得而知，根据沈周自己记录下来的资料估计，

1 陈政宏《沈周年谱》，复旦大学出版社，1993年版，第5页。
2 陈政宏《沈周年谱》，复旦大学出版社，1993年版，第22页。
3 《明史》卷七十八“食货志二”之“赋役”。

图 2.12　钱穀《渔乐图》（局部）　美国克利夫兰博物馆藏

其家的田产至少是超过二三百亩[1]——因为在明初朱元璋所规划的“桃花源”理想乡村社会，每户农户的理想土地应在一百亩左右，虽然普通的农户靠着二三十亩的田产可以勉强养活一家人，但实际上大部分的农户的土地在五十亩左右[2]。

沈周 7 岁开始跟随陈宽读书，十二三岁时，跟随其作为粮长的父亲，来往与苏州府城长洲县城与乡里之间，开始结交一些下层官吏、僧侣和商人子弟，也逐渐熟悉作为粮长所承担的工作业务[3]。正统六年（1441），沈周 15 岁，这一年正好是他们家承担粮长职役的第 10 年，根据明律，在粮长充役 10 年期满，赴京听宣之后，就应当轮换给下一家了，此年沈周代替他的父亲到南京听宣，上书户部主事，因其文采出众而受到激赏，户部主事将沈周“比之王勃”，同时也去除了他们家的粮长职役。正统七年（1442），沈周 16 岁，开始跟随其叔父沈贞约学习绘画。在这段沈周早年的经历中，并未见到沈周试童子试的记载，可见沈周从其早年就没有通过科举进入仕途的打算，或许这与沈氏“以高节自持，不乐仕进”的家法相关，而且从其 15 岁开始就代替其父亲职役到南京听宣为户部主事激赏的记述中，也可以察出，沈周虽然也是文学之才，但并非有进入仕途的打算。“两

1 沈周《沈周集》《石田翁客座新闻》卷三：“近年民家有田二三百亩者，官司便报粮长、解户、马头，百亩上下亦有他差。致使其陪之不继，以田典当输纳，再不敷者，必至监追限期比较，往往瘐死者有之。”；另见《沈周年谱》，第 55 页。

2 卜正民《挣扎的帝国：元与明》，中信出版社，2016 年版，第 105 页。

3 陈政宏《沈周年谱》，复旦大学出版社，1993 年版，第 31 页。

角黄牛一卷书，树根开读晚耕余。凭君莫话功名事，手掩残篇赋子虚”一直是其理想的生活方式。景泰五年（1454），沈周28岁。苏州知府汪浒赏识沈周的才学和德行，想“举启南应贤良，以书敦遣”。沈周推算易卦，得“遁之九五”，以卦象为由，推辞了汪知府的推荐[1]。在这段时间中，沈周的人生可以用典型的“耕读”来概括，而且他自我满足于这种身份和生活的状态。

根据《沈周年谱》记载，景泰六年（1455），沈周29岁，在乡里充粮长职役。明代粮长职役是以户籍为单位来承担的，沈氏家族在13年前轮值过一次粮长的职役，按明朝朱元璋的理想设置来说，如果长洲县相城里有十甲的话，每一位甲长轮值10年粮长，沈氏不应该在13年后再次充职粮长。这个现象颇令人困惑，根据历史资料推测，可能有几种情况。第一是景泰年间相城里，由于土地兼并和连年的灾荒，原来明初设置的一里十甲的建制不复存在。一些农户在灾荒之年发生了脱籍逃亡，背井离乡走向了流民之路。如沈周在诗中记载：“歉岁逋租力莫偿，一家十口趁流亡。”[2]其表弟一家十口逃亡的经历，说明即便是在富甲一方的江南地区，在“明清宇宙期”的大气候环境之中，也深受自然灾害的打击，有土地的农户在灾害和税赋的双重压力之下，不得不逃离自己的户籍所在地。其二，即便

1 陈政宏《沈周年谱》，复旦大学出版社，1993年版，第9页；《明史》卷二九八“隐逸·沈周”。

2 沈周《沈周集》，上海古籍出版社，2013年版，第685页。

是相城里十甲的建制依然存在，估计在土地大兼并和连年灾荒的情况下，一些一甲之长的土地已经在二三百亩之下，财产大量缩水，已经没有能力和资格承担粮长的职役，只好由此时还保存着一定的资产实力的沈氏家族来再次充当粮长的职役。其三，也最有可能是真正的明代苏州地区的实际情况，随着里甲制度在具体的实际环境之中产生了变化，粮长并不是由轮值的里长轮流担任，由于催征粮税是地方政府的工作重点，为了保证这项工作的顺利完成，粮长一职存在包揽和指派的现象，一些"巨室大户"被选出来充当粮长，甚至在一些地方由"无籍之徒"来充当粮长[1]。沈家在13年后被再次选作粮长，综合以上几种分析，则是因为沈家在苏州相城里"巨室"的田产和家族势力影响的多重背景。在灾荒之年承担粮长的职役，即便对于沈家这样的大地主来说也是沉重的负担，并有着极大的风险。官府规定的每里每年的赋税是定额的，如果收缴不上来，需要粮长典当自己的资产来按额向政府缴纳，如果限期还不能及时缴付的，就会有更为严厉的惩罚。闹得身死牢狱，倾家荡产的家族也是常有的。沈周在《水乡擎子十首》控诉官府酷政的同时，也向我们披露了官府将因饥荒收缴不上来的赋税，转嫁到大户身上的历史现实，"吾乡以水为害者接岁，饥民多委沟壑，否亦转徙。牧民者不之加恤，而以户佣井税，概于高腴之乡，

1　岩井茂树《赋役负担团体的里甲与村》，选自《明清时代史的基本问题》，商务印书局，2014年版，第176页。

故其害益甚。”[1]

根据《苏州府志》记载，景泰五年春正月，苏州府大雪天气长达20多天，积深丈余，太湖水全部为冰雪所覆盖，畜木全部冻死；到了夏天，又发洪水，掩埋了田地和房屋；秋天，又发旱灾，高处的庄稼大多都枯死了，百钱难买斗米；同时灾情引发了瘟疫的流行，饿殍载道。到景泰六年的夏天，瘟疫还在流行，祸不单行的是，同时还有地震和旱灾，有的地方颗粒无收。沈周在这个时候担任相城里粮长，自然是难以收缴齐乡里的税赋，只好自家拿出钱粮来补贴亏空，致使自己的妻子也不得不变卖了金银首饰来应对税赋的缺额。

在这样一种境况下，我们来解读沈周所创作《江村渔乐图》等“渔乐图”和这个主题的诗歌，我们会看到更多的东西——这些东西正是以往的美术史书写和图像解读所忽视。沈周本以耕读传家作为自己安家立命的生活形式，他所营造的《耕读图》中的图景是这样的：在山峦垒石流水环绕的书斋之外，有望不见边的湖田，田地之中有农夫正在耕作。这是沈周期盼的生活图景，他甚至一直以此作为自己家族发展的一个目标。他曾对自己的儿子说：“我家孝悌仍力田，自此相传逾百年。”[2]他在劝勉自己的堂弟选择“力田养亲”的生活方式时说：“力田养亲殊有道，强于远宦窃斗升，手种长腰使亲饱。力田养亲乐已

1 沈周《沈周集》，上海古籍出版社，2016年版，第137页。
2 沈周《沈周集》，上海古籍出版社，2016年版，第389页。

多，兄弟妻子如予何。”[1]他在自己42岁的画像中题诗也表明了这种耕读的理想：“活一年，耕一年田，以为亲养；存一日，读一日书，以为自娱也与。”[2]

然而，在残酷的现实面前，沈周开始动摇了自己“耕读”的想法，“白首把书聊训子，生涯如此悔农家”[3]“羡渠不识流亡苦，而我胡为田舍翁”[4]。他在此种现实情况下，尤其是在沈周进入晚年之后，灾荒不时光顾明朝的疆域，因为流民脱籍对于留在土地上人口赋税的加重，以及政府对于乡村农户赈灾的乏力，他所创作的《渔乐图》和关于渔乐的诗歌，体现了明人的一种普遍的观点：明代人想象中，尤其是那些必须落籍固定在自己土地上农户心目中，渔夫是不羁绊于一地的自由人。他们任意来去，他们的生活被想象为一种享乐与放松，类似西方文化中“牧人”[5]。甚至是以沈周为代表的明代农户从自身处境出发，对于渔户产生了羡慕之情，正如他在《江村渔乐图》的是跋中所写道的这样（图2.11）：

沙水萦萦浪拍堤，芦花枫叶路都迷。卖鱼打鼓晚风急，晒网系船西日低。蓑草雨衣眠醉叟，竹枝江调和炊妻。人

1 沈周《沈周集》，第40页；李日华《六研斋二笔》卷二。
2 沈周《沈周集》，第329页。
3 李日华《六研斋笔记》卷一，第4页。
4 沈周《沈周集》，第513页。
5 柯律格《大明：明代中国的视觉文化与物质文化》，生活·读书·新知三联书店，2019年版，第173页。

间此乐渔家得，我困租佣悔把犁。[1]

另外，沈周在《题钱舜举渔乐图》的诗中，也表达了同样的心情，“得鱼换米日日饱，鲜鲤活鲈为黍稷。渔船两叶天地间，翻觉船宽浮世窄”[2]。毋庸置疑，这应该就是明代众多“渔乐图”图像产生的一个历史背景。沈周悔农慕渔的想法，不是文人骚客的无病呻吟，也不同于朝堂中高官对于“渔隐”的一种精神寄托，而更多的是自身遭遇了湖乡连年的水灾，“湖田十年才一耕，今年又与湖波平”[3]“水漫湖乡不可居，长竿从此学为渔”[4]之后的无奈，以及自己作为乡里的粮长，由于赶上饥荒，而收不齐税赋，又得自己补贴缺额现状的抗争[5]。为农耕读的理想式生活被明代恶劣的自然气候打破后，沈周萌生了以渔为生的念头。他在这段时间的题画诗中曾经多次提到了这个想法，也是他创作《渔乐图》和渔乐诗歌的一个动机[6]。但沈周这种想法也只能停留在臆想的层面，现实中的多种原因，是不可能让

1 《江村渔乐图》，《海外中国名画精选 II》，台北锦绣出版社，2001 年版，第 190—191 页。
2 沈周《沈周集》，第 65 页。
3 沈周《沈周集》，第 31 页。
4 沈周《蕉石读书图轴》，图版见《沈周绘画作品编年图录》图 97，第 131 页。
5 陈正宏《沈周年谱》，“景泰六年乙亥（1455），二十九岁”条载：“充粮长之职，逢岁饥，食荐不继，而累偿缺额，致妻脱簪珥以应。”复旦大学出版社，1993 年版，第 55 页。
6 罗中锋《移家之想——沈周关于水村渔乐之桃源想象》，《苏州文博论丛》2012 年总第 3 辑，第 165 页。

这个想法变为现实的。首先是明代固定的户籍制度，各类户籍一旦确认，世代相袭，不得脱籍。除非脱离原籍所在地，作为一个脱籍的流民，一旦被官府追究起来，会依律问罪，仍令复业。所以沈周如果真正想脱农为渔，在正常的渠道上是很难操作的，除非逃脱原籍，去成为一个无籍的流民，就像他的表弟张允成一家那样。这样必然失去在明代社会作为一个齐民的很多权力，如子孙接受教育和考取功名的权力，以及沈氏数代人在苏州地区所建立起来的人脉圈子等。这是有着一定社会地位和家产的沈周所不能，也不敢走出的一步，或许沈氏家族并不看重功名，但社会声望却是沈氏家族十分看重的——再说，现状还没有恶化到苏州相城的大地主也需要流亡的地步。事实上，即便在灾荒之年，沈周家族仍然有能力救济灾民和帮助别人[1]。沈周在自己所作的《周孝妇歌》中言及，自己在弘治壬子吴中大水灾时，救济周家老寡姑的事实，每月给一斗米助他们度过荒年。即便走向了脱籍流亡的道路，一旦被官府追究，还是要被勒令回去从事农耕，按照田亩人丁的数量，额定向官府缴纳税赋。沈周在成化甲辰（1484）年所作的《望阳山》的诗中言及[2]："李侯聿来水相避，劝我稼穑仍为农，收拾丰年答天子，菜熟米贱公私充。"在成化甲辰大水退却之后的丰收之年，苏州地方官就曾亲自劝说他继续为农的史实。所以沈周心中的"渔乐"图景，

1　沈周《沈周集》，第91页。

2　沈周《沈周集》，第67页。

永远是一种从不同身份角度下的臆想。

那么，被沈周这样一些拥有民户户籍的江南大地主都羡慕的渔户，他们在明代是怎样的一种生活呢？

在明代渔户作为在民户、军户、匠户、灶户几大类之外的一种特殊的户籍类型，在明代税赋管理体制之下，其实并不是完全自由的，同样需要配户当差，承担渔课、渔贡等差役。假如是渔户中的“九姓渔户”“疍户”户籍，就像前面提到的“丐户”和“乐户”一样归属在“贱民”的行列里。他们在明清时期，多分布在浙江建德、江西鄱阳湖、福建、广东等地的水域湖泊之中。他们世代生活在船上，生老病死、婚姻嫁娶都在船上，不能与陆地居民通婚。在陆地上也没有物产和固定的居所，从事捕鱼、运输和其他一些低贱的职业，如“九姓渔户”的女性的职业之一就是在船上侍候客人兼做卖淫。

对于明代“九姓渔户”“疍户”的研究，文献不多，也没有明确的结论。一种常见的说法是：他们是元末陈友谅部属的子孙，在陈友谅被朱元璋打败之后，他们的“子孙九族家属贬入舟居，使之身为贱业，几无异于教坊之设也。由明数百年来，渔课照完，舟中所居妇女，名为眷属，实则官妓。迄今日久年深，九姓之姓常存，九姓之名已难遍考”[1]。这种观点主要来自明清

1 戴槃《裁严郡九姓渔课并令改贱为良碑记》，转引自《浙江民俗》1985年第1、2期。同载自朱海滨《九姓渔民来源探析》，《中国历史地理论丛》2006年4月，第二十一卷第2辑，第51页。

时期记载下来的当地人的一种传说，流传较广影响也最深，也是一些“九姓渔户”自身口口相传的说法，但传说并未有确凿的证据[1]。更多的人类学研究和历史文献证据显示，他们极有可能是源自杂居在汉民之中百越人的后裔[2]。但对于他们贱业的身份特征则是没有多大的异议，他们在时人的眼中和“丐户”“乐户”一样是一群低贱之人。

“九姓渔户”是渔户户籍之中一个特殊的群体，在明代在籍的 100 万渔户概数之中[3]，也只占到极少数部分。

别于军户和民户，分别由都司和地方有司管辖，明代的渔户直接由河泊所管辖。河泊所将渔户的户籍名册登记在“赤历”中，采用的也是类似的里甲形式，有“湖头”和“业甲”的区分，“湖头”相当于里长，负责催征某一具体湖泊的渔课，“业甲”即是一般的渔户，至于“湖头”所辖的“业甲”规模，是否也参考了 110 户的里甲组织形式，则并没有明文规定，大体应该是考虑水域面积和产鱼量来规定的。“（鱼课）岁有常课，载在赤历”，渔户户籍同明代民户登记的“黄册”类似，用“赤历”编册在案，每年的鱼课也采用具体数额。在常额的鱼课之外，渔户还要承担一定的职役，由于鱼课属于国课，需要直接

1　朱海滨《九姓渔民来源探析》，《中国历史地理论丛》2006 年 4 月，第二十一卷第 2 辑，第 53 页。
2　朱海滨《九姓渔民来源探析》，《中国历史地理论丛》2006 年 4 月，第二十一卷第 2 辑，第 59 页。
3　陈子龙《陈忠裕公全集》卷二十二《江南乡兵议》，转引自王毓铨《明代的配户当差制》，《中国史研究》1991 年第 1 期。

解送京师，在明代前期，解运工作直接由渔户承担，每年解运工作需要在规定的时间内送达，而且无论解运过程中出现了什么风险，都要保质保量完成，否者将受到处罚，这无形之中增加了渔户的负担和从业风险。如明正德十三年（1518）八月，湖广武昌府蒲圻县和嘉鱼县内河泊所所辖的渔户业甲共 9 人相伴，解运进京并领取回批，在途中遭遇歹徒冒充兵备道差官，抢劫了所解运的财物银两，并全部惨遭杀害弃尸。因 8 个月后，人批均没有下落，县所有司又累次拘押承担解运职役的渔户家属查问。其家属无法，只好告知省府，湖广布政使吴廷举亲自过问此案，才为相关的渔户业甲洗清了冤屈[1]。

其实，明代的鱼课也相当沉重，尤其是渔贡负担加重，一些地区渔户不得不逃亡，有的甚至铤而走险，走向了谋反的道路。正德年间，王阳明在镇压宁王朱宸濠之乱的上表中，就多次提到江西鄱阳湖区杨姓的“九姓渔户”参与了宁王谋反的史实[2]。

今天研究者需要通过从文献和历史图像才能够还原明代的渔户生活，而生活在同时代的沈周，应该更清楚渔户的实际生活。尤其是沈周家族的田地，也处在太湖水域的附近，他与渔户是有过实际性交往的。而在这样一种情况下，沈周依然向往

1　吴廷举《申理解人冤苦疏》，乾隆《重修嘉鱼县志》卷五《艺文志》。转引自尹玲玲《浅论明代的渔业税制》，《中国农史》2004 年第 2 期。
2　王守仁《王文成公全书》卷三十一，《影印文渊阁四库全书》本。

着渔户的生活，一心想转农为渔，我想应该还另有原因。两害相较取其轻，明代的渔户虽然鱼课也相当沉重，但在以“农本”为要务的明代——国家的财政税赋主要来自农田和农户的丁口——渔户的税赋负担相对农户的负担还是要轻不少；政府的政策也就更加趋向能带来更大利润的农业和农户。这也是造成明代中后期湖广地区大量河泊所废置，淤湖为田，渔业凋敝的重要原因。因为明代政府从渔户和渔业中所图和所得远不及从农业税赋中所得到的[1]。此外，在明代自然灾害尤其是江浙地区水灾严重的影响下，渔户所受到的打击相对于要依靠土地的农户而言，他们所承受的损失也少得多。

此外，我们还可以进一步认为，“渔父”是通往“桃花源”的途径。沈周创作过不少的《桃源图》，但流传不详，今天已经较难见到，他的诗集中保留了一些题画的桃源诗，如其中一首诗写道：“君不见，姬周宽仁天下归。又不见，嬴秦猛德天下离。秦人避秦秦不知。人既移家秦亦移。移家去，桃源住。万树桃花塞行路，楚人吹起咸阳炬，何曾烧着桃源树。老翁尚记未焚书，诸孙尽种无租地。自衣自食自年年，扰无官府似神仙。一时落赚渔郎眼，犹怪为图与世传。”[2]通过渔父的眼睛和亲身经历，他看到了世人都在耕种着没有租金的土地，这个神仙的

1 徐斌《明代河泊所的变迁与渔户管理——以湖广地区为中心》，《江汉论坛》2008年12期，第86页。

2 沈周《沈周集》，第696页。

世界中没有官府苛政和骚扰。从这个层面上讲，沈周、钱穀等明代画家所创作的“渔乐图”更多的是从明代农户视角对于渔户身份的向往，以及对自身农户身份的无奈。

明代在官的手工业者

在上文我们叙述了明代流民的悲惨人生，他们在流亡他乡的过程中，或冻饿而亡身塞沟壑，或流落街市沦为乞丐，或参与流民暴动命丧兵戮，或寄人篱下化身为奴，或僧道招诱遁入空门。一部分流民通过自己的关系迁徙到城市，由于有着同乡的照应，在没有沦落成乞丐的情况下，而逐渐成为城市中的手工业者[1]。还有一些漂泊船居，成为以贩运为业的商人，开始了新的生活。但他们的命运是否从此改观走向了康庄大道？

一张收藏在哈佛艺术博物馆里描绘明代酿酒工作坊场景的绘画，因为它是对明代生产实景的描绘，历来并没有受到收藏家的重视，但正因为它较详细地描绘了明代的酿酒工艺

1　江南巡抚周忱对苏州松江一带流民的去向做了七种说明，概括了明代流民的最终去向。其中就包括“豪匠冒合”“船居浮荡”等途径。通过“豪匠冒合”的途径，加入了手工业者的行列中。“苏松人士，丛聚两京。乡里之逃避粮差者，往往携其家眷，相依同住。或创造房居，或开张铺店，冒作义男女婿，代与领牌上工。在南京者，应天府不知其名；在北京者，顺天府亦无其籍。粉壁题监、局之名，木牌称高手之作。一户当匠，而冒合数户者有之；一人上工，而隐蔽数人者有之。兵马司不敢问，左右邻不复疑。”（《明经世文编》卷二十二）这样一种“冒合”的关系，流民冒名顶替匠户进入官府的工业中服役，这种冒合的机会和名额总是有限的，绝大部分的手艺娴熟的手工业者，最终必然要通过出卖自己的劳动力和劳动产品而进入市场，从而推动了明代手工业的进一步发展。

图 2.13　佚名《明代酿酒作坊》　哈佛艺术博物馆藏

制作的实景，是从图像的角度解读明代的生活实景，而显得弥足珍贵。

画面中心是一个石磨，三个光着上身的工匠正在合力推动石磨将粮食研磨脱皮，另有四个工匠用簸箕在大的竹篾筐中装取粮，两个工匠用箩筐在抬运酿酒的物品，画面的右边有一些悬挂的大瓮，两个工匠正在进行封装工作，画面的后方有一个大型的炉灶，是用来蒸煮发酵粮食的。从炉灶的规模来看，这应该是一个较大型的酿酒作坊。图像中的十一个工匠，装束一致，年龄相仿，可以肯定的是：他们不会是来自一个家庭的人丁，故此可以推测这不是一个家庭的作坊，而是有一定规模的酿酒工作坊。图像除了再现工作的场景之外，并不能为我们解读提供更多的信息。这样一个较大规模的酿酒工作坊，在明代的社会中，它有着两种可能：一是官府性质的酿酒坊，如果是官府性质的酿酒坊，则正在工作的工匠身份就是匠籍工匠，他们有可能是住坐匠户中的工匠，也有可能是全国各地应役过来的轮班工匠，他们从各地赶到官府规定的地方工作3个月，在没有任何报酬的情况下，干完3个月，各自回家；二有可能是民间的私人酿酒工作坊，显然他们不会是来自一个家庭，他们是受雇来到酿酒工作坊，每日得到雇主支付的佣金而工作，这种场景在明代的中后期尤为普遍。但他们到底是哪一种呢？其实都有可能，但他们的境遇在这两种模式的工作坊却大为不同。

首先要说的是明代官方手工业者，明代的官方手工业者并不是我们今天所理解的作为自由职业的手工业者，他们个个身怀绝技，坐在自己的工作作坊中，自由控制着工作时间，或者通过政府的支助，作为非物质文化遗产的传承人成为地方文化的名片，或者通过自媒体的宣传让自己成为网红，得到众多粉丝级别消费者的追捧。明代的手工业者绝大多数是官府在编的手工业者，是有编制身份的。然而作为体制内的在编人员，他们的境遇并不乐观。

明代统治者对待手工业者的态度沿袭了元代，单凭这一点明代手工业者境遇就好不到哪里去。因为元代统治者为了便于征调工匠强制服劳役，将工匠编入专门的匠籍，隶属于官府，几乎成了官府的私人财产，而且子孙世代相袭，没有人身选择的自由。明代工匠户籍制度也是从元代的匠户沿袭下来的。据《大明会典》记载洪武二年（1369）曾颁布“原报抄籍”“不许妄行变乱”的法令，包括匠户在内的“军、民、医、匠、阴阳诸色户”均沿袭元代的户籍划定。也就是说：这些明初的手工业工匠，他们在父辈或者是自己本身在元代就是被奴役的工匠，到了革故鼎新的大明朝并没有等来翻身的机会，依然被固定在匠籍的行列之中，被新政府继续奴役和差遣——这一种匠户的户籍制度是元明时期的特色，在中国历史上持续了近 400 年，直到清朝顺治年间才逐渐废除，全面改用雇用工匠制度，绝大多数的手工业者才从没有人身自由的匠籍制度中解脱出来。

明代官方手工业中的工匠，在规模上也与元代保持了一致，一般在30万人左右，他们主要分为几类：轮班匠户和住坐匠户。所谓轮班匠户，他们分散在各地州府县，统一由工部主管，在规定的时间周期内，要完成官府所规定的职役，其余时间可以从事其他工作；所谓住坐匠户，情况稍微复杂一些，他们可以归属内府，也可能隶属于军籍，由都司卫管辖，依照他们的服役地点，又有在京和在省之别。在京的住坐工匠，明代时期主要住在京城内，或者京师附近大兴、宛平等地的固定厢坊中，在省的住坐工匠归各省的布政司主管。

对于轮班工匠，洪武十九年（1386）颁布了具体的规定："量地远近，以为班次，且置籍为勘合付之，至期赍至工部听拨，免其家他役，著为令。"[1]根据这一条法定，各地被划入匠籍的轮班匠户，分为若干班，轮流到京师服役，每一次服役时间为3个月。后来因为诸多因素，不同的工种工匠和不同的地方远近的工匠到达京师服役的时间稍有调整，分五年一班、四年一班、三年一班、二年一班、一年一班五种轮班法，根据《大明会典》记载，洪武二十六年统计轮班工匠共有62个行业，2302089人。[2]这种轮班制度下，虽然每次轮班工作时间为3个月，但远离京师地区的工匠到达京师的路途时间往往需要三四

1 《明太祖实录》卷一七七，中华书局，2016年版，第2684页。

2 《大明会典》卷一百八十八"工匠二"，明万历十五年内府刊本。

个月，其中的路费开支全部需要匠户自己承担。

明代在官的匠籍手工业工匠的命运是悲惨的。主要体现在：其一，是没有选择自由的世袭和终身制。在实行户籍制度的明代，“毕以业为籍，人户以籍为断”。凡原报匠户的手工业者，甚至在元代祖上是匠人的户籍，在明代依然要保留匠户户籍，也就是说世世代代都将是匠籍，子子孙孙都要为统治者提供手工劳动作为服役的方式，而且不得转行。他们的住所也没有选择的自由，尤其是长年需要为内府服务的住坐工匠，他们一般需要居住在工作附近的固定厢坊内——我们现在从北京的一些地名中，还可以查看到这样一些具体的信息，如北京南城的海户屯，就是明代海户集中居住的地方。海户是为皇上专门照看皇家苑囿南海子和在海子中服务的职役户籍，属于匠籍的一种——而且皇帝搬家了，他们也要跟着搬家。永乐年间，随着朱棣迁都北京，作为在官的匠户也得全家搬离南京来到北京，此次搬迁的匠户共有 27000 户。其二，就是免费劳动，除了住坐匠户外，轮班匠户的工作没有任何薪酬，而且在赶往服役地方的来回差旅费用也要全部由自己承担。其三，是严厉的惩罚措施。明代法律明文规定了对于隐冒脱籍者，匠户逃避差役、怠工等现象的严厉处罚。如《宣宗实录》所记载的一个案例，说明了明代对于逃工匠户处罚的严厉。宣德五年，一个山东禹城县木匠告有弟本应该到规定的地方服职役，但他在没有完成任务的情况下逃回了禹城，按照当时明代的法令应该被处罚为全家充军到京卫当匠的，但工部尚书吴中根据告有弟家口太多，如果全家充军，很难养活其余人口，乞请法外开恩，只让木匠的弟弟充军供役，放过了他的全家[1]。从这条史实中，可以察见明代对于逃役者处罚的严厉。

明代匠户在实际服役中的工作状况又是如何？明代留存下来的一则司法文书，为我们了解当时的状况提供了一些重要的史实[2]。这里记载的虽然是一宗官吏剥削穷丁银两的案件，但案件的始末起因和其中的一些细节，为我们了解明代中后期匠户的生存状态，和在官服役的具体情况提供了重要线索。

案件中的傅习、傅雄、倪仁，都是四川成都府崇庆州新津县人，他们均是登记在四川省的住坐匠籍，归属四川布政司主管，他们共同承担一个世袭匠户的职役，这个匠户户籍分别是他们的高祖傅朝四、倪普用和另外一户（或已经绝户，没有后人），三丁合户在洪武年间共同充当布政司织染局的在官匠籍，至嘉靖年间，由于存在分房立户和绝户的现象，只有两姓，即傅氏和倪氏子孙，分为五份来轮流承当这份职役。商议每年每份出饭米一石，共五石，来帮贴应役人工的饮食。如果遇到轮值需要解送进贡的绢疋进京交差，则议定大家一起补贴盘缠银两共 100 两。嘉靖二十八年（1549）赶上该匠户轮班和另一匠

1　《宣宗实录》卷六三，中华书局，2016 年版，第 1488 页。

2　杨一凡、徐立志主编《历代判例判牍》第三册，中国社会科学出版社，2005 年版，第 159—395 页。

户刘友德一起解送四川布政司织染局共4516匹绢疋进京缴纳的职役。嘉靖二十八年三月前，傅习等收到解送绢疋进京任务的通知。同年三月，傅习和刘友德负责收齐本次解送的绢疋，将数目上报四川织染局，织染局上报四川布政司。同年三月，四川布政司依照旧规，动支库贮的解运绢疋的水脚白银140两，并造箱、锁等费用22两5钱，札发四川织染局。织染局利用布政司下拨的经费，备办运输器械。同年四月初二日，运输器械制作完备，四川织染局上报四川布政司，布政司会同按察司，将解送的4516疋绢疋和水脚银验封，并发给批文，批准织染局的胥吏胡礼与傅习（同户籍的傅雄同行，倪仁没有同行）、刘友德等领解到抚按衙门挂号。同年四月，抚按衙门下发官文至成都府城东的锦官驿站起关，傅习等支用盘缠，备办祭品，祭祀神灵之后，开船启程前往京师。此后走水路，经嘉定、云阳、瞿塘、黄龙庙等地一路上不停地设祭台求神拜佛，终于于同年九月初五平安到达京师。傅习等投店住下来，并租房存放解送的绢疋。同年九十月间，傅习等到工部挂号，同年九、十一月间，傅习将官银以及自筹银两共374两（应该包括傅习所在的匠户籍下的5房所共同筹备的100两银子在内），赶赴承运库缴纳，作为该库"锅篳茶果银两"；然后于同年十二月初三，傅雄等将解送来的绢疋送往承运库缴纳。在等待承运库检验期间，傅习因盘缠不足，曾向一个四川同乡借银。十二月初，承运库验出他们解运的疋绢中不合格者有200余疋，全数退回，责令调换。此时傅习因盘缠不足，已经先行回四川，同行傅雄留下来处理后续事件；嘉靖二十八年十二月至嘉靖二十九年二月，傅雄一直滞留京师，并再次向人借银，就地在京师的铺户中补贴银两调换了合格的绢疋，再送承运库核验。嘉靖二十九年二月，在承运库检验合格后，傅雄赴工部销号领取批文，再回成都布政司销号，估计回程的时间也应该是四五个月左右。这样历时一年的由两个匠户共同承担的解运差役才告一段落。虽然这一年的职役最终交差，但他们在京师的借贷行为使他们在日后卷入了一场官司之中，具体细节不在本文中赘述，可以参看相关文献[1]。

从这一司法案件所提供的史实中，我们了解到了明代匠户的一些具体政策，一是明初所规定的户籍制度世袭的具体情况，虽然在人口繁衍过程中，人户分家出现了各种情况，但一个匠户户籍下的徭役，还是需要各个分房的家庭共同承担；二是地方匠籍所承担的解运徭役工作十分繁琐，风险很大，除费用需要他们自己承担外，还会受到胥吏的盘剥，从而有可能卷入债务和刑事的纠纷之中。其中轮班工匠的处境更不乐观，景泰年间，六科给事中林聪在自己的一份奏折中，概括了明代轮班工匠制度实行中的一种基本境况，他说，各色轮班的绝大多数是灾害所伤的贫苦之民，“富足者百无一二，艰难者十常

1　刘永华《明代匠籍制度下匠户的户籍与应役实态——兼论王朝制度与民众生活的关系》，《厦门大学学报（哲学社会科学版）》2014 年第 2 期。

八九”，等待他们需要赴京轮班的时候，往往不得不典卖田地和子女，借得钱物、绢布才能启程。等到达京城时，他们有的人买通班匠的作头人等，即刻放自己回去，或者“占使而办纳月钱”，没有钱买通作头的，就低价雇用乞丐来上工，真正有名有实的当班工匠“百无二三”[1]。

这样一种从元代以来实行的工匠制度在社会发展的大潮中弊端频现，到了明代晚期终于难以为继，外加上官方手工业之外的民间手工业的迅速发展，白银货币在民间的大量流通等因素的刺激，促使明代在后期对以往的在官工匠制度进行了改革，从嘉靖年间开始，逐渐推行了轮班匠的职役“以银代役”的制度。如嘉靖七年（1528），工部题准江西、湖广、河南、山东地方的匠户，由于匠户普遍纺织水平不高，织品存在质量问题，改用折价的方式来代替匠役，“每织金一疋，价银三两五钱，光素一疋，三两三钱，仍每疋带征路费银五钱”[2]。

“以银代役”制度的实现，减轻了工匠身上的负担，尤其是工匠在奔赴服役途中所产生的各种时间和盘缠费用的负担，同时也解放了明代后期占全国工匠百分之八十的轮班匠的劳动时间，让他们迅速融入明代相对自由的民间手工业发展的大流之中，从而进一步推动了明代手工业在中后期的发展。

1　《英宗实录》卷二三九，中华书局，2016年版，第5215页。
2　《大明会典》卷二〇一“外织染局”，明万历十五年内府刊本。

位极人臣的工匠

明代户籍制度中工匠的社会地位较低，处在世代被奴役被剥削的社会底层。手工业作为一种手工劳动的重要形式，种类繁多。俗话说“三百六十行，行行出状元”，手工业者中的佼佼者，本身就是天才式的人物，同时他们是中华工艺文明的重要缔造者。他们中的一些人，由于自己在专业领域的突出成就，而受到朝廷赏识，被恩准超登仕流，位极人臣。从历史文献记载的资料来看，明代以工匠身份出身被提拔为官员的，数量不在少数，如建筑工匠出身的陆贤洪武初被授营缮所丞；木工出身的蔡信在永乐年间升为工部右侍郎，成为明代由工匠升为工部侍郎的第一人；瓦工出身的杨青在正统六年升为工部右侍郎；石工陆祥在宣统年间升至工部左侍郎；木工出身的蒯祥因为营造紫禁城，重修三殿等功勋在景泰年间升为工部左侍郎（图 2.14）；银匠李效良以匠艺得官，在正统年间任锦衣卫带俸指挥佥事；木工蒯刚在成化年间官至工部右侍郎；木工蒯义官至工部左侍郎；画工倪端在弘治年间任金吾右卫带俸指挥佥事；木工出身的郭文英嘉靖年间官至工部侍郎；木工出身的徐杲因重建奉天门、永寿宫及三殿有功，在嘉靖年间官至工部尚书，是明代工匠出身，在朝廷中任职最高的[1]。其他升至所丞、所正等九品、七品官员的，累见于明代各朝

1　罗丽馨《明代匠户之仕官及其意义》，《大陆杂志》第八十卷，1990 年，第 3—4 页。

图 2.14 朱邦《明宫城图》 大英博物馆藏

实录记载，不一而足。

因工艺精湛成绩卓越者而进入仕途的，虽然不符合中国古代社会选拔官吏的常规制度，但各朝各代因为皇帝的个人喜好和特殊恩赏，进入仕途的工匠并不在少数，从唐代开始就有记载，如唐太宗在位时期的阎立德、唐高宗时期的阎立本兄弟俩均是以营造匠艺入仕，后官至工部尚书；唐代韩偓《迷楼记》中所载：浙江人项升，因为擅长建构宫室，被皇帝赐予五品，赏赐内库绢帛千匹[1]。宋元时期，工匠入仕的记录也散见于地方志等文献之中。但像明代徐杲这样一个从底层“匠籍”家庭出来的木匠，凭借自己的技艺水平走向人臣巅峰的，则实属罕见。研究和叙述一下他的经历，为我们进一步了解明代在官工匠的入仕过程，提供了一个具体的实例。

明代先后营造南京和北京城池宫殿，大兴土木，除木工、建筑瓦工等工匠的人数需求很大外，对于技艺的要求也很高。一些从科举考试入选的工部官吏，在营造方面是外行，位不配职，往往庸碌无能，这些存在的问题为明代朝廷从工匠中大量选拔“匠官”开辟了一个通道。尤其是明世宗朱厚熜以制礼作乐自任，大兴坛庙、苑囿。嘉靖年间是明代永乐之后，明代皇家营造的第二个高潮，这些开创式的营造为工匠们提供了大量的机会。作为匠籍出身的徐杲，生卒和籍贯已经不可考，明世宗嘉靖年间，大兴营造，全国征调各地能工巧匠入京服

1　胡蛮《中国美术史》，新文艺出版社，1954 年版，第 57 页。

役，徐杲以匠艺精湛著称，也在应征之列。嘉靖十九年（1540）“以皇穹宇成，加恩内外效劳官员”[1]。官匠郭文英、徐杲等一百六十人各有升赏，其中徐杲以光禄寺署正止拟实授，吏部官员推诿没有照办，相关人员被皇上问责处罚俸禄，而徐杲不久又升为太仆寺丞。。嘉靖二十四年（1545）七月，因修建太庙有功，徐杲又升二级[2]。嘉靖三十三年（1554）四月，已经是顺天府府丞的徐杲，因京师外城工程完工又受到升赏[3]。同年六月，徐杲任顺天府府丞九年考满，皇帝下诏升为太仆寺卿，仍带俸供事[4]。嘉靖三十七年（1558）身为管工通政使的徐杲因营造奉天门完工受赏为工部右侍郎，他的一个儿子受荫封为文思院副使[5]。嘉靖三十八年（1559）十月，大玄都殿完工，徐杲由工部右侍郎升工部左侍郎，并赏银 40 两，纻丝二表里[6]。嘉靖三十九年（1560）九月，玉熙宫完工，徐杲加二品服色，一个儿子受荫封为文思院副使。[7]嘉靖四十年（1561）十一月，寿光阁、清熙殿完工，负责管工的工部左侍郎徐杲受赏银 20 两，纻丝二表里，其一子，受荫赏鸿胪寺序班[8]。嘉靖四十一年（1562）三月，永寿宫完工，工部左侍郎徐杲升为工部尚书，并荫一子

1 《明世宗实录》卷二三九，中华书局，2016 年版，第 4855 页。
2 《明世宗实录》卷三〇一，中华书局，2016 年版，第 5722 页。
3 《明世宗实录》卷四〇九，中华书局，2016 年版，第 7142 页。
4 《明世宗实录》卷四一一，中华书局，2016 年版，第 7160 页。
5 《明世宗实录》卷四六四，中华书局，2016 年版，第 7832 页。
6 《明世宗实录》卷四七七，中华书局，2016 年版，第 7989 页。
7 《明世宗实录》卷四八八，中华书局，2016 年版，第 8131 页。
8 《明世宗实录》卷五〇三，中华书局，2016 年版，第 8312 页。

为百户[1]。同年十月，因皇极等殿完工，徐杲支一品俸禄，另荫一子入国子监读书[2]。嘉靖四十三年（1564）四月，因重建玄熙、承华、宝月三殿亭完工，负责工程的工部尚书徐杲再次受到赏赐，升其一子为国子监生[3]。嘉靖四十四年（1565）四月，因洪应殿完工，总掌工事的工部尚书徐杲又受封赏，他为儿子徐文灿锦衣卫指挥佥事求得世袭的殊荣[4]。

从嘉靖十九年开始，到嘉靖四十一年，徐杲用了20年的时间，从一个处在社会底层的服役工匠一路走到位极人臣的工部尚书位置。这个晋职的过程，其实也是他个人在中国建筑史中功绩罗列的过程，我们今天看北京城内所能看到的很多宫殿、坛庙、苑囿正是在徐杲设计和管工下，为后世留下来的宝贵物质遗产。在这些设计和建筑过程中充分体现了他作为一个工匠的聪明智慧和工程管理者的才华，这是绝大多数通过八股取士的途径进入工部的官吏所不能比肩的。嘉靖三十六年（1557）十月，奉天、华盖、谨身等三殿遭火灾，延烧文、武楼，奉天、左顺、右顺及午门外左右廊尽毁。奉天、华盖、谨身殿，在当时合称外朝三大殿，是大内中重要的建筑。嘉靖皇帝决定重建，但在没有保留前人建筑设计图样的前提下，三大殿的重建还要恢复原来的布局和整体形象，在当时的条件下确实有相当的难

1 《明世宗实录》卷五〇七，中华书局，2016年版，第8368页。
2 《明世宗实录》卷五一四，中华书局，2016年版，第8441页。
3 《明世宗实录》卷五三三，中华书局，2016年版，第8672页。
4 《明世宗实录》卷五四五，中华书局，2016年版，第889页。

度，没有高超的建筑技艺和卓越的管理水平，根本无法完成这项艰巨复杂的任务。徐杲的前任们皆因庸碌无能而不敢作为，均被撤免，其他人也望而却步。徐杲在此时脱颖而出，凭借自己的惊人记忆力，“以意料量”，到完工时，居然与原来的三大殿一模一样，“不失尺寸”[1]。在重建三大殿的过程中，徐杲大胆进行技术革新，“易砖石为须弥座，积木为柱”[2]。所谓“易砖石为须弥座”，就是用砖石雕刻来修补残缺损坏的石雕须弥座[3]；所谓“积木为柱”就是利用小块木料，经过拼合、斗接、包镶后充当大木柱——“积木为柱”虽然是宋代就有的技术，但一直到明代，在徐杲的推行下，才得到进一步的发展——这些技术改进不仅解决了大木材一时难以获得的困难，同时也节省了大量重建经费和营造时间，三大殿重建所用的经费不到最初估计的十分之一。这样的能工巧匠，自然应该得到朝廷的重用。

工匠入仕在明代洪武年间就有相关规定：“洪武二十五年，置营缮所。改将作司为营缮所，秩正七品，设所正、所副、所丞各两人，以诸匠之精艺者为之。”营缮所的官员都是工匠中的“精艺者”，这为明代一批重要的工匠走进仕途提供了可依循的参考，后来的文人士大夫虽然反对“工匠入仕”，也往往

1 英廉《钦定日下旧闻考》卷34，《影印文渊阁四库全书》本。
2 焦竑《国朝献徵录》卷50《工部》一“尚书雷礼”。
3 朱国祯《涌幢小品》卷四“宫殿”《明代笔记小说大观·四》，上海古籍出版社，2005年版，第3200页。

被“升授官职亦先朝故事”[1]这一句话怼回去。但从历代吏治的制度上而言，并不符合科举考试盛行以来对于官吏选拔既定的制度。明代中前期，大量选拔匠籍官员，往往一次授官的数量就达百数人。“（弘治）八年，修龙善寺，工竣，授工匠三十人官，尚宝（少）卿任道逊等，以书碑亦进秩，王诏上疏切谏，工匠授官，已滥觞于此。正德初，刘健等疏中，有画史、工匠滥授官职，多至数百人，岂可不罢……世宗时，匠艺徐杲以营造擢官工部尚书，其属冒太仆少卿、苑马卿以下职衔者以百数。又工匠赵奎等五十四人亦以中官请，悉授职。”[2]这一现象引起了守旧官僚的激烈反对，他们开始以“成此工作，及其职分”为理由，认为这些营造上的成绩是工匠们的本职工作，而力阻对于“匠官”晋职的奖赏，继而又说：选拔“匠官”，破坏了国家体制和礼教制度，有损于“国体名器”[3]，强烈要求废止，并严惩“匠官”。由于反对声音过于强大，嘉靖时期，朝廷曾三次下令削降匠官的待遇。嘉靖之后，隆庆登基，一直受到嘉靖皇帝恩赏的徐杲也从工部尚书的高位上被革职审讯，其他官员趁机告发徐杲曾挪用官银，最后徐杲被发配戍边。自此之后，明代的“匠官”再无前辈们的显赫地位了，如之后能匠冯巧，为修建明宫廷陵寝，虽功绩卓著，却再无擢官的赏赐。

1 《明世宗实录》卷六三，中华书局，2016 年版，第 1472 页。
2 赵翼、王树民校正《廿二史札记校正》卷三四，“吏役至大官”条。
3 《明世宗实录》卷三〇一，中华书局，2016 年版，第 5725 页。

综观明代任用匠官的历史，可以发现即使个别工匠在仕途上的成功，并不能从制度上改变明代工匠的整体社会地位。也没有能从观念上改变明代社会对待工匠的看法。即便是在朝堂中位极人臣的高官，他们的地位也是岌岌可危的，一旦失去庇护势力后，很快会被再次打入社会底层。他们在传统的士大夫眼中，始终是一种“异类”，如明人王世贞《弇山堂别集》在记载明代匠人入仕中，用了“文臣异途”的条目名称，一个“异”字反映出明代社会对待匠人的一种根深蒂固的偏见。

需要特别指出的是：负责建筑营造的木工，历来在百工之中地位是最高的，这与社会的需要和技艺的性质有着很大的关系。中国传统的营造匠艺，内涵十分丰富，早已超出了传统所说的“手艺”范畴，自身构成了一套“技艺—知识”体系[1]，这套体系之中，包含了“绘画、算诀、术数、典章”等内涵，这一套知识体系，在某种程度上融合了中国传统的哲学、宗教、仪礼等更深层的内涵，甚至这套体系的精神内涵其实与士大夫所崇尚的精神存在极大的交集，这是其他手工艺所不能比拟的。即便如此，工匠在明代这样的一个十分有利于自身发展的氛围中，依然没有彻底得到以传统士大夫为代表阶层的完全认同，可见这种文化对于工匠的一种根深蒂固的成见，这种影响其实直达今天，还在左右着我们对待职业的看法。

1 丁钢、吴昊瑜《匠人入仕：明代匠官制度述论》，《史林》2020 年第 5 期，第 100 页。

晚明民间自由手工业者的一个案例

明代的手工业者除在官方手工业者之外，还存在部分保持着自由身份的民间手工业者，尤其是到明中叶之后，他们的数量逐渐扩大，在明代社会手工业制品的生产中所占的分量也逐渐增大，在一定程度上也影响了明代的官方手工业制度的执行，一些官府的匠户大量逃亡，隐入民间手工业者的队伍中，这种逃亡行为，反过来也促进了官方手工业制度的变革。官府逐渐采用匠户缴纳银钱来代替服役，官府再用银钱雇用工匠来应役代工，在一定程度上提高了用工的效率。同时，这种官府雇募工匠制度的推行，也促进了民间手工业者的自由流动和雇用制度的发展，从而推动了明代中后期手工业的迅猛发展。使得明代中后期的民间手工业工匠作为一个重要的形象出现在明代的历史之中。

“三言二拍”中所描写的新兴手工业工场主施复[1]，是苏州府丝绸纺织重镇盛泽镇上的一个普通小机户——所谓机户，一般是分布于丝纺织业城镇的小商品生产者、作坊主。他们在经营业务时，同时也承担为官府有报酬生产订货的义务，相比匠户有着更大的自由，可以视作明代个体所有制下的自由手工业者——由于他积善有报，又擅长经营，由最初家中只有一张䌷机，“妻络夫织”，不上10年，“就长有数千金家事”，成为拥有三四十张䌷机的手工工场老板。虽然施复是明代话本小

1　冯梦龙《醒世恒言》卷十八《施润泽滩阙遇友》。

说中一个虚构人物，但一直以来因为他经营的典型性，常被今天研究者视作明代个体所有制下手工业者的代表，用于各个领域的个案研究[1]。以施复为代表的手工业主，他们在明代社会中有着自己的经济基础，有着自己的生产工具。同时他们的成绩，也在一定程度上真正代表了明代手工业的发展规模。因为明代官方手工业的发展限定在一定的框架之中，无论是规模再扩展上，还是技术的进步都受到了诸多因素的限制，更因为体制的局限，在明代中后期不得不实行“班匠银”，即以出银代役而求得新变。到明代中后期，官方手工业的发展在明代社会中的地位逐渐让位于民间手工业。

话本中施复的发迹故事，虽然更多是在宣扬“因果报应”的道德“警世”价值，但施复在商业上的成功，以及话本中对于盛泽镇繁荣的描绘，正是明代中后期手工业高度发展的一个真实缩影：

> 说这苏州府吴江县离城七十里，有个乡镇，地名盛泽。镇上居民稠广，土俗淳朴，俱以蚕桑为业。男女勤谨，络纬机杼之声，通宵彻夜。那市上两岸绸丝牙行，约有千百余家，远近村坊织成绸匹，俱到此上市。四方商贾来收买的，蜂攒蚁集，挨挤不开，路途无伫足之隙。乃

1　明娜《晚明江南地区工匠社会地位的演变》，2019年中国美术学院博士论文。

图 2.15　《纺织图》，参见明王文衡《明刻传奇图像十种》

> 出产绵绣之乡，积聚绫罗之地。江南养蚕所在甚多，惟此镇处最盛。

这些话本中的描述与《吴江县志》中对于盛泽镇的描述并无二致："绫罗纱绸出盛泽镇，奔走衣被遍天下。富商大贾数千里挟万金而来，摩肩联袂。"[1] 可见话本小说的塑造是有着很真实的社会和时代背景的。

施复作为明代手工业工场主的成功代表，其作为机户的身份区别于明代匠户户籍的身份，是在明代中晚期手工业高度发展的大环境中，一批原来并不是手工业者身份的群体，改变了之前"男耕女织"的传统生存模式，加入到明代的手工业生产的大潮之中。他们的生产和生活方式同样具有极强的代表性，是我们了解明代个体经济制度下手工业主的重要资料。明人徐一夔在《始丰稿》中记载了明代自由手工业者在雇主的工作作坊中工作的真实状态：

> 余僦居钱塘之相安里，有饶于财者，率居工以织，每夜至二鼓，一唱众和，其声欢然，盖织工也。余叹曰："乐哉！"旦过其处，见老屋将压，机杼四五具，南北向列，工十数人，手提足蹴，皆苍然无神色。进而问之曰："以余观若所为，其劳也亦甚矣，而乐何也？"工对曰："……

1 康熙二十三年修《吴江县志·物产》。

吾业虽贱，日佣为钱二百缗，吾衣食于主人，而以日之所入养吾父母妻子，虽食无甘美，而亦不甚饥寒，余自度以常，以故无他思，于凡织作，咸极精致，为时所尚。故主之聚易以售，而佣之值亦易以入……顷见有业同吾者，佣于他家，受值略相似，久之，乃曰：'吾艺固过于人，而受值与众工等，当求倍值者而为之佣。'已而，他家果倍值佣之。主者阅其织，果异于人，他工见其艺精，亦颇推之。主者退，自喜曰：'得一工，胜十工。'倍其值不吝也……"[1]

文中所描述的受雇于机户的织工的工作状态，虽然工作至深夜二鼓，依然边工作边唱歌，表达出内心的一种满足。因为自己在机户家里工作，衣食是机户提供，而每日所得的二百缗工钱则足以供养自己的父母妻子。而且自己的技艺过于他人，向机户请求加倍工资，也得到了满足，自然会对自己工作感到满意。这则笔记也反映了织工和机户老板之间的一种相对自由的雇用关系，织工如果不满意工资收入，可以另觅他家。机户也乐意为技艺高超的工人增加工资，体现了市场经济中劳动力交换的一般规律。

以施复、吴防御[2]为代表的机户手工业者，他们在明代中后

1 ［明］徐一夔《始丰稿》卷一《织工对》，载《丛书集成续编》第185册，新文丰出版公司，1988年版，第457页。
2 ［明］冯梦龙《警世明言》卷三《新桥市韩五卖春情》。

期高度发达的手工业发展中积累财富，扩大了手工业加工的规模，并逐步走向资本主义经济的发展道路。但局势使然，他们并没有成功地走上这一步。但他们的出现为明代的手工业者在官方手工业之外谋得一片新天地，丰富了明代手工业多样化的形象。

我们在《南都繁会景物图》、仇英所绘的《清明上河图》中，在街市通衢中所看到的手工业者的形象，也绝大多数是这样一种自由的形象。在后面解读《东庄图》时，我们所提及的东庄主人吴融，及其幼年时投靠的姨夫顾执中都是这样的手工业商人，他们过去的户籍是农户，有着自己的庄园，依靠农业经济生活，并为朝廷提供赋役。但随着苏州城市手工业、商业的发展，他们逐渐从自己的土地中走出来，投身手工业、商业的洪流之中。

明代文人的肖像

图像也像文字一样，在很长一段历史时间中，它是一种权力，一种话语权，一种身份的象征。制作图像和消费图像是权力、身份和财富的象征。同时也是文人、权贵阶层之间交往的一种重要工具。拥有话语权的阶层，很早就开始将自己隐（映）身在他们所创作和消费的图像之中。

就拿中国传统山水画来说，本来山水林泉是人活动的空间，在表现山水林泉的山水画中，出现人物或者点景人物，成为中国山水画的一个重要特色。从存世最早的隋代《游春图》山水画中，我们就可以发现画中所绘的人物，或立于水岸，或漫步林间小道，或骑马于山间，或乘船在水面游玩，人活动在山水林泉之间；唐五代时期的山水画保留了这样一种趋势，山水既成为他们活动的场域，也成为士大夫们的精神图景；到了元代山水画，画中的点景人物逐渐程式化，他们是独步的沉思者，是向往山水林泉的文人的符号化呈现；明代的山水画保留了这一传统，有研究者从图像学的角度出发，在解读明代山水画史，将画中的点景人物直接视作为寻道者的在场，以及艺术家本人的出场[1]。

唐伯虎画笔下的唐伯虎

唐伯虎是我们对于明代历史人物中最为熟知的人物之一，他的人设通过今天影视作品的演绎，更增添了传奇色彩。

唐寅（1470—1524），出生于成化六年（1470），这一年正逢庚寅年，故名寅，又因为该年是虎年，并且是家中的长子，故字伯虎。家庭出身是苏州府吴县吴趋坊的普通民户，父辈经营酒馆之类的小店，虽谈不上像沈周家族的富足，但也算得上吴趋坊的小康之家。徐祯卿在《新倩籍》中称唐家“家姿微羡”，说得正是这个意思。作为一个商人子弟的唐寅，本来是衣食无

1　段炼《明代山水画中的寻道者意象与艺术主流的终结》，《文艺理论研究》2018 年第 2 期，第 147 页。

忧的，他可以子承父业，将父亲所经营的酒馆搞得有声有色，再多购买些田产，成为厢坊里的大户。然而他从小就表现出来的天赋和才华，让他的父亲看到了他“孺子可教”，就决意想通过他这个儿子来改换门庭，实现从民户商人到官绅的地位改变——我们在后面所提到吴宽（1435—1504），就是当时苏州府的榜样，唐寅与吴宽出身相同，均是商人的子弟，同住在苏州城内，一个在西城吴县，一个在东城长洲。吴宽于1472年高中状元，这应该是孩提时的唐寅所听到的最为励志的故事，如果不是因为一场科场案改变了唐寅的命运，或许这个苏州城中商人的弟子会重复另一个苏州城中商人子弟高中状元的故事。

唐寅人生的传奇形象并非完全是今天影视宣传的结果，其实在明代后期，他就已经出现在人们津津乐道的市井故事中，并逐渐被塑造成为一个当代的传奇。早在明代嘉靖或万历年间，嘉兴项元汴的笔记《蕉窗杂录》上，就载有唐伯虎与秋香的故事[1]。稍后，周复俊的《泾林杂记》关于唐伯虎与秋香的故事就更为详细，基本上形成了“三笑”的雏形[2]。“三笑”中唐伯虎与秋香的故事，是明人对于唐解元形象的一次文学的塑造，是明代人对于科场失意的大才子在情场中获得了自己所求爱情的一次臆想。到了明朝末年，冯梦龙将唐解元与秋香的爱情故事，

1　项元汴《蕉窗杂录》，《唐伯虎全集》唐伯虎轶事卷二，中国书店出版社，1985年版，第5页。

2　李志梅《秋香故事溯源及考证》，《云梦学刊》2004年第6期，第58-59页。

编进了广泛流传的《警世通言》中，后又有孟称舜写的《花前一笑》，卓人月写的《花舫缘》杂剧。通过戏剧这种喜闻乐见的形式，让大众参与了唐解元形象的传播和塑造。

这些形象的塑造，都是他者的角度。他者的视角往往饱含了个体的不同情感，不同的个体往往从不同的情感出发来塑造自己心目中形象。我们是否能从唐寅自己的角度来看待唐寅呢？答案是肯定的，因为唐寅是一个杰出的画家，他在文字塑造形象之外，还能准确地在视觉上塑造形象——如他所画《王鏊出山图》对于王鏊的形象的描绘可谓是神形兼备的再现——也包括他自己的形象，让后人能最直观地从图像中认识到他，接近这个形象最为“真实”的面孔。

现收藏在故宫博物院的唐寅《步溪图》虽没有纪年，但绝大多数鉴赏家都认可这幅绘画作品是唐寅的真迹（如图 2.16）。画中所题：

> 卜宅临溪上，开门近步头。渔樵通互市，耕钓足贻谋。山晓青排闼，波晴绿漾舟。主君期学海，枕石嗽清流。姑苏侍生唐寅作《步溪图》并题奉呈黎老大人先生。

唐寅在题跋中自称“姑苏侍生唐寅”，侍生是明代弘治之后官场中，一般用于名帖中后辈对于前辈的一种自称。如明代小说《西游记》第十七回：“帖上写着‘侍生熊罴顿首拜。’”

清代阮葵生在《茶余客话》中说："翰林故事，初入馆，于前辈投刺书侍生，而口称学生。"可见"侍生"，在明清人的习惯用法中，就是投书或者投递名刺的人，尊称对方是老师，自己就像侍奉在先生身边的一个学生。这位接受唐寅绘画的"黎老大人先生"，姑苏城里骄傲的唐大才子自称是他身边的学生、书童的人物，一定来历很大。

画中人物，天庭饱满，须髯飘逸，头包儒巾，身穿直领对襟褙子，一身儒生打扮，立于山水林泉之中，昂首含胸，气宇非凡，一副尊者形象。在尊者形象前面是一个躬身捧书的书童，说是书童，更像一个身穿侍者服装的青年书生，书生眉目清秀，完全不同于明代其他图像中束发的书童形象。结合画中的题画诗和题款来解读，我们很容易与"姑苏侍生唐寅"对应上。这个身穿书童服装的书生是否真的是唐寅自己呢？我们先来推测一下这个画中的被唐寅称作"黎老大人先生"尊者的形象是谁。

关于画中的"黎老大人先生"，画史中没有任何记载，笔者所能接触的后人有关的唐寅研究文献中，也没有人提及过这个"黎老大人先生"是谁。只是因为留存的史料不足，谁也不能轻易给出一个准确的定论。但我们不妨在学术研究规范之外，做一个大胆的推测。笔者查询了大量的文献，包括唐寅年谱在内，还查询了明代历年的进士名录，以及在景泰、天顺年间在南京和苏州活动过的重要官员和文人。黎姓的人员中，能让唐寅称作"黎老大人先生"，而唐寅在他的面前要自称作"侍生"

的人，黎淳是最大的可能——即便以后更为详细的文献资料表明，图中黎老大人先生并非黎淳，但可以肯定的是这个形象也一定是一个类似于黎淳的人物[1]。

黎淳（1423—1492）是明英宗天顺元年（1457）的状元，也是明代唯一湖南籍的状元，其博学多才，参与过《大明一统志》《英宗实录》《续资治通鉴纲目》的修撰，还做过皇帝的老师，1478年为皇太子的侍讲，殿试充读卷官；他的学生中除明孝宗朱祐樘外，还有李东阳、杨一清、刘大夏等人。他们都名重一时，或是明内阁首辅，或是兵部尚书。他晚年（1488—1491）前后在南京做过工部尚书和礼部尚书，在此期间，他可能与吴门画派中的诸位画家存在过交集，在他的《黎文僖公集》中就有四首题沈周山水画的诗留存[2]，其儿子黎民安也与吴门画家文徵明之子文彭有过诗画题的交往。黎淳在来南京任工部尚书和任皇太子老师之前，还曾担任过顺天府甲午科（1474）主考，因严厉刚正，查处了一起考场舞弊行为，给考生以公正的结果，而为举子们所称颂。

黎淳到任南京时，唐寅还没有在南京应天府的乡试中高中解元（1498），此时他还是一个活跃在苏州府中苦求功名的府学生员。通过自己的人际关系，向身处朝堂高位的黎淳这样的人物，呈献自己精心创作的绘画和诗词，这是明代读书人在谋

1 另一种可能是苏州府学教授黎扩。黎扩，明江西临川人，字大量。正统初举贤良，授贵池训导，正统、成化年间升苏州府教授。

2 黎淳《黎文僖公集》，岳麓书社，2017年12月版，第62页。

图 2.16　唐寅《步溪图》　故宫博物院藏

划自己仕途前程中较为通行的做法。

没有具体纪年的《步溪图》曾因为成熟的画风，被认作唐寅中年之后的作品，但在他画题后面两枚钤印“唐寅”“唐居士”来看，并不具备中年画作用印的特点，而是他早年的钤印风格，一幅有着明确纪年的题跋作品，标明是唐寅17岁时所题，题跋的后面也钤印“唐居士”“唐寅私印”两枚印章[1]。从用印的特点可以推测出《步溪图》正是唐寅在1490年前后的作品，在创作这个作品时，他还是生员的身份，对于功名还充满憧憬，正在用自己拥有的文学、书画上的才华推销自己，为自己今后功名的获得而谋求理想的人脉。毋庸置疑，黎淳的功成名就和显赫的地位本身就是唐寅这些生员们敬仰和崇拜的对象，能作为他的学生同样是他们的期望。而能否成为黎淳这样人物的学生，并非件容易的事情。那么将自己的身份再放低，低到作为一个大人先生身边侍奉的书童，总是可以的吧。这是唐寅的一种卑躬的臆想，也是对于黎淳这样人物的一种恭维。这种恭维通过图像表现出来了，相对露骨的言语和行动的表达，图像因为图像中人物形象身份指向，对于局外人而言是模糊的，而显得含蓄一些，也高明一些。

1 《退庵金石书画跋》卷十二《赵千里兰亭图轴》：“左边有朱文‘吴宽’二字印，幅上另有祝枝山书《兰亭记》：永和九年云云。款署‘成化丙午三月望太原祝允明书’。”另纸有唐子畏行书跋云：“宋室赵伯驹丹青高手，难渡画家之冠，寸楮传世，价重南金，况此粲然全璧乎？匏庵先生及希哲皆当世巨鉴，则余何敢望诸公哉？勉附数语以申幸观，吴趋唐寅。下有朱文‘唐居士’印，白文‘唐寅私印’。”

不得而知的是：《步溪图》这类作品为几年之后唐寅在应天府的乡试中获得“南京解元”的头冠发挥了多大的作用？因为早在唐寅得到“南京解元”头衔的七年之前黎淳就已经从南京告老还乡了，并于次年（1492）辞世。但可以肯定的是这样一些同类型和同样目的的诗书画作品，在其中一定发挥了重要的作用。唐寅不断地通过赠送自己的诗书画向那些还不了解他的在位官员，展示自己的才华，同样也通过这样一种卑躬的姿态，表达了自己的恭敬，进而获得他们的好感和认同。或许也正是因为唐寅通过用自己的书法绘画，甚至还有一些自己收藏的历代名画“雅贿”官员打通人脉的行为，才与程敏政联结了“约定门生”的关系。这些行为均为唐寅在后来不自觉卷入科场丑闻中而命运的骤然转变埋下了伏笔[1]。

所以从这个意义上来看《步溪图》，我们或许可以确认画面中那个捧书侍奉在“黎老大人先生”前面的书童，就是唐寅所要表现的自我形象，至少它们在图像学的意义上是成立的。

1　据李日华《六研斋笔记》记载，汪道昆描绘自家所收藏的倪瓒《秋林山色图》的流传历史时提到这张画最初是程敏政得之于唐伯虎。程敏政在科考案之前并不认识唐伯虎，只是对于这个江南奇士的才华有所耳闻。后唐伯虎在得中南京解元之后，进京参加次年二月的会试时，因南京主考官梁储的引荐才开始与程敏政交往，而程敏政是此次会试的主考官之一，也是科考案中的关键人物。后来朝廷给予科考案的定性是唐寅的同乡和同行的考生徐经花钱买通程敏政家仆而事先得到了考题。朝廷对于涉案人员的处理是：唐寅、程敏政均下狱，唐寅被黜为吏，程敏政致仕，程敏政在出狱后不久就郁闷而死。如果倪瓒的《秋林山色图》真的是程敏政得之于唐寅，则说明唐寅为了考取进士，与程敏政之间除送自己作品之外，还存在着用流传古画“雅贿”的行为。

图 2.17　唐寅《山路松声图》　台北故宫博物院藏

这样的例子，我们还可以在唐寅另一幅画中，找到类似的表达。正德丙子（1516）唐寅 47 岁时所作的《山路松声图》（图 2.17），这张画是唐寅赠送给吴县知县李经的，在同年，他还将自己的诗歌，创作成书法作品《书近作卷赠李经》赠送给李经[1]。在《山路松声图》中，我们见到了在李经身边，另一个不寻常的"侍生"形象，他全然不同于明代图像中，甚至现实中的书童形象，它是一个成年的儒生形象，这个形象转头望向了画面的深处，观画者看不到他的面目，但他一身儒生的打扮，显然不是一个普通的书童形象，当然也没有明显的视觉图像证据来证明这个形象就是唐寅本人，但从唐寅的题画诗后面的落款"治下唐寅画呈李父母大人先生"这种谦卑的态度之中，可以想象出唐寅此时自我预设的一个视觉形象，它同《步溪图》中年轻生员的形象是一致的。不同的是：此时唐寅已经断了打通仕途人脉的念想。与县官李经的交往，我们更多的可以理解为文人之间的一种交往，或者有着其他目的的一种"雅贿"。但在明代的等级社会之中，唐寅和李经之间身份和地位的差距，无论是在唐寅绘画中形象的塑造上还是题款的语气上，均流露出一种唐寅对于自我形象设定的印记。

在此画中，也可以见到画史上著名的"南京解元"的钤印，唐寅在自己后期的绘画中经常钤上这枚印章，其目的一定是复杂的，我们可以像研究者一样做多种推测，但有一点是可以肯

1 周道振《唐寅书画资料汇编》，上海古籍出版社，2017 年版，第 34 页。

定的，“南京解元”是一个身份符号，它指向唐寅内心深处对于在明代社会中“身份”这个概念的在意，无论他的出发点是自嘲、揶揄，还是自重也好，它们均指向“身份”认知这个层面，唐寅是在乎自己“身份”的。对于身份的在意，必定在图像的表现上呈现一种无意识的流露，《步溪图》如此，送给父母官李经的《山路松声图》同样如此——后人眼里心比天高的明代大才子，在自己的画笔下，当他面对通过科举晋升的官员时却是一个谦恭的侍生形象。

如果对以上分析的两个图像中唐寅的自我形象还存在疑问，甚至认为这种分析还带有写作者的过度解释的话，我们来看另一张唐寅的绘画作品——《桐荫清梦图》（图 2.18），这张同样没有纪年的绘画，被认为是唐寅中年之后的作品，而且图中的形象也被权威的研究者认定为唐寅的自画像[1]。

在《桐荫清梦图》中唐寅描绘了一个空旷的空间，一个穿着宽松士绅服装的中年人物，躺在一张折叠交椅上。前景中散落着一些低矮的石块，在人物身后中远距离处，是一棵华盖般桐树的树枝，这些都设定了该图的园林空间。人和椅都被后置于画面中间靠左略显空旷的地方，人物被大致描绘为四分之三侧面，以便更清楚地看到他的面目。他背靠交椅，双目紧闭，右手握住长竹竿般的椅子扶手。这个形象一直以来被研究者认定为唐寅中年

1　文以诚《自我的界限：1600—1900 年的中国肖像画》，北京大学出版社，2017 年版，第 172 页；朱万章《唐寅画中的自我塑造》，《读书》，2020 年 4 月刊，第 86 页。

图 2.18　唐寅《桐荫清梦图》　故宫博物院藏

的自画像，之所以会给后世的观看者和研究者这样一个观点，是与画中的题诗，以及所体现的画境有关。“十里桐阴覆紫苔，先生闲试醉眠来；此生已谢功名念，清梦应无到古槐。”

唐寅在弘治十二年（1499）卷入科场丑闻之后，朝廷从案件的处理上已经断绝了唐寅再通过科举考试进入仕途的可能，画题中“此生已谢功名念”，既是唐寅在科场案之后的处境，也是他自己的一种心意。这样的画境也就直接指向了画中的人物，正是唐寅本人。明代写影技法相当成熟，明代的肖像写真画的传本就是很好的实物证据，我们在前面的朱元璋异像一节中也已经提到过。作为明代杰出的天才式“职业画家”，唐寅熟练地掌握了这种写影的技法，哪怕他使用的是白描勾勒人物的办法，其实也能很准确地把握住人物的写真塑造，这一点是毋庸置疑的。他在自己的白描人物画中，不自觉地将自己的形象融入其中，这也是唐寅绘画的一个重要特点。这样的作品还有很多，如《空山长啸图》《清逸图》《黄茅小景图》《葑田行犊图》（图 2.19），还有一套传为唐寅所作的《山水人物册》中的众多形象[1]，它们均呈现了一个相似的形象——椭圆形长脸，面目清秀，髭髯飘逸，头戴巾帽，身着儒生长袍，形态悠然，又略带些忧伤——这个形象就是中年之后的唐伯虎的自我写真。这个形象或许可以用“风流”一词来概括，但这个风流不同于明代民间文学戏剧中流传的“唐解元与秋香”故事中

1 朱万章《唐寅画中的自我塑造》，《读书》，2020 年 4 月刊。

图 2.19　唐寅《莳田行犊图》　上海博物馆藏

的风流才子的“风流”，更接近魏晋时期《世说新语》中所点评人物的一种魏晋风流。在这一点上，图像或许相较文字而言，更加可信可靠。因为图像没有偏差地为我们再现了一个真实的“江南第一风流才子”形象，让后人从图像上直接感受到了唐伯虎的“风流”。

让人欣慰的是：这些有着魏晋气质的“风流”形象，是区别于《步溪图》《山路松声图》图像中面对进士出身官员的一种谦卑的自我形象。它们之间有着极大的视觉反差，呈现了形象的另一张面孔。其实仔细分析一下，这种反差是有原因的，一方面，这些图像处在唐寅不同的人生经历之中，画家唐寅也身处在不同的心态之下；另一方面，这些图像本身也存在着差异，后者的图像均是一种置于空旷的独自空间中的自我。在这个空间中，没有他人在场（仆人除外），只有自我，没有他者身份的对照，人立在自我的空间之中，“身份”既缺席又在场，它自然会以一种完全不同的形式呈现出来。

这种反差，是一个商人子弟在明代社会的一种自我的认知过程的呈现。哪怕他是一个精神无比强大的天才人物，但他也一定有着各自时代的影子，也摆脱不了时代的影响；哪怕他在《言志》的诗中自信地言说：“不炼金丹不坐禅，不为商贾不耕田。闲来就写青山卖，不使人间造孽钱。”[1] 然而人在复杂的社会环境之中，终究是矛盾的，让我们今天多了这一份的思考和解读。

1　参见蒋一葵《尧山堂外纪》卷九十一。

这样一种解读，是从现代人的视角去看五六百年前的古人和他心目之中的自我形象。笔者有时也自问，这样写作是不是有些过于刻薄，尤其是对待这样一位在明代有着传奇色彩的天才式文学家和画家，会违背大家对于这个形象以往的认知。但正是这样一种不同的视角，为我们解读历史的图像，提供了一个更多维度的参考，或许正是这些多维度的综合，让我们能更接近“历史的真实”。

“别号图”里的明人精神图景

图 2.20 为文徵明的《聚桂斋图》，画面展现了一个私家园林的空间。在这个空间的右端有一组造型优美的垒石，垒石上斜插着生长了两棵桂花树——这应是不符合实际情况的一种想象——园林的平地和小垒石也同样生长着几棵桂花树，远处又有一个孤立的松树，在垒石和桂树的后面半遮蔽着两间简单的屋舍，一间敞开的屋舍对着画面空间的左部，屋舍内坐着一个着绯红色服装的人，他的身份应该是一个官人，他正抬头欣赏园中的桂树，另一件屋舍中有一个拱手而立的童子，正静静地等待着主人的使唤。

这样熟悉的场景和这样的一张明代绘画，应该是明代绘画史中最为普通和常见的一种绘画图式，也是吴门画家文徵明所创作的数以千百计的绘画中最为普通的一张，很容易被后世观看者将其冠以园林山水画这样一个分类之中。然而这张画是画

图 2.20　文徵明《聚桂斋图》　大都会艺术博物馆藏

家文徵明为某一个特定的人物所创作的，它有着自己的主人，并被他的家族后人们视作为一种家族的精神和物质财富所收藏。一旦它离开自己的语境，进入他人的收藏序列之中，它最初拥有者的个人信息，就会很容易掩盖在画家的名声之下，仅作为画家的传世作品而流传下去。如在《聚桂斋图》后面的两篇清代人的题跋中，所言及的仅是画中的山水雅意、画家的笔墨风格、作品的收藏传承以及观赏的体验等信息，而对于它最初的主人无只字片语提及。显然在他们的眼中，这只是明代吴门画派名家文徵明一张典型的园林山水画，他们正是从这个视角来鉴赏这幅作品的。

这不能怪题跋者们，因为关于这张画的创作，除了画面中的图像和文徵明所题的画名“聚桂斋图”、款识“徵明为子允写”之外，没有留下更多信息。但我们可以通过其他同时代同类型作品的信息来补充我们对于这类历史图像的理解。一首收录在沈周《石田稿》中的题为《梅雪图戏陈廷璧》的诗文提供了重要的线索：

> 梅雪翁，清而穷，名阶利窟谁与翁作引，书林翰苑自许翁相通。硬黄搰搰拓盘鼓，雪茧习习摹尊钟。老年好古心独少，墨乌衫袖犹儿童。自言书法即画法，虽不能画颇知其理同。邕分斯篆数投我，聊博纸上青芙蓉。得之欣然便卷去，不待题识疾走飞秋蓬。正如意不在酒在乎山水中，风流欲拟欧阳公。今朝雪落号北风，冻指屈缩为蛰虫。翁来强要图所号，趁此梅清雪淡天为容。传神正须及此际，吹火烘砚松枝红。亦云要诗写雪空，长句扫破寒云重。笑翁爱诗真怪事，无乃齐人知瑟工。兴来为翁放手作，珠光玉色开深冬。图成诗就雪未霁，西湖剡曲略见依微踪。我不知，翁在画、翁在诗，诗中画中亦各有此翁。请翁归去问梅雪，我诗与画谁雌雄。[1]

这首诗文是沈周成化十五年（1479）的绘画上题画诗，从诗中所表达的信息，我们可以知道，沈周在为名叫陈廷璧的人写了这首收存在《石田稿》之外，沈周还为他绘制了一幅《梅雪图》。陈廷璧，号梅雪，还有一个名为“梅雪轩”的书斋

1 沈周《沈周集》，第 57 页。

号[1]。从诗的描述来看，《梅雪图》显然是一张根据陈廷璧的字号而定制的绘画。

《聚桂斋图》《梅雪图》相同，同属一种画题，它们在明代社会中有一个专属的名称“别号图”。根据明人张丑在《清河书画舫》中的总结：“古今画题，递相创始，至我明而大备。……元写轩亭，如赵孟頫《鸥波亭》、王蒙《琴鹤轩》之类；明制别号，如唐寅《守耕》，文壁《菊圃》《瓶山》，仇英《东林》《玉峰》之类。五等皆可览观，惟轩亭最为风雅。”[2]张丑认为“别号图”是明代画家对应元代画家所绘“轩亭图”的发展，而开创的一种新画题。张丑的陈述是否准确，我们先不去管他，但从他罗列的明代画家们的作品来看，确实可以认为“别号图”在明代尤其是在吴门画派中是一种十分流行的画题。

别号，或者号，有别于长辈所给的本名、字，是古代成年男子为自己选择的，代表自己个性、特征、志趣爱好，或者某方面特殊特征的个性化名称。这种号或别号的选择，有着强烈的自我认识的成分。如画家沈周，本名周，字启南，他的号为石田，晚年又号白石翁；画家文徵明，原名壁，字徵明，自号衡山居士。古人的名与字，都是长辈所取，赋予了长辈对后辈的一种期望，而成年之后的号和自号，往往是一种自我的期许

1 见明代诗人徐庸所作诗《梅雪轩为陈廷璧作》。

2 张丑《清河书画舫》载于《中国书画全书》第四册，上海书画出版社，1992年版，第351页。

和精神的寄托，沈周的号“石田”，以石为田，或许能生长美玉，又或是画家的一种调侃，在石头上耕种，是终究要“悔为农”的人生境况的写照？“别号图”则正是以人物的号为题所创作的绘画，人物置于图像之中，而图像的寓意一定与主人别号背后的文化意义相对应。对于画家创作而言，就有点像一篇命题作文。

沈周为朋友陈廷璧所绘的“别号图”《梅雪图》真迹今天难见。从沈周留存在诗集中的诗句，我们仍然可以了解到一些重要的信息，以及关于明代人创作“别号图”的一些基本情况。

这个生活在明代中期苏州地区的陈廷璧老翁，除了明代时人为他的自号和书斋所作的诗画之外，名不见经传。从沈周的诗中描述的情况来看，他应该是一位生活清苦的平民。他或许还经营着一些拓印碑刻、尊钟等古物的营生，自诩精通鉴赏书画，曾将一些历代名家如李邕、李斯的隶篆书的拓片赠送给沈周，或邀请沈周在上面题识。从沈周的陈述和拿他开玩笑的语气中，可以断定他与沈周相当熟络。在成化十五年（1479）的冬天，苏州地区大雪，陈廷璧强求沈周为他绘制一幅名为《梅雪图》的“别号图”，并要求画家在画中的雪空处，题上为他所写的诗。显然沈周将他的形象分别用图像和文字的形式记录在这张“别号图”中，并在题画诗的最后还打趣道：“我不知翁在画、翁在诗，诗中、画中亦各有此翁。”并诙谐地说：要请陈梅雪老翁自己回到画中去问画中的“梅雪”——这里是双关，既指画中梅雪翁的形象，又指自然界中的梅、雪景象——到底是沈周诗中的梅雪好，还是他画中的梅雪好。显然沈周在这里是在和自己的朋友开玩笑，在玩弄着将文字和图像的形象互换和相互指向的游戏。而正是这样一种娱乐的游戏，说明了明代人看待“别号图”的一种普遍态度。

“别号图”区别于写真的肖像画，它图像中的人物，身处在一个大的空间之中，人物的相貌特征不得不作出相对概括的描绘，因此这些形象在某种程度上，更多的只是有着意义指向的形象符号——这一点它是区别宋、元、清时期一些山水画中的点景人物的——它既具备了肖像画的作用，但又超越了肖像画。别号文字本身所包含的精神内涵，在“别号图”中以图像的方式呈现出来，如沈周的《梅雪图》中的梅雪图景，在一定程度上映照了别号主人的精神世界。哪怕他是一个经营小生意的商人，他同样可以以传统文化中的“梅花”“雪”等精神符号，来进行“自拟”和“比德”。

明代的“别号图”作为明代重要的图像资料，为我们后人了解明代人，包括文人、官员、商人等所追求的理想生活境界，提供了一个重要的视觉图像线索，这种图像线索包括明人对于自我的评介、自我的标榜，甚至一种理想化的自我期许。无论是“友松”“梅谷”“松崖”“梅雪”，还是“葵阳”“荆筠”“桐山”“石田”，这些别号词语本身所包含的意义，就是一种理想的境界，一种有着山林之思、闲情雅致之想、诗词意境之愿的自我实现的期许——这是明代人对于自我理想状态的一种期许，也是深受中国传统文化浸染的其他时代中国人对于自我的一种期许——但明代人在“自号”“别号”之外，以图像的形式展现出来，将自己描绘在一种理想的境界之中，让自我得到满足外，并寄以希望“纸寿千年”而得以流传后世，为自己的子孙所铭记和追思。这是否可以视作明人的一种更为强烈的自我意识觉醒？

同时，这种“别号图”在明代社会中又具备了对于家族认同和延续的意义指向。如嘉兴画家项元汴为徽商汪世贤所作的《荆筠图》，是一幅典型的“别号图”，在汪世贤死后，他的子孙在崇祯年间遭遇内外艰困，不得不将画典当出去。后经过 16 年的努力，他的子孙花费了巨大的代价，又从其他收藏家手中将自己先人的“别号图”置换回来。可见“别号图”作为明人的一种精神性人物山水的综合图像，它既具备了山水画的观赏性，这也是其他人会出资收藏的一个原因，同时，它同样具备着追思祖先的纪念意义，“别号图”主人的后人会将图像作为先辈的精神所在，甚至家族传承和家族荣誉的图像符号。

或许正是出于这样一种目的，“别号图”中一些雅致的画面场景并非实景写生的再现，而往往是虚构的，是画家的设想和臆造。画家有时在创作图像场景时并不需要得到“别号图”主人的具体要求和建议，而只是一种口头委托，或者是书信中只字片语的要求，唯一真实的，是人物大体相似的形象和“别号”的意义指向。或许这还可以看作是元代“轩亭图”绘画传递下来的内在基因。元人的“轩亭图”也并非是对实景的再现记录，从一开始就是命题性的诗意画境营造。《文徵明集》中一封收信人不明的书信，告诉我们这样一个事实，文徵明对于主顾委托绘制“别号图”《师山图》的主人并不了解。他们没有直接交往和任何的关系，文徵明甚至不懂其别号的由来，却仍然根据自己的理解绘制了名为《师山图》的“别号图”：

> 所委师山图，前双江曾为置素，病冗未能即办。昨寄吴绫，不可设色，却以前素写上，不知师山命名之意，漫尔涂抹，不审得副来辱之意否？拙诗坐是不敢漫作，便中示知，别当课呈也。[1]

显然委托文徵明为自己绘制别号“师山图”的主顾，没有前面我们提到的陈廷璧幸运，他与画家不太熟悉，他是通过一个名叫双江的中间人来向画家求画求诗，而且是在多次的催促下，并两次送作画的绢绫，才得以达到自己的部分目的，但依然没有得到文徵明的题诗。在文徵明的回信中，我们可以看出明代的一些“别号图”委托创作的具体情况，文徵明在并不了解别号主人的情况下，完成了绘画。而他却声称不便完成委托

1 文徵明《文徵明集》下，上海古籍出版社，2014年版，第1489页。

人所请的题画诗，说明文徵明在绘制“别号图”时，可以借用成熟的程式化样式，创作者根据自己对于他人别号的文字理解，以及创作经验，来营造画面场景，而那种需要更多具体内容的赠诗却没有这么容易，不敢漫作。

在这些有所指称的人物图像之中，甚至在有的时候，画面中人物形象也是可以虚构漫作的，如我们在后面将要提到的明末世情小说《醒世姻缘传》中晁源要求画师为自己生前并未做过高官的父亲画像的例子，这个“好看的、白白胖胖”的父亲图像，在本质上就是一个视觉符号。虽然这是世情小说中的段子，但却真实地反映了明人的一种认识，它在本质上和明代“别号图”中虚构的元素是一致的，它们同是一种意义指向的符号。

如果人物形象在一定程度上也可以虚构，那么什么才是“真实”的？这种追问或许会困惑我们今天的图像观看者，但在明代，笔者相信这不是一个问题。注重视觉效果的虚构是一种可以接受的表达，尤其当这种图像出自当时的名家之手时，图像背后的可以标榜自己身份地位的社会意义，就远胜过再现现实的价值了。

因为在这里，无论是留作自我期许的满足，还是留待后人的追思，它的指向都是一种精神性。

在现实世界之中，并非所有拥有和想拥有“别号图”的明人都可以拥有自己的园林和书斋。“别号图”中的园林和书斋楼阁，同样可以是一个想象的图景。例如：与顾璘、徐祯卿合称“江东三才子”的刘麟（1474—1561），字元瑞，晚年自号南坦先生，祖籍江西安仁，军户出身，世代居住在南京，是弘治九年（1496）的进士，嘉靖时期官至工部尚书，后因上书宫中节省开支之事，开罪内府官员而致仕，居住在南京郊外南垣。因为喜欢居住在楼上，而财力不够，不能建筑自己理想的楼阁，因此他用竹篾编织一个像陶渊明使用过的篮舆，悬挂在房梁上。人躬身卧在其中，可以上下收放自由控制，不用他人相助，被当时人称为“神楼”[1]。刘麟是文徵明在北京为官时的同僚，两人相交数十年。文徵明在嘉靖癸卯年七月（1543）为他绘制了一幅意在祝寿的园林山水画，这张作品现在被人习惯地称作《楼居图》（图 2.21），其实就是一张典型的“别号图”。文徵明在题跋中既有赠诗又交代了作图的缘由。从文徵明诙谐的陈述中，我们得知南坦刘先生显然同当时的嘉靖皇帝一样有着修仙问道的爱好，而且景慕南朝的“山中宰相”陶弘景，喜欢居住在高楼之上：

> 仙客从来好阁居，窗开八面眼眉舒。上方台殿隆隆起，下界云雷隐隐虚，隐几便能窥日本，凭栏真可见扶余。总然世事多翻覆，中有高人只晏如。南坦刘先生谢政归，而

1 周晖《金陵琐事·续金陵琐事·二续金陵琐事》，南京出版社，2007 年版，第 46 页。

欲为栖居之念，其高尚可知也。楼虽未成，余赋一诗并写其意以先之。它日张之座右亦楼居之一助也。

在现实中，刘麟为官清廉，经济上并不宽裕，因为财力限制，意欲建筑的楼阁还没有建成时，文徵明赶在南坦刘先生80岁大寿前，为他专门绘制了一张有着高层楼阁的绘画，并将南坦先生的形象也置之在层楼之上，作为寿礼赠送给自己的老同事，以助南坦刘先生喜欢楼居、爱好问道求仙的兴致。显然文徵明为刘麟所绘制的“神楼”是一个理想的图景，这个图式借用了王维的《辋川图》的图式[1]，王维同样是一个信奉道家的隐逸文人，在脱离“安史之乱”的朝堂政治的漩涡之后，一心想修道求仙，他在长安南边的辋川溪谷营造别业，从现存的《辋川图》刻本来看，辋川别业的营造完全符合中国传统堪舆风水的思想，前有水系像玉带般环抱，左右各有耸立的山丘（意指左青龙右白虎），背靠主峰，向远处延伸，形成绵延不绝的龙脉。文徵明向刘麟所献的“神楼”绘画，也完全暗合这样一个理想的堪舆地形，神楼处在“宝地”的中心。刘麟欣然接受了文徵明精心绘制的“神楼”这样一份礼物，并作《神楼》诗作答：“契哉文内史，绘楼孤且夐。谓我居其中，怀葛失其静。从此不复下，得酒歌明圣。问余何所得，楼中

1　李娜《文徵明〈楼居图〉考——兼论明代文人的生活志趣》，《江苏社会科学》2015年第6期，第209页。

图 2.21 文徵明《楼居图》 私人收藏

图 2.22　谢环《杏园雅集图》　纽约大都会博物馆藏

由前至後按記中所叙次第列之
步行後至者三人
學士陳循
學士李時勉
左庶子周述
倚石屏而坐者三人
少詹事王直
少傅楊士奇
大學士楊榮
傍杏花列坐者三人
少詹事王英
大宗伯楊溥
學士錢習禮
畫師謝庭循

有真性。”他同样欣喜地认可画家将自己安放图画之中，认同画中所描绘的，正是自己可以寻求得“真性”之所在的妙境。

明人陈宏绪在感慨文徵明为刘麟所绘的“神楼”时说：“尝观吴越巨室，别馆巍楼，栉比精好者何限？卒皆归于销灭。而两公以图书歌咏之幻，常存其迹于天壤，士亦务为其可传者而已。”[1]也代表了明人一种普遍的自我觉醒，对于自己身后其迹或者名声能否长存在天地之间的在意，在他们看来即便是“别号图”等图像虚构的园林和馆阁，只要它作为一种精神的图像传承，并在历史中长存下去，它的价值是远远地超越那些现实中的园林、楼台高阁，至少在陈宏绪的文字书写中读来是包涵了这样一层意思。

然而，明人热衷于这种精神性“别号图”的园林和书斋图景营造的同时，并没有浇灭他们在现实中营造园林和书斋等馆阁的热情。他们通过“别号图”之类的图像园林氛围的熏染，更加激起了他们投入到其居所的精心营造之中，促进了明代的造园之风的盛行[2]。或许在一个像图画的山水园林空间中，安放现实存在的书斋、馆阁、楼台，主人安坐其中，侍者立于身后，或者三两好友在茗茶、鉴赏古物字画，身边的墙壁上再悬挂着一张自己的“别号图”，才真正是明人在现实世

1　陈宏绪《寒夜录》，见《续修四库全书》1134 册，上海古籍出版社，2002 年版。

2　刘耕《心栖之境——论“吴门画派”“书斋山水”的渊源及时空意识》，《荣宝斋》2019 年第 1 期，第 6 页。

图 2.23 《杏园雅集图》线稿，参考美国国会图书馆藏品《二园集》

界中的理想生活。

明代雅集图中的官员

正统二年（1437）的三月一日，正是京城杏花开放的时节，这一天也正是明代官员休沐的日子。工部尚书兼谨身殿大学士

（从一品）杨荣（1372—1440）坐落在北京城之东隅南薰坊的官邸花园——杏园（今北京台基厂附近）迎来了一批尊贵的客人。杨府的杏园，是杨荣在随永乐皇帝朱棣迁都北京之后，永乐皇帝所赐，官邸旁有杏树，日久成林，后因此被人称作“杏园”。这些到场的人物有：杨士奇、杨荣、王直、杨溥、王英、钱习礼、周述、李时勉、陈循等 9 位朝堂的重臣。最后姗姗来迟的人物，则是绘制《杏园雅集图》（图 2.22、图 2.23）的画家谢环。

“雅集”本质上是朋友间的聚会。这样的社会性集体活动每一天都在发生，但能作为“雅集”被历史记忆下来的并不多。东晋永和九年（353）三月三日王羲之参与的那次兰亭修禊集会，是历史上第一次被后世士子们铭记的重要雅集，虽然这是一次在水边祈福去灾的修禊仪式，但因为一篇传世千古的《兰亭序》书法作品，奠定了它在文化史上的位置，同时它艺术性和文学性的内涵，甚至东晋名士们感怀天地和生死的思想性，也在很大程度上规范了后世文人雅集的形制。也正因为如此，让之后石崇的“金谷集会”相形见绌，充满了炫富的土豪气。之后朝代的雅集，哪怕是有青年诗人王勃参与的滕王阁的落成典礼，和“香山九老会”也均被掩盖在它光辉之下。迟至北宋元祐元年，苏轼苏辙兄弟、黄庭坚、李公麟、米芾、蔡襄等名士在驸马都尉王诜官邸的西园举行雅集活动，因为米芾的《西园雅集图记》

和李公麟创作的《西园雅集图》[1]，再次用精妙的艺术形式记载了这次历史性的雅集，并在后世的扑朔迷离的传播中，逐渐成为后人视作典范的另一次雅集。

从李公麟之后，宋元明清时期的许多画家如马远、刘松年、赵孟頫、唐寅、周天球、陈洪绶和华喦也都创作了自己的《西园雅集图》。大家的热衷，让雅集图在元明时期成为一个重要的画题。在这些《西园雅集图》中，如图 2.24 所示，人物被有序地安排在画面所组织的活动之中，或坐或站，或侧身或正面，或全身或半身被其他人物所遮挡；或围观人作画，或陪同米芾在石壁上题诗……他们顾自在自己的活动之中，专注自我的世界，他们的目光同样聚焦在画面活动的焦点之中，从不看向画外，忽视画外观看者的存在。他们沉浸在自己的画内世界之中，与观看者的世界分割开来。时空的距离，让观看者不会怀疑那就是“历史真实”的存在。这成为《西园雅集图》和此类雅集图最为常见的图式形式，在宋元明的众多创作中，均保留了这样一个定式，也被后世认可为雅集图最应该呈现的场景。

但这样一种雅集的图式在明代被改变，准确地说：被明英宗正统二年谢环的《杏园雅集图》颠覆。雅集还是那个雅集，但“雅集图”的呈现已经不再是宋代以来的习惯图式。这样一

1 关于此图的创作，学术界一直有不同的意见，至今并未有定论。包括此图是否真的是李公麟所绘制，何时绘制？该图在宋人的《宣和画谱》中没有著录，以及米芾《西园雅集图记》也有诸多疑点；后世流传的《西园雅集图》又多是摹本，使得《西园雅集图》多添了一份神奇色彩。

图 2.24　马远（传）《西园雅集图》（局部）　美国纳尔逊艾京斯艺术博物馆藏

种改变，其背后的机制是什么呢？

《杏园雅集图》中阁老们的坐姿，均是正襟危坐，在图像上，他们这种坐姿，与一般的官员的标准的个人肖像画和祖宗像的姿势是一致的，采用的均是正脸或者九分脸；在现实生活中，这样的一种坐姿与官员们在公堂上的形象要求几无二致。他们的目光看向画外的观看者，仿佛与他们周围的环境脱离了关系，他们对于桌子上的古玩字画全然不理会，甚至也与他们各自身边的同僚失去了交流的意向，他们端坐或者正面站在那里，看向画外的观看者，仿佛是为了便于别人的观看而存在。显然这

种图式，是完全区别于《西园雅集图》。它更像是被安置在“雅集”环境之中的肖像画群像——让人不禁想起了17世纪荷兰画家伦勃朗的肖像画群像《夜巡图》，因为伦勃朗的自作主张将阿姆斯特丹射击手公会成员的群像画成了有人的身体被遮挡的夜巡的活动场面，而受到委托人毁约的事情，或许射击手公会委托人的初衷，也是希望得到一张像谢环所绘的《杏园雅集图》这样一个群体的肖像画，他们均以正面的全身姿势面向画外，他们的服装和手中所拿的道具准确地指明他们的身份，可惜天才的伦勃朗并不想这样去构思他的画面——而15世纪的东方宫

廷画家谢环妥协了，或许不能说是一种妥协，而是他利用自己在明代官场所练就的圆通的本事，创造式地开创了一种新的图式，这个图式成为明代“雅集图”一个通用图式，影响深远，在它之后的《竹园寿集图》《甲申十年同会图》《五同会图》（图2.25）等，均绕过了李公麟的《西园雅集图》而借用谢环的《杏园雅集图》形式。

明代人物正襟危坐地在雅集活动营造的环境之中，正面朝向画面，像一群人物在园林中的合影，显然在这样一种图式中，其功能由以往对于活动和事件的记录。转向对于人物肖像的记录。这种记录所包含的信息，自然附带着明人对于自我、身份、社会地位秩序的认知。也正因为这样一些认知，让明代人热衷于“雅集图”的绘制。张凤翼在《西园雅集图》的题跋中说：“图自兰亭修禊而下，若香山九老，若耆英，十三莫不有图。”[1]十分之三，虽说是一个概数，但也足以说明明代雅集、结社等活动绘画之风的盛行。

这种现象在明代的盛行，有着自身的必然。除明人越来越注重于个人，注重自我形象的视觉再现外。还有一个重要的原因是明代肖像画技法的成熟，这个基础条件，让明代画家准确地表现人物的神形特征，成为可能。

这种深受明代肖像画影响的“雅集图”出现，不再是记载历史活动的图像记录，也远离了文人雅集的本质性内容，让观

1 张凤翼《处实堂集》卷七。

看者一时忘记了他们在集会还曾作诗答和、鉴赏古物、品茗闻香。它更因为肖像画的形式，让人物以更加鲜明的方式“在场”，既是一种形式上的强调，同时又是一种意义上的暗示。

《杏园雅集图》因为有明英宗时期重要的文官集团“三杨”的在场，自然容易让图像的观看者联想到图像背后的政治意义。有研究者指出《杏园雅集图》图像背后的政治意图是明显的[1]。《杏园雅集图》再现了正统二年三月明代政坛官僚集团顶级人物的一次私人聚会，很自然会与这一年发生的政治事件联系起来。正统二年在明代的历史上，其实确实也是一个值得书写的时刻。

早在英宗皇帝朱祁镇的父亲宣宗朱瞻基在位时候，他的一个改革举动，直接影响了明代朝廷此后200年的政治格局，就是他在宫内开设内书堂，教太监读书习字，有意培养他们参与政治的能力，帮助自己处理一些繁琐政务，甚至来实现皇权与明代文官权力集团抗衡的作用。太监通过司礼监秉笔太监的批红形式，减轻了皇帝每日处理政务的劳动强度。朱瞻基这个举动或许是从自身做皇帝追求舒适的角度来考虑和设置的。然而正是他这个举动，改变了明代的政治格局，从之前存在于皇权与文官集团之间的分权，逐渐发展成了“文官集团—皇帝—太监”的三角形政治格局。本质上宦官太监的权力依附于皇权，

1 尹吉男《政治还是娱乐：杏园雅集和〈杏园雅集图〉新解》，《故宫博物院院刊》2016年第1期。第6页。

图 2.25 《五同会图》 故宫博物院藏

是皇权的代理人，不应该会对国家政治格局构成威胁，但一旦皇帝疏于政事，三角形的格局会被打破，皇权旁落很容易形成宦官专权的局面，也由此在明朝历史上出现了不少干预朝堂政治的臭名昭著的坏太监，左右了明代政治的走向。第一个出场的坏太监就是王振。这个被年幼的英宗朱祁镇尊称为“王先生”的太监，河北蔚县人，略通经书，在入宫做太监之前是地方低级学官，后自阉入宫，因文化程度高过其他宦官，又善察人意，深受宣宗朱瞻基喜爱，被授为东宫局郎，服侍太子朱祁镇。宣德十年（1435），英宗朱祁镇即位，升王振为司礼监掌印太监，参与到宣宗皇帝朱瞻基所设置的三角形权力格局中。此时，英宗年幼，权力掌控在英宗祖母张太皇太后和她全力支持的以“三杨”为首的文官集团手中，王振虽还一时之间不能为所欲为，

干预政事，但王振的势力正在抬头，已经可以将自己矛头指向文官集团了。

正统二年正月杨士奇与王振有过一次激烈的交锋，杨士奇落败，被王振气得三天不出门，后在张太皇太后的干预下，在宫廷中当着“三杨”的面呵斥王振，并威胁要杀掉王振。明代历史上文官集团与宦官的权力交锋在此时开始，在这一回合中，文官集团因为张太皇太后的帮助而取得胜利。但在他们的前面，将因为不久之后张太皇太后的辞世，明朝政局将变得未可知。第一次交锋后不久的三月一日，是官员休沐放假的日子，以“三杨”为首的文官集团，邀请其他朝廷重要官员在私人花园里集会，就不能不给予深知此时政局形势的人更多的猜想。

《杏园雅集图》图像中因为“三杨”的悉数到场，无论其最初创作的动机是什么，均已被敷上了浓厚的政治色彩。并在之后，也必将成为明代官员“雅集图”的样板，影响深远。

祖先的正面肖像

沈周的《东庄图》册页是我们将在后面一章中重点解读的历史图像，原册页共二十四开，其中第二十开描绘的续古堂，是苏州府城内东城葑门内吴氏东庄园内的一个主体建筑。如图2.26所示，在续古堂厅堂内与门正对着的位置上悬挂着一张身着红色官服的半身正面画像——祖先遗像。画中人物正直面画外，朝向画面中敞开的大门，加重了直面的压迫感觉，同时也加强了画中人物直面画外空间的威严——哪怕我们后来的图像观看者，身处画外也能敏锐地感受到——画像下方设置了供桌，但此刻供桌上并没有摆放供品，显然画家在图像中没有再现祭祀的场景。供桌和室内的虚空，加强了画面中静穆威仪的气氛——一种“永恒”的空灵感从画面中透纸而出。

这是我们这些与图像中人物没有任何亲缘关系的观看者所感受到的。我们好奇，那些与这个图像中的人物有着最直接血缘关系的人，在面对这幅画像时，会生出怎样的情感来：

> 维成化十三年（1477）岁次丁酉十二月某日，孤子宽谨以牲醴之仪，敢昭告于显考修撰府君：东城之下，先世

图 2.26 沈周《东庄图》“续古堂” 南京博物院藏

> 所基。嗟嗟府君，实生于斯。迨长西徙，门户独持。每念旧业，东望兴悲。乃修乃复，有年于兹。树有桑柳，屋有茅茨。有庭有苑，有园有池。本原之地，有大其规。东庄自号，用表孝思。今者不幸，溘焉弃遗……乃奉遗像，张之堂楣。著存于心，如睹容仪。凡此旧业，不废不堕……[1]

这是画像中人物的儿子为其父遗像所写的一篇祝文。文字

1 吴宽《家藏集》卷五十六《东庄奉安先考画像祝文》，上海古籍出版社，1991 年版，第 521 页。

的阅读结合图像的观看，让我们更为精准地理解了一个儿子对父亲辞世的悲伤之情。东庄是吴氏在苏州东城葑门内的祖业，吴宽的父亲吴融的出生之地，吴融自幼父母双亡，寄靠在西城吴县的姨夫家中，但他一直惦记着自己在长洲县东庄的祖业。吴宽从北京任上赶回老家，父亲已经去世未能见到最后一面，吴宽追念父亲吴融“每念旧业，东望兴悲，乃修乃复”，为恢复祖业的执着，如今庄园已具规模，子孙功成名就，而先人已逝，悲从心起。吴宽目睹父亲仪容，祭诰先人并对先人承诺“凡此旧业，不废不堕”。

文字再现了历史的场景，而在“历史的场景”中又印证了图像的魅力：吴宽在父亲的画像前“如睹容仪”，是图像的力量。

祖先像是中国传统肖像画中的一种类型。肖像画本是中国画各个门类中最为古老的一种画科，又称为写真、传神、写照、传写、写像等，清人沈宗骞在《芥舟学画编》中认定：“画法门类至多，而传神写照由来最古。”这并不奇怪，绘画作为人类感知世界的一种重要形式，必然会因为各种目的，而将对自身形象的准确描绘作为一个重要目标。这是一种最基本的自我认知意识。或许它与各个时代的思想和社会形态并没有太大的干系，只要是有对自己身体感知的生命体，都会有认知自我的原始动机。而绘制形神兼备的肖像画，是人类在掌握了高巧的绘画技巧之后，才能实现的。人一旦可以熟练地实现对于自我形象的再现，肖像画必定会成为任何一个时代中，最为重要的图像绘制的形式。从这个意义上讲，在数码图像之前，绘制肖像画应该是人类历史上人们制作得最多的图像之一。尤其在祖宗崇拜观念盛行的传统社会中，对于祖宗先人影像图像的需求数量一直十分巨大，"传真之法，出自孝子慈孙想象其先人之生平不可得"[1]。它们虽然是逝者的肖像，却作用于生者。一些有能力和条件的家族，一定会雇请专业的画师来绘制自己的祖先画像，并在年节等各种祭祀活动中悬挂祖宗的画像，明代刘侗在《帝京景物略》中提及"春场"的活动，"夜以松柏枝杂柴燎院中，曰烧松盆，熰岁也。悬先亡影像，祀以狮仙斗糖、麻花馓枝、染五色苇架竹罩陈之；家长幼毕拜，已，各自拜，曰辞岁"[2]。在明代民间的辞岁活动中，悬挂祖宗的影像是其中较为重要的仪轨，当然还包括一些特殊的时节和场合，如我们在前面所提及的沈周所绘的《续古堂》中所见，远宦归家的儿子对于临终前未能见上最后一面的父亲的追思。

明代以及之后的清代留存下来的肖像画数量庞大，成为重要的历史图像资料。这种现象的原因是多方面的，一个重要的原因是时代距离我们稍近，历史上的肖像画保存得相对完整一些；另一个重要的原因，是明清时期肖像绘画的技巧高度成熟，而且这些写影的技巧，通过师徒传授和专业书籍的出版和传播，让更多人习得这种技巧。比如：元代至正年间画家王绎所记录

1 丁皋《传真心领》，人民美术出版社，1964 年版，第 42—43 页。
2 刘侗《帝京景物略》，上海古籍出版社，2001 年版，第 106 页。

的肖像画技法《写像秘诀》，流传较广，不仅被收录在时人的笔记之中[1]，同时在明代的日用类书《三台万用正宗》《学府全编》等出版的书籍中刊载，当然仅就一本《写像秘诀》的广泛流传来判断明代肖像画技法的成熟是片面的。但这种广泛流传的背后，反映的正是明代社会对于肖像画需求的巨大市场，在市场的激励之下，必然带动从业人员的热情和对自身技术的提升。以往一些文人身份的画家不屑于这种工匠性质的图像制作，在明代社会中，他们也熟练地掌握了这种写像的技巧。从流传下来的作品看，“吴门四家”中的沈周和唐寅，也都是写像的高手。

对于明代流传下来的祖先像，似乎没有什么特别好说的，但细心的研究者，早已经在这些历史的图像之中找到了明代的时代转向：“明太祖、成祖、仁宗、宣宗四幅初期帝像制作仍大致着重于侧面角度的诉求，然从英宗开始，我们却可以发现正面角度的描绘方式俨然成为后世诸帝画像的一致形式。”[2]明代的帝王画像包括民间的祖先像，在明代正统年间，发生了一个转向。这个转向，就是之前的祖先像和帝王像绝大多数是侧面的，但在此之后，祖先们和帝王的脸转过来了，由正面面向画像之外的观看者，正如我们在沈周《续古堂》册页中所见到

1　陶宗仪《南村辍耕录》卷十一，中华书局，1959年版，第131页。

2　李国安《明末肖像画制作的两个社会性特征》，《艺术学》1991年第6期。转引自张薇《“看”与“被看”：论明代肖像画的世俗性转向》，《美术学研究》第4辑，第173页。

的吴融遗像一样，正面面向着画外。

为什么在中国古代肖像画的绘制历史中，会突然出现从“侧面”到“正面”的转变？一般认为：这是绘画技法的改变所决定的。人的侧面面部特征相对于正面而言，更容易表现和描绘。这或许有一定的道理，对于人侧面特征的把握和描绘，更多地集中了人物的形象特征，更能体现出区别来。尤其在绘画技巧还不是太成熟的情况下，用图像描绘人物的外形特征，而侧面显然是一个最佳的选择。苏轼在《传神记》中记载了一个我们在日常生活中均有的生活经验，“吾尝于灯下自见颊影，使人就壁模之，不作眉目，见者皆失笑，知其为吾也”。人的侧面剪影均能较好地肖似人物。如战国楚墓出土的帛画《人物龙凤》《人物御龙》，画中的人物均以侧面的形式呈现。又如，比中国战国楚墓出土的人物帛画还要早的古埃及壁画、瓶画中的人物造型也均以侧面的形式呈现。这种方式的呈现除了一些特定的意义之外，其中一个根本原因确实是受到了早期绘画技巧的限制。到了宋代，擅长描绘正面御容的画师，即便在皇家画院里也是稀缺的，根据郭若虚《图画见闻志》记载，宋太宗时期图画院祗候牟谷，是图画院中唯一能写正面御容的画师，并因其特殊的才能而得到重用，后被授翰林待诏[1]。明末清初出版的《芥子园画传》作为一本通用的绘画技巧书籍，书中说道：“盖写人正面最难下笔，若带侧，则山根一笔已易着手。”可见即

1 郭若虚《图画见闻志·卷三》，人民美术出版社，1964年版，第82页。

便是到了清代人物肖像画技法相对成熟的时期，画家对于人物正面像的描绘还是视作畏途。

但仅以这个技术的原因来概括中国肖像画的侧面呈现向正呈现的转变，难免偏颇。明代肖像画人物面部的转向问题，其背后必然还有更多的原因。西方美术史研究者高居翰认为明代肖像画制作所形成的特定的“正面”转向，是基于“晚明人物们多半是为了脱离无以栖身的现实世界，而逃避到艺术的领域里来。但是，却又发现画中的世界也并不安适。他们的目光向画外的观者投注，好似受到某种需求的驱使，而必须重申他们个人的存在价值，并隐约表白其存在的困境”[1]。这种陈述为我们理解这种转向提供了一个新的角度，但这种陈述又让人愈加地困惑，我们可以理解画中的人物将目光投向画外看画的观者，而这种画中的目光对于观看者的影响，而画中人对于画中世界的不适和他们所遭遇的困境，这种理解或许包含有研究者过度阐释的成分。而且以这个观点来理解和解读我们前面所提及的《杏园雅集图》中人物的正面呈现，以及《续古堂》中所悬挂的祖先像显然又是不准确的。

在表现技巧允许的条件下，一种图式向另一种图式的改变，它必定受到外界观念或者其他更为强势的图形样式的影响，并在这种影响下产生趋同式的变化，则完全符合历史中图式改变

1 高居翰《气势撼人——17世纪中国绘画中的自然与风格》，三联书店，2009年版，第165页。

和发展的规律。美术史研究者方闻认为：明代中期以来帝王肖像画呈现正面对称性，及由侧面转向正面的原因是受到来自藏传佛像的正面对称性的影响，“整个 15 世纪，西藏风格都持续影响着宫廷绘画，宣德以后，宫廷肖像更多地采用正面律，并以一种崭新的、对称平衡的、平面的，且具有西藏僧侣坛场场景的图样而达到肖像画创作的高峰”[1]。这种解释似乎更加合理一些，仿照佛像的正面呈现，在一定程度上能凸显人物容颜的威严，这在体现皇帝御容和祖先遗容的威严时，正是一种极佳的选择。活跃在隆庆万历年间的画家周履靖（1549—1640）在《天行道貌》中也说明了明代中后期对于正面像的一种态度，“正像则七分、六分、四分，乃为时常之用者，其背像用之亦少。惟画神像，欲其威仪庄严，尊重矜敬之理，故多用正像，盖取其端严之意故也”[2]。其实这种改变在元代时期就出现了端倪，由于中原文化与西域文化的密切交流，西域一些擅长绘制宗教图像的画师，供职于京师，参与了元代帝后御容的绘制[3]——虽然元代帝后御容还不是完全的正面像，从保存下来的《元世祖像》《元世祖后察必像》《武宗皇帝后》（图 2.27）来看，他

1 方闻，郭建平译《宋、元、明时代的帝王画像》，《艺术百家》2008 年第 4 期，第 8 页。

2 俞剑华《中国古代画论精读》，人民美术出版社，2011 年版，第 215 页。

3 景安宁《阿尼哥（1245—1306）绘制忽必烈皇帝与察比皇后肖像，元朝朝廷的一个尼泊尔艺术家》，Artibus Asiae 第 54 期，1994 年版，第 40–86 页。转引自方闻，郭建平译《宋、元、明时代的帝王画像》，《艺术百家》2008 年第 4 期，第 7 页。

图 2.27 《武宗皇帝后》 台北故宫博物院藏

们呈现的还是八分像、九分像，相对于宋代帝后的六分、七分侧面像来说，一种变化正在发生——在西域画师的介入下，外来的技巧同时也融入中国本土画法之中，并在潜移默化的过程中影响了中国传统肖像画绘制的技巧，在中国传统文人画的传承脉络之外“悄然地传承”着，并影响到了明代的肖像画绘制。

显然这种“正面”所呈现的威严，并不是一开始就是这种图式所具有的，而是在一种强势性的图式影响下，而形成的视觉感知习惯和视觉感知基础。这样的影响从宫廷帝后御容的描绘中，逐渐扩大至了民间祖宗像和有着肖像画意味的明代官员雅集图的绘制。可见我们在《续古堂》祖先像所见到的人物正面呈现的威严，其实其背后深受宗教图式和这种图式指向意义的影响。

明代之前的侧面肖像画，常被解读为一种超然的存在，画中人物斜侧身体，他们将自己的目光投射到自己的前方，而不是画外的观看者，顾自思考，表征着一个神圣而超然的存在[1]，并拒绝与画外世界交流（图 2.28）。这种超然的存在是历史性的，在观看者看来图像中的人物与自己之间的隔离，是历史时空中的距离，画中的人物很容易被观看者自动地安放在历史的序列中，或引发后人对于前朝历史的思考，思考江山社稷兴败存亡的原因，或是引发后人对于祖先的追思，思考家族兴旺衰落荣辱的情感。

那么我们从明代的正面肖像画中，除看到了因为受到佛教图像影响所凸显的威严之外，我们还能察觉到什么？是否隐含着一些可以帮助我们了解明代社会的更多信息呢？

那些直射向画外的画中人物的目光，是画中人物对于我们观看者和其身处的世俗世界的观看[2]，同样也是画中人物急切地欲与画外世界形成互动的积极表示。这种图像与人的互动在明代的文化语境中是被认可的。如明代汤显祖所创作的《牡丹亭》中女主人公杜丽娘，她所画的自画像（图 2.29），在她死后被柳梦梅拾得，柳梦梅展看美人图，“相看四目谁轻可！恁横波，

1　张薇《“看”与“被看”：论明代肖像画的世俗性转向》，《美术学研究》第 4 辑，第 181 页。

2　将画中人物的目光作为一种研究对象和研究方法，来自西方的美术史研究，如福柯在《马奈的绘画》中，将画中人物的目光，带入美术作品的研究之中，让“看”与“被看”成为观看者与画中人物之间关系的新纽带。

图 2.28 《宋太宗像》 台北故宫博物院藏

来回顾影不住的眼儿睃”[1]。画中杜丽娘自画像的目光与画外的看画人柳梦梅的目光交织在一起，这种目光互动的力量甚至还成了杜丽娘还魂复生的关键因素之一。虽然这是虚构的戏曲故事，但说明了这样一种认知在当时明代社会中的合理性，以及被接受的社会基础。因为人物直射的眼神能够吸引观看者更多的注意力，以便进行观看者与图像之间更直接的对话与沟通[2]。这样一种与画外世界交流的意愿，让画中的人物从神圣的位置上走了下来，这是一个“去神圣化”的过程。并且这个过程是与明代中后期的世俗化转向重合在一起的。

这种“去神圣化”的世俗性，更多地体现在观看者的接受上，一方面，他们面对正面肖像画所呈现的威严，这种威严在日常宗教仪式性的视觉感知中，他们已然习惯，并可以从身体感觉上接受和认同这种威严的存在，甚至他们也期待这种威严的存在和呈现，如《杏园雅集图》中被描绘的主角们，毋庸置疑，他们是期待在图像中同样呈现他们在现实世界中的威严；另一方面，观看者能够更加用世俗的眼光来打量和观照这些图像中的人物，“去神圣化”的祖先祭祀图像，已然是他们视觉文化中的一部分[3]，帝后像、祖先像的“视觉性观看”功能在世俗化的社会语境中被无形地扩大。明末世情小说《醒世姻缘传》中

1　汤显祖《牡丹亭》第二十六出“玩真”。

2　李国安《明末肖像画制作的两个社会性特征》，《艺术学》1991 年第 6 期，第 131 页。

3　柯律格《明代的图像和视觉性》，北京大学出版社，2011 年版，第 104 页。

图 2.29　《牡丹亭还魂记》版画，万历四十五年武林七峰草堂刊本

所描绘的主人公晁源对待祖先肖像画的态度在明代历史语境之中，正映照了这种肖像画“视觉性观看”的世俗性，晁源要求画师为自己生前并未做过高官的父亲画像，他希望画师能画上象征身份地位的蟒玉金冠，当画师担心自己可能画不像时，晁源则说：“你不必管像与不像，你只画一个白白胖胖、整整齐齐、烗黑的三花长须便是。我们只图好看，哪要他像！”[1]“只图好看”成了明代肖像画“视觉性”的一个重要社会特征。

这样一种视觉性、观赏性的肖像画，在明代中后期世俗化的文化语境中，受到了极大的欢迎，并迎来了巨大的消费市场，这正是明代社会在中后期商业高度发达之后的缩影。

1 西周生辑著《醒世姻缘传·上》，齐鲁书社，1980 年版，第 234 页。

行

明人居行的图像志

明代的造园行为

苏州城里的东庄

前面提及的沈周《东庄图》册页，现收藏于南京博物院，原图共二十四页，现存二十一页，每图一景，其中三页和画后沈周的题跋在明代就已经遗失。这是明代中前期苏州园林极为重要的一组视觉图像，册页描绘的是明代15世纪后期苏州东城葑门内“东庄”庄园的实景。

关于沈周《东庄图》绘制的具体时间，一般研究者认为是1477—1479年间，东庄主人东庄翁吴融在1475年去世后，其子吴宽回乡丁忧，1479年吴宽服阕期满回京，沈周在绘制《赠吴文定行图并题卷》的同时，也绘制了这一套《东庄图》送吴宽北上。其创作的目的就是让自己的好友吴宽远离故土在京师时，展玩此图，不仅可以了却思乡之苦，同时也是对父亲的一种怀念[1]。

在我们分析这些图像之前，可以先将这二十一个景点进行简单的分类，第一部分为构成东庄外围的水系和建筑：《东城》《菱濠》《西溪》《北港》《南港》；第二部分是构成东庄主体面积农田作物区：《稻畦》《竹田》《麦山》；第三部分是园内的经济作物林：《果林》《桑洲》《朱樱径》；第四部分

1 高居翰、黄晓、刘珊珊《不朽的林泉——中国古代园林绘画》，三联书店，2012年版，第158页。

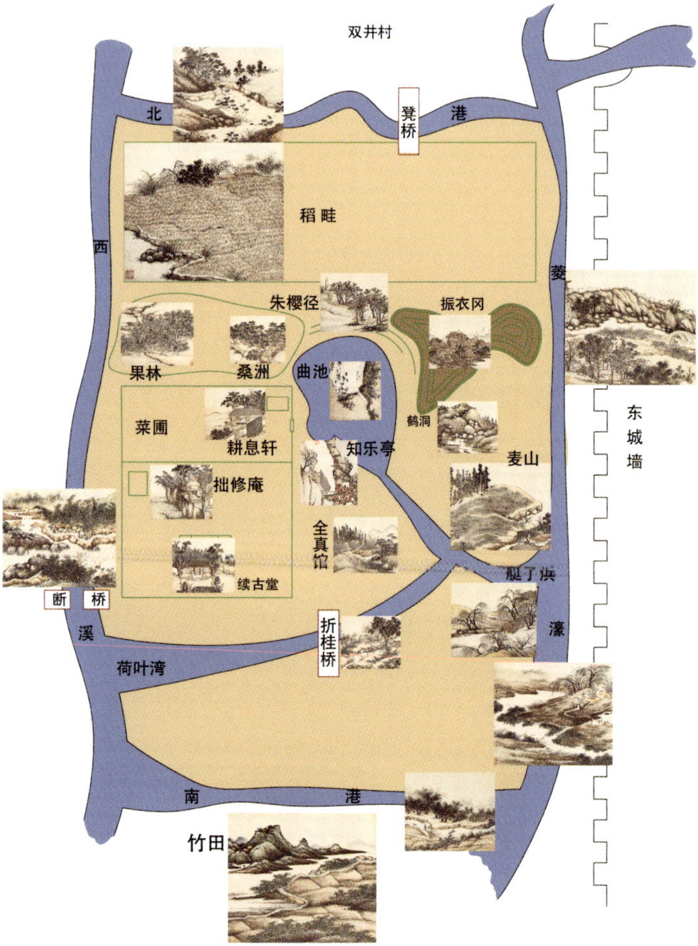

图 3.1　“东庄”地形示意图

是园内的水系：《艇子浜》《曲池》；第五部分是园内的桥梁、山岗和洞窟：《折桂桥》《振衣冈》《鹤洞》；第六部分是园内的主要建筑：《续古堂》《全真馆》《拙修庵》《耕息轩》《知乐亭》（如图 3.1）。

成化十一年（1475）秋天，东庄主人吴融病重，家里送信到正在北京任翰林院编修的吴宽手中，吴宽向皇上上书乞归，临行前吴宽请自己的同僚兼好友李东阳，根据自己的描述作了一篇《东庄记》，这篇文献是我们现在了解东庄在图像信息（沈周的册页《东庄图》）之外的另一个重要历史文献，它分别收录在正德年间编撰的《姑苏志》和李东阳的《怀麓堂集》中，《姑苏志》中为："苏之地多水，葑门之内吴翁之东庄在焉，菱濠汇其东，西溪带其西，两港旁达，皆可舟而至也。由凳桥而入则为稻畦，折而南为桑园，又西为果园，又南为菜圃，又东为振衣台，又南，西为折桂桥。由艇子浜而入则为麦丘，由荷花湾而入则为竹田。区分络贯，其广六十亩……"[1] 这段陈述和李

1　李东阳《怀麓堂集》卷三十，《东庄记》："苏之地多水，葑门之内，吴翁之东庄在焉。菱濠汇其东，西溪带其西，两港旁达，皆可舟而至也。由凳桥而入，则为稻畦，折而南为果林，又南西为菜圃，又东为振衣冈，又南为鹤峒；由艇子浜而入，则为麦丘；由竹田而入，则为折桂桥。区分络贯，其广六十亩，而作堂其中，曰续古之堂，庵曰拙修之庵，轩曰耕息之轩。又作亭于桃花池，曰知乐之亭。亭成，而庄之事始备。总名之曰东庄。因自号曰东庄翁。庄之为吴氏居，数世矣。由元季逮于国初，邻之死徙者十八九，而吴庐岿然独存。翁少喪其先君子，徙而西。既乃重念先业不敢废，岁拓时葺，谨其封浚，课其耕艺，而时作息焉。翁仲子原博以状元及第，入翰林为修撰，获以其官封翁。朝士与修撰君游者，闻翁贤，多为东庄之诗，诗成而庄之名益著。修撰君以谓予曰：幸吾子之识之也。夫人之业，未有不勤成而侈废者。翁之为东庄也，承往弊而修之，恳悃劬瘁，历数十年然后备，亦既艰矣。而翁又遵道畏法，虽处富贵，泊然与韦布者类，则所谓保其业者，岂苟然哉！《易》曰：干父之蛊，有子考无咎，厉终吉。由是观之，翁之业，虽百世可知也。吾又闻翁积而能散，衣寒食饿，汲汲若不暇。则是庄也，宁直以自乐为燕游而已？今修撰君科甲重朝廷，文章望天下，爱民忧国，恒存乎心，而见乎眉睫。则推翁之心以达之天下，又岂直足保其私业，为兹庄山水之重而已邪？然君子论家业之艰，考世德之有归，信文献之不可无者，必自兹庄始。作《东庄记》。"

图 3.2 《东庄图》之《东城》

图 3.3 《东庄图》之《菱濠》

图 3.4 《东庄图》之《西溪》

图 3.5 《东庄图》之《北港》

图 3.6 《东庄图》之《南港》

图 3.7 《东庄图》之《稻畦》

东阳文集《怀麓堂集》中的《东庄记》，两者对东庄内部区构略有出入，笔者结合其他的研究成果和自己的理解，绘制了一个东庄的大概地理图（图 3.1）。

苏州东城城墙（图 3.2）与城墙内河菱濠（图 3.3）区划了东庄的东边界限，东庄位于苏州城东城墙内，在葑门偏北的位置——也就是今天苏州大学本部的位置；西溪是东庄西边的边界（图 3.4），中有断桥，断桥边有一片竹林，“断桥流水接村墟，中有修篁一亩余。附郭允为先世业，筑场宜共此君居”[1]。东庄的南北两端有北港（图 3.5）、南港（图 3.6）“两港傍达”的水系联结菱濠与西溪。在这样一个被水系环绕的庄园自成一个整体，四面均可以通过行舟划船而到达东庄。

从北部双井村方向，过北港上的凳桥进庄，首先见到的是一片面积不详的稻田（稻畦 / 方田）（图 3.7）；与北部稻田相对的东庄南端，同样是一片面积不详的竹田（图 3.8）；东庄的主体部分就夹在两条南北流向的菱濠、西溪和东西横向的南北港，以及南北端的稻田和竹田之间；通过北段的稻畦，往南是一大片果林（图 3.9），果林的南边是菜圃，果林的东部是桑洲（图 3.10），桑洲临曲池（图 3.11），曲池的东部有朱樱径（如图 3.12），再往东是振衣冈（如图 3.13），山岗的南面有鹤洞（图 3.14），洞外一只孤鹤，这是从北部进庄所能看到的景象。

东面菱濠有一条小内河（艇子浜）折向西流入东庄之内（图

1　吴宽《家藏集》卷二十八，上海古籍出版社，1991 年版，第 221 页。

图 3.8 《东庄图》之《竹田》

图 3.9 《东庄图》之《果林》

图 3.10 《东庄图》之《桑洲》

图 3.11 《东庄图》之《曲池》

图 3.12 《东庄图》之《朱樱径》

图 3.13 《东庄图》之《振衣冈》

图 3.14 《东庄图》之《鹤洞》

图 3.15 《东庄图》之《艇子浜》

图 3.16 《东庄图》之《知乐亭》

图 3.17 《东庄图》之《麦山》

3.15），或许流入了园中的曲池，曲池边上建有知乐亭（图 3.16），艇子浜的北面是种植麦子的麦山（芝丘）（图 3.17）。

如果从南部进庄，过南港、荷叶湾，首先见到的是竹田，再过折桂桥（图 3.18），则进入庄内的房屋群中，折桂桥的东边是一片茂密的树林，树林深处是全真馆（图 3.19），应该是吴宽归休时的住处，吴宽曾经作诗说："折桂桥边旧隐居，近

图 3.18 《东庄图》之《折桂桥》

图 3.19 《东庄图》之《全真馆》

闻种树绕茅庐。如今预喜休官日，树底清风好看书。”[1] 折桂桥的西边是一个院落，院落正中是续古堂（见图 2.26），此时堂内正中悬挂着最近新绘的东庄主人吴融的半身正面遗像，遗像中吴融头戴官帽身穿红色官服——吴宽于成化八年（1472）中状元后，其父亲受封为儒林郎[2]。

续古堂后面偏西是拙修庵（图 3.20），是一个文人书斋，土墙怀抱，四周修竹古木，格调清幽。屋内的陈设也十分丰富，靠里一壁是一架图书，屋内案头陈设古玩器物，一人正端坐在矮榻上，望着面前的茶炉，悠闲自得。画中人物形象描绘较为清晰，儒生衣装，面容消瘦，颚下长须，此人是吴融，还是吴宽，抑或者是吴宽的弟弟吴宣？不得而知，但根据沈周绘制此画的目的和受画的对象，以及人物周围所陈设的物件的符号指

1 吴宽《家藏集》卷二《闻原辉弟东庄种树结屋》。

2 吴宽《家藏集》卷五十六《东庄奉安先考画像祝文》：“维成化十三年（1477）岁次丁酉十二月某日，孤子宽谨以牲醴之仪，敢昭告于显考修撰府君。东城之下，先世所基。”

图 3.20 《东庄图》之《拙修庵》

图 3.21 《东庄图》之《耕息轩》

向意义来推测，画中人物很有可能就是回家丁忧的吴宽。吴宽是明代中期吴门书派的大家，热衷于名人字画的收藏和鉴赏，吴宽丁忧期间（1476—1479），从徐泰处得借《怀素自叙帖》，在真迹后题跋之外，还精心用干笔摹写真迹于医俗亭[1]。他在此期间与吴中老友如沈周、李应祯、史鑑等交游的主要内容依然是鉴赏古籍名人字画。另据文献记载，他曾在修竹书馆接待过自己的故旧老友。史鑑在成化十二年冬夜访东庄的《夜宿吴原博修竹书馆时与玉汝别》中说："夜过吴宅与陈玉汝共同留宿在修竹书馆"[2]，此修竹书馆是否就是东庄拙修庵，还是另有处所，很难分清。史鑑诗中有"独鹤失其雌，中夜鸣声悲"。在深夜可以听到吴宅的鹤鸣之声，由此可以推知修竹书馆应在东庄鹤洞不远处，此时鹤洞只有一只孤鹤，如沈周图像所绘的那样。沈周在《沈启南送吴文定公行图并题卷》中似乎也言及了"秋

1 卞永誉《式古堂书画汇考》卷二十四《匏菴临〈怀素自叙帖〉并题自序》。
2 史鑑《西村集》卷二《夜宿吴原博修竹书馆时与玉汝别》。

风赤壁招孤鹤”的孤鹤图景。

拙修庵往北是东庄内另一个可以安静读书的地方——耕息轩（图 3.21）。小院门外有精心修剪的篱屏，遮挡了院外的视线。轩外挂着斗笠蓑衣，地上放着耙锄镢头，轩内木榻上坐着一人，正捧书在读，“陇上阅耕罢，北窗清卧风。豳诗读未了，梦已见周公”[1]。在辛勤的耕种之余读书，正是中国文人理想的耕读之乐。“耕润家，书润身”正是中国传统文化中的理想图像，这个场景应该是沈周创造的，也是吴宽头脑中对于读书为官后的理想人生图像：“如今预喜休官日，树底清风好看书。”

通过对沈周《东庄图》的图像分析，以及尝试对东庄原貌位置的还原，我们可以看出，东庄中的主体是种植了庄稼的稻畦、竹田、麦山、果林、菜圃等。而真正构成园林的要素如楼台亭阁馆舍、奇石垒台、珍禽奇花虽然也有，但极为有限，而且所占园林的比重在大面积的田畦菜圃中而显得微乎其微。在我们今天习惯了“苏州园林”这个概念之后的图像观看者看来，这只能算作是一个普通的富家地主庄园。

但就是这样一个地主庄园性质的东庄，在当时名气却很大，它几乎是明代中期苏州园林的代表，曾作为明代苏州园林的典范收录在正德年间编撰的《姑苏志·园池》中。1506 年编撰出版的《姑苏志》，其中卷三十二“园池”部分中收录了从东晋（317—420）以来至明正德年间近 12 个世纪里的苏州名园共

1 邵宝《容春堂集·前集》卷五。

52座，东庄作为明代开国之后苏州园林中的四座代表园林收录该书中，并且用了最大篇幅来收录李东阳的《东庄记》，以及刘大夏、沈周等人的诗词歌咏。刘大夏在《东庄诗》中甚至说：“吴下园林赛洛阳，百年今独见东庄。”[1]

东庄在明代中期之所以有名，当然是因为东庄主人吴融有一个状元郎儿子吴宽（1435—1504）。吴宽作为明代中期苏州富商子弟，天生异质，聪慧好学，博览群书，下笔老成，却运气不佳，在科举考试中累试不中。后家中出资作为苏州府的贡生到北京太学读书，结识了京师的名师才子，如张汝弼、李东阳等，名声才逐渐显露出来，才学也得到了大家的认可。张汝弼见到他说：“天下亦有如此贡士也哉？”年迈的徐有贞与之结忘年交，认为他有“馆阁器也”[2]，将来必能成为内阁大学士；自负甚高、少年成名的明代天才人物李东阳，也极为称重吴宽的文才，认为“场屋中有此人，不可不收”[3]。后来吴宽果然得中成化八年的状元，一举成名天下知。父亲的庄园因为儿子高中状元而闻名乡里也是很自然的事情，但要在明代整个朝野中闻名，一个状元之名还不够，众多名人的捧场才是声名远播的关键，其中最为重要的是李东阳的一篇《东庄记》，吴宽很看

1 《姑苏志》卷三十二“园池”：“吴下园林赛洛阳，百年今独见东庄。回溪不隔柴门迥，流水应通世泽长。十里香风来桂坞，满帘凉月浸菱塘。天公自与庄翁厚，又把栽培付令郎。”

2 王鏊《文定公墓表》，见钱穀《吴都文粹续集》卷四十一。

3 李东阳《怀麓堂诗话》一卷，参见李庆立注解《怀麓堂诗话校释》，人民文学出版社，2009年版，第270页。

重这一篇文章，一方面是李东阳与自己有知遇之恩，又有很好的私交；另一方面李东阳后来官至朝堂的内阁首辅，权倾朝野，同时也是文坛的领军人物，名重一时。《姑苏志》所载其他名园不过数字几句的简介，而李东阳《东庄记》的全文载入，看重的还是李东阳当时的名气和地位。吴宽还在弘治十五年，请文徵明用古隶书体书丹铭刻在石碑之上，让自己的世代子孙永远记住这份荣誉和守住这份物质和精神财富。

沈周所作的《东庄图》，以及他和东庄主人两代人的交情，也为东庄的闻名添色。沈周与吴宽是世交，沈周的父亲沈恒也是苏州名士，诗书画上均有很高造诣，同时很长一段时间身为长洲县相城里粮长，为官府当差办事往来苏州乡里，与各方交往甚密，沈恒与东庄翁吴融交往契深。同样沈周与吴宽也是交往密切，王世贞在沈周送行吴宽的画作上的题跋中言及“白石翁（沈周）生平石交，独吴文定公（吴宽）”，所谓“石交”，是能“割骨肉以相明，犹不相谢也”[1]的交情。沈周曾历时三年创作《赠吴宽行图并题卷》，是沈周一辈子极为重要的呕心沥血之作，全画长“几五丈许”[2]，所费心血在沈周另一幅为自己老师陈宽祝寿的《庐山高》之上。

显然苏州富商吴融的“东庄”闻名，并非东庄自身的园林

1 《三国志·蜀志·杨洪传》。

2 王世贞《明沈周赠吴文定行卷山水题跋》，见《佩文斋书画谱》卷八十七。

特色，而是因人而显贵。正如我们从沈周《东庄图》的图像中所看到的，东庄作为园林的格局是区别我们后来所理解的“苏州园林”这一概念，它是一个典型的明代中前期苏州地区商人兼小地主的庄园，或许正是这份保存的历史图像，让我们在苏州文人园林之外，得到了一个了解明代苏州小地主庄园的视觉图像资料。

明代苏州城为一府（苏州府）二县（吴县、长洲县）共治，人口和产业形式分布是“东旷西狭”，吴县在西城，是重要的商业手工业中心；而长洲县在东城，人口较少，地广人稀，存在大片的田地，一直到清代中期徐扬所绘制的《姑苏城图》中，依然还能见到大片用于农业生产的田地。吴氏的东庄位于苏州城内东城墙内侧，面积约 60 亩[1]，这片土地是吴氏家族从元末以来就拥有的一块土地。这样的一个土地面积，在明代前期，并不是一份富裕的财产。这个田地面积是明初朱元璋所规划的理想“桃花源”中普通农户的平均土地面积，在丰年虽然足以养活一家人口，但在灾荒之年，估计需要靠借贷和救济过活，如若经营不好的话，还得要逃亡加入明代的流民大军。吴氏是幸运的，他们身处在苏州这个手工业的重镇，他们不需要完全靠着这些土地来养活全家人口，并以此来积累财富，他们在社

1　明代一亩地约 614.4 平方米，60 亩的面积相当今天 5 个国际足联标准的足球场大小。据吴慧《中国历代粮食亩产研究》粗略估计明代每亩地生产原粮 316.5 市斤，60 亩一年能产粮近 2 万斤。

会发展的大潮中走向了一条农商结合的发展道路。吴氏在吴宽父亲吴融时，家道中兴，借助苏州工商业发展的大势逐渐富足起来。

吴融（1399—1475），字孟融，号东庄翁，长洲人，年14岁时父母双亡，由姨夫顾执中抚养，并依附姨夫从事手工业商业。明代中期苏州已经发展成为江南地区最为重要的商业重镇，许多人以纺织手工业和商业致富，顾执中此时主要从事的也应该是与手工业和商业相关的产业，并逐渐积累了财富，以资产雄踞里中。至其晚年因为多病，家道逐渐衰落，而自己的几个儿子都不成器，就将房屋田产给了自己的外甥吴融。在吴融勤俭谨畏的努力下，逐渐发达了家业。东庄作为吴氏祖业，在吴融手中并没有变卖，而是作为自己的副业，在经营商业之暇，继续打理这一片庄园，并在其中种树结屋，为晚年自己养老之用。吴宽在给自己父亲所写的墓志中，也说得很清楚："府君既以勤俭谨畏，拓其家以大，而城东旧业，然未尝一日敢忘，而不经理之。晚岁益种树结屋，为终老之图，因自号东庄翁。"[1]

成化十年（1474），吴融去世前的一年，沈周曾去苏州城内的东庄拜访了此时正在养病的东庄翁，从他所写的赠诗《东庄为吴匏庵尊翁赋》来看：

1 吴宽《家藏集》卷六十一，《先考封儒林郎翰林院修撰府君墓志》。

> 东庄水木有清辉，地静人闲与世违。瓜圃熟时供路渴，稻畦收后问邻饥。城头日出啼鸟散，堂上春深乳燕飞。更羡贤郎今玉署，封恩早晚着朝衣。[1]

此时东庄还在种植农作物，但这些农作物并不是纯粹为了自己家用，很大一部分是为了救济穷苦的邻居和提供给过路人解渴，显然吴家最重要的经济来源并不是依靠这块只有60亩的祖业庄园。相对沈周家在相城里的湖田和土地面积来说，东庄的60亩土地也只能是“稻畦收后问邻饥”的副业。

这样一个本身是庄园性质的田园，应该是明代中前期，中小地主和商人的一个基本产业形式，明初王直（1379—1462）在《南园别墅记》所记述的“南园别墅”，也是像吴融“东庄”一样的另一处带有农业生产性质的庄园式园林“……予友萧仲龄之别墅在焉，环左右弥望，良田深池，皆其所有。仲龄课童奴耕植其中，秔稻菽麦，蔬茹鱼鳖之类，随所取而各足……”[2]王直的朋友萧仲龄的儿子也是进士出身，当时在某县做知县，萧仲龄的别墅就建立在自己的庄园之中。这个名叫“南园别墅”的，其实同样也是一处明代极为常见的地主庄园。

吴氏东庄从典型明代庄园转身成为典型的“苏州园林”，并不是在吴氏手中。虽然吴宽铭刻《东庄记》石碑，想让这份

1　陈正宏《沈周年谱》，第120页。

2　王直《抑菴文集》后集卷三。

吴氏的财产永久保存下去。但不过百年，到万历六年（1578）时，吴氏的东庄归徐廷祼所有。在徐氏的手中，东庄彻底改变了它作为地主庄园的底色，成为典型的“苏州园林”——有研究者指出：与生产活动脱离的园林观念是在1520年之后，才迅速兴起的[1]，园林完全脱离了明中前期吴融东庄的庄园性质，而成为一个纯粹的观赏、休息、娱乐的“内向含蓄的圣地”[2]。

徐廷祼，字士敏，号沙浦，嘉靖三十八年（1559）进士。曾任浙江布政使参议等职。徐廷祼致仕后，于万历六年（1578）购得“东庄”旧址，他将东庄扩建到100多亩，大力营造园林，时称“志乐园”，又称“徐参议园”，让明代中期闻名遐迩“东庄”变成了“志乐园”后，才是一座典型的苏州园林。可惜徐廷祼没有沈周这样的石交好友，鼎盛一时的苏州园林“志乐园”没有可见的图像资料留存下来，但我们可以从文字的描述中来感受它的变化。明人袁宏道在《园亭纪略》中这样描绘他所见彼时的“志乐园”，“近日城中，唯葑门内徐参议园最盛。画壁攒青，飞流界练，水行石中，人穿洞底，巧逾生成，幻若鬼工，千溪万壑，游者几迷出入，殆与王元美小祇园争胜”[3]。想必读者也一样会很好奇吴氏之后东庄变为志乐园的样子，

1 柯律格《蕴秀之域城——中国明代园林文化》，河南大学出版社，2019年版，第53页。

2 斯梯尔《中国教益：天朝的园艺观念和心境》，转引自柯律格《蕴秀之城——中国明代园林文化》，河南大学出版社，2019年版，第9页。

3 袁宏道《园亭纪略》，见钱伯城笺校《袁宏道集笺校》上册，上海古籍出版社，2008年版，第180页。

图 3.22 《钱榖纪行图》之一《小祇园图》

可惜没有最为直接的图像资料能让我们进行比较。袁宏道既然将彼时的志乐园与王世贞的小祇园相提并论，而庆幸的是沈周之后的另一位吴门画家钱穀，他为我们留下了小祇园的历史图像（图 3.22），如果我们继续来研究一下王世贞的小祇园的图像资料。或许这样一种比较能帮助我们通过观看明代的园林图像在不同时期的差异，来进一步了解明代社会在这 100 年间的变化。

太仓市的小祇园

比吴宽晚出生 90 年的王世贞（1526—1590），同属于南直隶苏州府人，两人生前均官至尚书的显赫高位，有着差不多的社会地位。王世贞虽然不是明代的状元，却是明代文坛中最为显赫的人物之一，《明史》的作者这样夸赞他："才最高，地望最显，声华意气笼盖海内。"[1] 王世贞是他生活的那个时代艺坛文化界最为活跃和最有影响力的领军人物，当时一些"士大夫及山人、词客、衲子、羽流，莫不奔走门下。片言褒赏，声价骤起"[2]。他是嘉靖二十六年（1547）的进士——同年进士的还有后来的首辅李春芳、张居正等——这样一层关系注定了他仕途生涯必将与这明代历史上诸多重要人物的命运和事件交织在一起。但王世贞的仕途坎坷，并不如其所愿，究其原因是复

1 《明史》卷二八七"文苑三"。
2 《明史》卷二八七"文苑三"。

杂的，个人的性格、兴趣，以及处理政务的能力，甚至时运，诸多因素左右着这一切。

王世贞在造园艺术上是相当自信的，自认是明代引领筑园风潮的先驱。他在《太仓诸园小记》中道出了他的造园艺术主张之外，更透露了他的一份能引领园林风潮的自傲：

> 今世贵富之家，往往藏镪至巨万，而匿其名不肯问居第。有居第者，不复能问园。而间有一问园者，亦多以润屋之久溢而及之。独余癖迂，计必先园而后居第，以为居第足以适吾体，而不能适吾耳目；其便私之一身及子孙，而不及人。[1]

在王世贞看来，有钱人就应该要盖居第、筑园林，而且应该以筑园为优先。因为居第只是“足以适吾体”“其便私之一身及子孙”；然而园林不但可以“适吾耳目”，而且还能顾及外人游玩欣赏。

王世贞之所以热衷于园林的营造和鉴赏，一方面是明代后期社会财富的集中，商贾和文人营造园林之风盛行；另一方面最为直接的原因来自其家族的影响。王氏家族声名显赫，其先祖是山东琅琊王氏，后移居江南居昆山太仓等地，家族成员中

1 王世贞《弇州山人续稿》卷六十，《太仓诸园小记》。

多仕途不畅，脱仕隐逸的思想根深蒂固[1]。尤其是其伯父王愔，更是王世贞最为直接的园林观念的指导老师。王世贞在其父亲被严嵩迫害致死后，回到家乡太仓，很长一段时间与伯父王愔生活在一起，两人之间关系十分融洽。王愔自少年时就料理家族内外事务，虽晚年出仕为山东承宣布政使，但他本人并不喜欢做官，而热衷营造园林，享受林野之趣，曾营造静庵公山园。王世贞深受其影响，再加上家产殷实，为他造园提供了保证。

王世贞在建造名园“小祇园”之前，曾于嘉靖四十四年（1565）建过一座离薋园，但离薋园靠近县衙，一天到晚都能听到衙门里传出的喧嚣声，不胜烦扰，后来王世贞在太仓城内的隆福寺西又寻到一块耕地，在此设计和建造了小祇园，小祇园后规模扩大，又称为弇山园。比起县衙，古寺近旁才是园林营造的理想场所。王世贞在《弇山园记》描述了“小祇园”的选址：“自大桥稍南皆阛阓，可半里而杀，其西忽得径，曰铁猫弄，颇猥鄙。循而西三百步许，弄穷。稍折而南，复西，不及弄之半，为隆福寺。其前有方池，延袤二十亩，左右旧圃夹之，池渺渺受烟月，令人有苕、霅间想。寺之右，即吾弇山园也，亦名弇州园。”[2]

小祇园的营造前后持续了10余年，大致可分为五期工程，

1　高刘巍《王世贞的园林实践与观念》，北京林业大学博士论文，2010年，第16页。

2　王世贞《弇州山人续稿》卷五十九，《弇山园记一》。

所费甚巨，据王世贞自己所言几乎耗尽了家财。小祇园始建于隆庆年间（1567—1572），当时爱好收藏并信奉佛教的王世贞从友人处得到一批佛经，为了供奉这批佛经，王世贞在新买的这片园地中，首先建了一座藏经阁，方便自己在里边诵经清修。藏经阁建在园地的岛上，四面环水，前面种了一大片竹林。祇园原是佛祖说法之地，因此他将此园称为小祇园，表示自己潜心于佛法修行。几年后，堂兄王世德变卖麋泾山居[1]，其中有大量珍贵的山石出售，眼看要散落异处，工世贞甚为心疼，便投巨资将这批石头悉数买下，并请当时的叠山名家张南阳在阁后岛上叠了一座石山。后来的弇山园中共有三座垒石而成的假山，这座是堆筑最早的一座，所用石料也最好，称为“中弇”。万历元年（1573），王世贞在小祇园之外又买下园西的土地，计划建座造价较低的土山，并且规划在园内种植瓜果蔬菜，获得一些经济效益。该年二月，王世贞接到湖广按察使的任命，就将扩建营造事宜全权交给了管家。次年他由湖广任上回京师，途中特意回了一趟老家太仓，发现此时“西弇”已经完工，不过并非他原来规划的土山，仍然是垒石叠山而成，有中弇两倍大，耗费巨大。因为急于上任，他听任管家一手操办。后来，王世贞在万历二年（1574）离家赶赴京师，王世贞邀请画家钱榖和张复一道北上，负责一路随行绘制了《纪行图》，来记录自己一路沿着运河官道北上的行程，共八十四帧，《小祇园图》

1 周颖《王世贞年谱长编》，上海三联书店，2016 年版，第 432 页。

正是这一系列作品中的第一帧。从创作的时间上来看，《小祇园图》描绘的是万历二年园林的场景，此时弇山园还在继续营造的过程中，并且还是被人们习惯叫作的“小祇园”。

今天留存下来的《小祇园图》有两个版本，一是收藏在台北故宫博物院中的绢本设色（图 3.22），尺寸为 28.5 厘米 ×39.1 厘米，它是《钱榖纪行图》册页一套共三十二帧中的第一帧；台北故宫博物院还收藏有另一个版本，是纸本设色，尺寸略小一些为 23.2 厘米 ×37.7 厘米，是八十四帧《钱榖张复合画水程图》册页的第一帧（图 3.23）。两者的内容几乎完全一致。研究者指出：纸本设色笔法较为简单，重视物象的轮廓表现而轻视皴法；也有研究者认为纸本的这一套很可能是画家在现场的写生稿，绢本设色则是在写生稿基础上绘制的更为精致的定稿[1]。

如图 3.22（《钱榖纪行图》中的第一帧）所示：小祇园坐北朝南，院外绿树成荫，在画外，门前另有一条小溪[2]，将园林环抱其中。入园门，直接面对的是“惹香径”，两旁皆用竹子编成高垣篱墙，沿着篱墙攀爬着蔷薇、荼蘼、月季、丁香等，“花时雕缋满眼，左右丛发，不飔而飓”，小径的西边有一个门，对着一座平桥，名为知津桥，是通往西边弇山堂（二期工程的主体部分）的主要通道；小径东侧，有一片数步宽的苗圃，

1 高居翰等《不朽的林泉》，第 90 页。

2 王世贞《弇山园八记·记二》，参见《苏州园林历代文钞》，第 242 页。

图 3.23 《钱穀张复合画水程图》之一《小祇园》

种植着数株榆树、柳树和琵琶，也是园中仙鹤的常来栖居之所，名为“清音栅”，再往东另一个更小的苗圃，都种植着柑橘，名为“楚颂”；沿着小径继续往北，小径尽头是一道院墙，沿着院墙向东数十步，正中设有大门，门额题匾“小祇林”。入“小祇林”门，首先见到的是一片修竹林，修竹掩映着“此君亭”，在画中隐约可见，是游客可以休憩的地方。绕过竹林，此君亭后面一座乔峰，形状俯首谛听的人，名为“点头石”，在画中为修竹所掩。距离点头石数十步的地方。有一座名为“梵生”的石桥，石桥宽广平坦，可以排摆十个八仙桌的酒席，是最初小祇园中赏月的好地方，后来因园林的改扩建，地位被弇山园其他佳处所取代。桥的北面，是一座孤岛，岛上建藏经阁，是岛上的主体建筑，也是小祇园最初建筑的缘起。藏经阁的底层四壁有画家尤求绘制的佛教题材壁画，藏经阁东侧有一座小轩，坐在轩里则可从较低的视角隔水观赏中弇的假山，称会心处；藏经阁西侧为鹿室，其中还圈养着三只与园丁做伴的小鹿。以上便是一期工程小祇园区，也是钱榖在《小祇园图》画面中所呈现的右下角部分。小祇林、点头石、梵生桥、藏经阁、鹿室、竹林以及阁中的壁画，都是为了营造一种佛国意境，这也是王世贞营造小祇园的初衷。

在画面中右上侧，与藏经阁和会心处，隔水相望的假山群，就是中弇，是弇山园的二期工程。是王世贞花巨资购买堂兄在故乡庄园中的山石所垒，设计者正是叠山大师张南阳。

再回到最初的惹香径西侧的知津桥，来到《小祇园图》画面的左下部，进入弇山堂区，这是弇山园的第三期工程。知津桥下的小溪，名为小庵画溪，向北数十百丈长，小溪尽头是西弇园区的假山山根。桥西正对着一排门房，上有中丞张肖甫所题的“城市山林”的匾额。过临溪门房，前有篱笆垣墙所隔，其西边有一片宽阔的空地，王世贞原计划是要种植五棵洞庭树，作为“五老峰”，后来没有实现，而种植了一片含桃林，故改称“含桃坞”。含桃坞北面是西区的主体建筑——弇山堂，共五间，两翼带耳房。弇山堂的南面有一宽阔的平台，左右各种玉兰花五株，每到春天堂前烂漫如雪。“弇山”二字取自《庄子》，指代神仙的居所，弇山园陆续叠成的三座弇山，也有象征神仙出没的“海上三山”之意。弇山堂北面莲池，东西长七丈，南北半之。池左有唐代开元时期留存的赏石，上书古隶“芙蓉渚”，芙蓉池周围环植木芙蓉。池北为琼瑶坞，种植有红白缥梅、四色桃和少量李树，也以竹篱为界。池水从西北角流出，绕着琼瑶坞北去，称为磬折沟。沟北正对的便是西弇山，沟的西面有两座凉亭，其一名为饱山亭，是欣赏西弇的最佳位置之一。亭的西边是梅坞，梅坞与琼瑶坞有小平桥相接，名为“小有桥”。

图中在琼瑶坞北面有一座石桥，处在各个水流的交汇之处，桥身高高拱起，是全园纵览景致的最佳处，桥的北面就是近在眼前的西弇山，东北方向可以看到岛上的中弇山，东南则可以欣赏到藏经阁周围的花草树木，从西弇山的空隙中，还能见到北面的文漪堂的部分景色，故名为“萃胜桥”。

图中左上角的就是西弇山，西弇山是弇山园中所费心力最多，也必定是造价最高的地方。相比小祇园第二期工程中的中弇山，虽然花费也不低，但石头主要集中来自王世贞堂兄在故乡麋泾山居的山石。而西弇的营造所需要的石头来自各处，一些大型的巨石在运输过程中，还不得不拆毁了太仓城的城门才能运进园来。估计这也是王世贞对于弇山园最为得意的地方，他在《弇山园八记》中，用了很长的篇幅来说明各个山石的名称和各处的景致。画家钱穀也是深知王世贞心意，在绘制《小祇园图》时，西弇山自然也是他着墨的重点。

在钱穀《小祇园图》图成之后，“小祇园”营造工程仍然在继续，到万历四年（1576）王世贞由郧阳督抚，迁至南京任大理寺卿，因在朝廷处理政务中得罪首辅张居正，被朝廷官员弹劾后，回籍听用[1]。此时，管家又在园东建成一座“东弇”，凑齐了三弇之数。回家后王世贞则又亲自主持扩建了园林北部，并把弟弟王世懋叫来一起住。这后面几期工程中的建筑内容，没有在钱穀创作于万历二年的《小祇园图》中表现出来，但我们可以想到，建成后的弇山园的规模是远在我们从图像中所看到的，完成后的弇山园整座园林占地70余亩，“园亩七十而赢，土石

1　关于王世贞与张居正的关系，参见孙卫国《16世纪两类士大夫的代表：文人王世贞与相臣张居正》，《中国社会历史评论》2006年2月刊，第187页。

得十之四，水三之，室庐二之，竹树一之”。而其中最昂贵的无疑是那三座由名石和巨石垒成的弇山。除了购买山石本身的费用之外，在明代雇请著名的叠山师的费用也是不低的，根据谢肇淛在《五杂组》中记载：“吴中假山，土石毕具之外，倩一妙手作之，及舁筑之费，非千金不可。”[1] 王世贞在《题弇园八记后》中也承认：“盖园成而后，问橐则已若洗。”

明人谢肇淛（1567—1624）在《五杂组》中批评了弇山园在营造上的奢侈和铺张浪费，正是拿这些叠山的石头来说事，“王氏弇州园，石高者三丈许，至毁城门而入，然近于淫矣”[2]。为了运送庞大的假山石，不惜拆毁城门，确实劳民伤财，很容易让熟知宋代历史的明代人联想到北宋末年朱勔为宋徽宗搜集奇石，用船从淮河、汴河运至汴梁，为了便于运输大型奇石，一路上拆毁桥梁和城门的史实。也难怪当时文人对于王世贞的弇山园诟病和指责也多集中垒石这一点上。

明人李诩在自己的笔记《戒庵老人漫笔》中收入了时人在弇山园落成时，在壁上所题的一首《嘲弇园》诗：“丈夫垒石易，父祖积金难。未雪终天恨，翻成动地欢。峻岭悲高位，深池痛九泉。燕魂来路杳，拟作望云山。”[3] 时人嘲讽王世贞，其父王忬因为与严嵩交恶，被诬告延误军机而弃斩西市的冤情还

1　谢肇淛《五杂组》卷三，《地部一》

2　谢肇淛《五杂组》卷三，《地部一》

3　李诩《戒庵老人漫笔》卷五，中华书局，1997 年版，第 190 页。

没有洗清，而他们就开始利用父辈积累的财富在大肆搜集奇石、垒石叠山，营造私家园林，追求感官上的享乐。

王世贞面对时人批评，一方面他将造园奢侈的责任推给了主持造园的管家，说自己在外地为官无暇过问，才导致了营造过度；另一面他秉承自己造园惠及他人的理念，将前后园门敞开，欢迎任何人来参观赏玩。并在自己的文章中标榜自己与人同乐的形象：

> 余以山水花木之胜，人人乐之，业已成，则当与人人共之。故尽发前后扃，不复拒游者，幅巾杖履与客屐时相错，间遇一红粉，则谨趋避之而已。客既客目我，余亦不自知其非客，与相忘游者日益狎，弇山园之名日益著。[1]

他在园中常与游客擦肩而过，有时还能遇见一两红粉佳人，自己还要急忙避让，游客们甚至都不知道眼前这个老头便是弇山园的主人，他也时常忘记熙来攘往的人群只是过客。在他的眼中弇山园俨然变成了一座与世人共享的公共园林。

弇山园因为对世人的开放，达到了开放园林的初衷，园林因此而名声日益远播。在明代后期江南园林的排行榜中，弇山园总能位列榜首——这与百年前的吴氏东庄园一个普普通通的庄园，因为名人效应（吴宽、李东阳）而成为姑苏城内名园的

1 王世贞《题弇园八记后》，参见《苏州园林历代文钞》，第 248 页。

代表不同——它总是作为时人评价和比较江南众多园林的一个标杆，如我们在前面提到的袁宏道写《园亭纪略》评价吴氏东庄园后身“徐参议园”时说的那一句“殆与王元美小祇园争胜”；明代戏曲大家张凤翼在《乐志园记》中称自己的园林“不足以当弇山、愚谷之培塿。”

显然，在王世贞的意识之中，他是十分在意自己所营造园林在世和自己身后的名声。他为自己的弇山园前后写了不少的诗歌和文章，并将它们编辑成一本上下两卷的图书《山园杂著》。其中《弇山园记》，分为八节，长达 7000 余字，其长度在古代园记中可以肯定地说是名列前茅的[1]。虽然此时王世贞还没有想到“纸上园”[2]的概念，但他一定是清楚或者曾经无数次思考过园林的寿命，文字和图像描绘的纸上园林一定是能传世的。他要让自己一手营造的弇山园留存下去。

王世贞在《艺苑卮言》中，在比较文学、书法、绘画的地位和价值时，他参照的一个重要参数是它们存在和产生影响的时间，“画力可五百年至八百年而神去，千年绝矣。书力可八百年至千年而神去，千二百年绝矣。唯于文章更万古而长新，书画可临可摹，文至临摹则丑矣。书画有体，文无体；书画无用，文有用，体故易见，用故无穷”。

1　高居翰等《不朽的林泉》，第 92 页。

2　晚明刘士龙在《乌有园记》中首次说出了“纸上园”的概念：“吾尝观于古今之际，而明乎有无之数矣……所据以传者，纸上园耳。夫沧桑变迁，则有终归无；而文字以久其传，则无可为有，何必纸上者非吾园也。”

虽然王世贞没有说园林的留存寿命，我想他一定做过同样的思考，他清楚园林的寿命必定还在书法、绘画之下，不过数十年几代人而已，就有可能转易他人，或湮灭不存。王世贞可能早就预知到，自己亲手经营的这座冠绝一时的名园，会湮灭在历史的尘埃之中，他甚至没有期望自己的子孙能“长有兹园”[1]，但他没有想到的是在他去世之后不久，弇山园很快就转售他人，其中园中的一些山石也流落各处，为其他园林所用，一代名园就此“不复旧胜”[2]。

所幸的是：正是由于王世贞对于“纸上园”的思考和努力，我们今天依然可以从文字和图像中得见“弇山园”当时的盛景。

以往，我们过多地将明代园林的兴盛诠释为明代士大夫在恶劣的政治环境中着意隐居，和注重生活品位的个人空间营造。当然这种精神性指向的解读并没有错误。实质上也正是士大夫的退隐思想，让他们热衷于园林的建设，从而推动了明代园林艺术的发展。但我们对于明代江南园林文化兴盛的研究和解读，是不能脱离明代社会经济发展脉络的，而单纯地视作文人文化和精神的独有现象。

从苏州吴氏的东庄园到太仓王世贞弇山园的分析，我们看到了明代园林文化发展的两个时间断面的图像，这两个断面的

1　王世贞《题弇园八记后》，参见《苏州园林历代文钞》，第 248 页。

2　《古今图书集成·经济汇编·考工典》卷一百十八·园林部·汇考二，转引自顾凯《明代江南园林研究》，东南大学出版社，2010 年 3 月版，第 140 页。

典型性，其实也映照了整个明代社会中经济和观念的发展。

明人顾起元在记载明初时的富人家居室时，说“多谨礼法，居室不敢淫”“房屋矮小，厅堂多在后面”[1]。就连明初富可敌国的沈万三，在苏州府周庄镇的家宅也不过中等人家的规模[2]。到明代中期，苏州的工商业已经具备一定的规模，而此时的吴氏东庄园，作为当时的苏州名园代表入选正德版的《姑苏志》，也不过还是一个以耕读的生产活动为主的地主庄园，并无奢侈富丽之态[3]。造成这一现象的原因是多方面的。其一是此时明代中后期典型的“消费性社会”风气还没有形成，虽然一些富家已经具备了大规模营造私家园林的经济实力，但社会的整体风气尚停留在一个俭朴的状态中；其二是与当时的赋役制度有关，中产之家稍有资财的家庭，害怕财富的外露，会引来官府的特殊关注，而加重了自身的赋役负担，比如地方政府会根据家庭资财的多寡来分派粮长这样的职役[4]。如清代乾隆年间编撰的《震泽县志》记载了明初这样一个现实，正是这种社会现象的反映：

1　顾起元《客座赘语》卷五，《明代笔记小说大观·二》，上海古籍出版社，2005 年版，第 1326 页。

2　杨循吉《苏谈》载：“万三家在周庄，破屋犹存，不甚宏大，殆中人家制耳。”参见《苏州文献丛钞初编》册上，《万三遗宅》，第 170 页。

3　柯律格《蕴秀之域：中国明代园林文化》，河南大学出版社，2019 年版，第 9 页。

4　巫仁恕《优游坊厢：明清江南城市的休闲消费与空间变迁》，中华书局，2017 年 10 月版，第 144 页。

> 邑在明初，风尚诚朴，非世家不架高堂，衣饰器皿不敢奢侈。若小民咸以茅为屋，裙布荆钗而已；即中产之家，前房必土墙茅盖，后房始用砖瓦，恐官府见之以为殷富也。[1]

到王世贞弇山园营造的明代中叶时期，明代社会奢侈的消费风气已经形成，住宅营造也逐渐走向奢华，这种风气从上至下，甚至影响到了整个社会，据顾起元对明中叶南京城的住宅的描述，可见一斑：

> 嘉靖末年，士大夫家不必言，至于百姓有三间客厅费千金者，金碧辉煌，高耸过倍，往往重檐兽脊如官衙然，园囿僭拟公侯。下至勾阑之中，亦多画屋矣。[2]

综合分析明代中叶之后住宅建筑逐渐奢华化，营造园林风气兴盛的原因，大致有以下几点[3]。其一，是此时商品经济的发展，明代社会整体消费能力的提升，“消费性社会”已经形成。其二，是此时制约奢侈消费的赋役制度发生了改变，因为士绅可以优免徭役，或者通过其他手段来逃避徭役，之前的担心不

1 乾隆《震泽县志》（清乾隆十一年修，光绪十九年重刊本）卷二十五，《风俗一》，2a 页。

2 顾起元《客座赘语》卷五，《明代笔记小说大观·二》，上海古籍出版社，2005 年版，第 1326 页。

3 巫仁恕《优游坊厢：明清江南城市的休闲消费与空间变迁》，中华书局，2017 年 10 月版，第 146 页。

复存在，于是可以大大方方地盖起园林；一些有钱的商贾，也可以通过捐纳买得功名，享受士绅的待遇，从而不必像明初那样，要小心地掩藏自己的财富。这其中，还有一个极为重要的因素，是社会风气的改变，人们对于财富的追求以及羡慕富贵和攀比之心日盛，最先引领风尚者，是明代的缙绅士大夫，接着是富户商贾，他们在商业活动中获得了巨额的财富，争相效仿士大夫的生活方式，以此来获得相当的社会地位。其三，是此时明代建筑技术的提升和一些新观念的改变，为私家园林的营造提供了技术保证。比如在建筑中砖的大量使用，加速了传统木质结构建筑的改造，我们在沈周的《东庄图》中看到的吴氏庄园中的建筑，大体上是在石质地基之上的木质结构，还很难见到砖的使用。此后砖墙在私宅和园林的营造中被广泛运用，砖墙的出现在一定程度上减轻了柱子的承重，并能减小屋顶出檐，从而可以改变厅堂的内部空间，使之变得更高大、宽敞和明亮。在明代中叶之后，江南一批影响较大的园林大师相继出现，也促进了明代园林文化的发展。如周秉忠（徐泰时的东园、苏州留园前身）、周延策（吴亮的止园）、张南阳（王世贞的弇山园）、张南垣（王时敏的乐郊园）、计成（第一本园林艺术理论专著《园冶》作者，扬州影园）等。当然园林大师在明代中叶之后的涌向对于这一时期园林艺术发展的影响也是双向的。一方面，是因为大量园林营造的需要，带动了园林大师的成长和出现；另一方面，这些有才华的园林大师，由于自身天才性的技艺和创新，带动了明代园林水平的发展。这些园林大师本身有着很好的艺术造诣，一些本身还是知名的丹青画家，他们将自己的审美和传统中国山水画中的意境融入园林设计之中，如计成在《园冶》中所说园林造境的意境，“仿佛片图小李”（指唐代青绿山水画家李昭道），“参差半壁大痴”（大痴指元代山水画家黄公望）；同时他们中一些人的创意，还在影响着造园风格的变革，如晚明的张南垣在前人垒石叠山的基础上发展了“平冈小坂”“土中戴石”的叠山方法，让园林叠山更为自然，而且比较之前的垒石叠山工艺更加省时省料，此后成为明清时期重要的叠山方式。

运河官道上的行旅图像

前面我们从钱穀的《小祇园图》中，了解到明代苏州府太仓县中一个享誉明代的私家园林信息。我们也提及这个图像原来是一本共三十二帧册页的第一帧，它的全称是《钱穀纪行图》，“小祇园”这个图像还以另一种类似半完成稿的形式，出现在另一套共八十四帧《钱穀张复合画水程图》的册页中[1]。如图3.23所示，这套八十四帧的纪行图册页，也被研究者习惯地称作《水程图》，它是记载明代运河官道的重要历史图像。

纪行图是由明代吴门画派发展出来的一个重要画题。这与当时旅游的兴盛有关，人们已经不再满足用文字记录旅途所见，一些人在条件允许的情况下，雇用画家用图像形式来纪念自己的旅行[2]。

可以想见的是：16世纪的下半叶，在吴门四大家相继离世之后，他们的门人弟子，尤其是文徵明的门徒，以及这些门徒的弟子们，聚集到新一代文化艺术领袖王世贞的身边，共同构成了一个活跃的文化精英群体。在他们的日常交游中，显然书画创作和书画鉴赏是他们交游的重要内容。王世贞作为他们之中的领袖人物，以个人的文化艺术审美和趣味影响着大家，引导大家进行艺术创作，甚至他还在一定程度上资助了画家们的创作活动。钱穀和其弟子张复共同创作的《水程图》，正是这样的背景下产生的。这个背景，除了王世贞的个人意愿之外，更是一个时代对于纪游图像的需要，甚至在这些图像的背后，暗含着某种政治意图。

1　王世贞所题画作原来的名称为《钱叔宝纪行图》，考虑到“纪行图”在美术史研究中更像一个通名，以及与另一件钱穀所绘的绢本设色《钱穀纪行图》重名，后世就约定俗成地称这套目前藏于台北故宫博物院的上中下三册共八十四帧的《钱穀张复合画水程图》为《水程图》，另一个版本的绢本设色的三十二帧为《钱穀纪行图》。

2　高居翰等《不朽的林泉》，第90页。

王世贞在《钱叔宝纪行图》《水程图》中说：

吾家太仓去神都，为水道三千七百里，自吾过舞象而还往者十二，而水居其八。得失忧喜之事，错或接淅卜夜，所经繇都会繁盛，若云烟之过眼而已。去年春二月，入领太仆，友人钱叔宝以绘事妙天下，为余图。自吾家小祇园而起，至广陵，得三十二帧。盖余尝笑叔宝如赵大年，不能作五百里观也。叔宝上足曰张復，附余舟而北，所至属图之，为五十帧，以贻叔宝，稍于晴晦旦暮之间加色泽，或为理其映带轻重而已。昔宗少文图五岳名山于斋壁，曰"鼓琴动操欲令众山皆响"，吾请老之日，以此册置书斋，阿堵得之不自笑令泪出耶！然终南山有捷径，又安知长安道中之无隐沦也。吾与二子俱幸而不死，是不能为向子平，亦终当为少文矣。因题于后。[1]

王世贞在《水程图》题跋中说得很明白，他自成年之后——嘉靖二十五年（1546）冬季王世贞北上参加会试，时年21岁——至万历二年（1574）共12次往返太仓和京都之间，其中路途中所感受的得失忧喜、匆匆行色，以及沿途所见的繁盛景物，如过眼云烟。而终于在最近的一次从太仓去北京任职的旅行中，邀画家钱穀和其弟子张复同行，并请他们用图像的方式记录下

1 王世贞《弇州山人题跋》下册，浙江人民美术出版社，2012年版，第504页。

沿途景物，要仿照南北朝时期宗炳（宗少文）晚年图画五岳名山于书斋四壁，作卧游观赏之用，这里仿佛说明了王世贞邀请钱穀师徒绘制《水程图》的主要目的。显然，这是一种冠冕堂皇的说法，在有着宗炳“图五岳名山作卧游”的文化传统中，自然是一种较为恰当的理由，但在王世贞这种冠冕堂皇的理由之下，是否还有着其他的目的，甚至像其他研究者所说的那样存在刊行的商业意图，并不十分清楚，或许值得我们对图像进一步分析。

《水程图》的创作在当时还有一位重要的旁观者孙鑛。孙鑛是浙江余姚人，万历二年（1574）会试的第一名，与王世贞、王世懋兄弟交情甚好，张复陪同王世贞来京，当时住在王世贞弟弟王世懋的家中，孙鑛是王世懋家的常客，他亲眼见过张复在路途中绘制的《水程图》写生稿，他说“得叔宝稍润色之，应更佳耳”，显然此时画作还没有经过钱穀的润色，在他看来这些作品还是一件半成品。此外他的题跋，为我们了解明代人对这一册从江南苏州府到达北京的纪行图的看法，提供了重要的线索：

> 张元春（张复）即寓敬美（王世懋）家，余时见之，美少年也。渠所至为图，司寇公（王世贞）当有指授。得叔宝稍润色之，应更佳耳。身曾亲历以入画，自有深味。

凡吴越人宦京者宜人藏一卷。[1]

“凡吴越人宦京者宜人藏一卷。”孙鑛认为《水程图》这样的画册很适合吴越地区在京官员人人手一册，这种册页，显然在本质上，或者说在用途上来看，它应该不是什么纯粹注重笔墨鉴赏的山水册页，而是旅行或者导游一类的实用性图像。就像明代士商出门旅行所携带的日常类书《水陆路程》这样的交通指南一样。

虽然王世贞在最初定名这套作品为纪行图，但从图像学上分析，显然钱榖、张复的《水程图》又区别于一般意义上的纪游图，如之前钱榖所绘的《虎丘前山图》（图 3.24），《水程图》忽视了画中游人的代入感，是从一个更广阔的视角来记录空间的关系，全然不同于中国传统山水画发展成熟以来的“有可行者、有可望者、有可游者、有可居者”[2]的人与山水之间的空间关系，图像的观看者不再在所描绘的山川之中某处，“身即山川而取之”的代入感，消失在图像之中。图像的绘制者，站在画幅之外，用一个更高的鸟瞰视角，观看眼前的山川，并用一种别于传统宋元山水画的特定视觉形式记录下来。这样的一个图像描绘方式，更类似于趋向实用功能的“堪舆图”“地图地

1　孙鑛《书画题跋》卷三，《中国书画全书》第三册，上海书画出版社，1993 年版，第 975 页。

2　郭熙《林泉高致》，中华书局，2010 年版，第 9 页。

图 3.24　钱榖《虎丘前山图》

图 3.25 《钱穀纪行图》之二《太仓》

形图”的存在。

这种观看和描绘的方式，从山水画的发展和演变的历史来看，它并不是吴门画家的一个突破，在一定程度上说，它是山水画的一种回溯，回到了它诞生的源头[1]，是对另一种视觉形式的借用——这就是地形地图的绘制。这种图形有着重要的旅行指导意义，它侧重的是对地形地貌特征的一种整体性概括，和在二维空间中符号化、概念化的呈现。

1 虽然与宗炳同时期的画家王微，在《叙画》中言及山水画不能落入堪舆图的视觉模式中：“夫言绘画者，竟求容势而已。且古人之作画也，非以案城域、辨方州、标镜阜、划浸流。”但这也从另一个角度说明，较山水画更早成熟和存在的堪舆图，其实就是山水画发展的一个重要源头，从堪舆图中发展过来的一个表现技法和观看的角度，促进了早期山水画的发展。

首先我们有必要从图像志的角度，来分析这些绘画，它们呈现了哪些视觉的信息。王世贞雇请画家钱縠和张复来绘制从家乡太仓到北京的纪行《水程图》，所费之巨毋庸置疑，但为什么王世贞并没有像同时代的严嵩等人那样留下自己在运河上的纪行日记呢？而是选择了图像来记录这个旅行的过程，其中的原因不得而知。但庆幸的是：王世贞在另一篇旅行的长文《适晋纪行》中，为我们记录了他从太仓家乡出发到达长江瓜洲的旅行信息，这段行程与1574年所作的《水程图》的前三十二帧图像所描绘的行程是一致的。它较形象地再现了明代士商在这条水道上（主要部分是江南运河上）旅行的历史场景。

江南运河

隆庆三年己巳（1569）冬天，王世贞在家乡太仓接到迁任山西按察使的诏令，这不是王世贞所期待的任命，他立马上书称母病，要求致仕。到第二年的二月（1570），朝廷并没有批准他乞放归田的请求，甚至朝中内阁大臣张居正也来信劝说他赴任。至这一年的六月，眼看期限将至，而且他母亲的病情又已经好转，于是他计划动身到山西赴任。

六月十九日五鼓（凌晨3点—5点）王世贞从自己的住处小祇园出发——这个出发的场景应该和5年之后，有钱縠、张复陪同的那次出行是一致的——他们一行乘着月色出太仓州城西关（图3.25），在图像中，我们可以清晰地看到太仓州城西关外的场景，主城门外另有一道环形的瓮城，瓮城的旁边有一扇水门，王世贞一行乘船从这道水门出城。太仓地区的缙绅以及太仓的官员分别来到城外为王世贞饯行，送别的场景是明代吴门画家所热衷表现的场景，我们在沈周《京口送别图》的图像中（图 3.26），见到的就应该是类似的场景。与大家分别时，王世贞已经微醉才回到堂弟的船上。乘船走水路过苏州，进入京杭大运河的南端水道——江南运河段，再北上长江，应该是太仓地区的士商前往中国北方等地的必经路线。这段水路水面落差较小，较为平稳，没有太多的水闸，一般士商之家的人北上，都会乘坐自家的船只或者亲戚友人的船只前往苏州，或者是进一步北上航行到达镇江的京口，再改为陆路或者乘坐其他船只，一则乘坐自家的船只会更加舒适和安全一些，另则也是明代较为流行的一种送别的方式——前文我们提及的沈周和吴宽的石交，1497 年吴宽服阕回京，沈周也是坐船从苏州出发至镇江京口才与吴宽惜别，并以《京口送别图》作为分别的馈赠[1]——王世贞此次出行，一行人所乘坐的是他堂弟王世望的船，堂弟也一直陪送他到镇江的京口，才乘船返回太仓。他们一行正午时分到达昆山县（图 3.27），沿途过新洋港（图 3.28）、奣子铺（图 3.29），奣子铺在太仓与昆山的交界处，分别设有两州县的兵防。

1 沈周《京口送别图》是弘治十年（1497）为吴宽所作，当年春末吴宽为其继母服孝守制三年期满还京，此时沈周已然 71 岁，吴宽 62 岁，沈周恐再见无日，挐舟远送吴宽至京口。

图 3.26　沈周《京口送别图》（局部）

图 3.27　《钱榖纪行图》之三《昆山》

图 3.28　《钱榖纪行图》之四《新洋港》

图 3.29　《钱榖纪行图》之五《奝子铺》

图 3.30　《钱榖纪行图》之六《真义》

图 3.31　《钱榖纪行图》之七《维亭》

图 3.32　《钱榖纪行图》之八《沙湖》

图 3.33 《钱穀纪行图》之九《下雉渎》

图 3.34 《钱穀纪行图》之十《娄门》

图 3.35 《钱穀纪行图》之十一《阊门》

图 3.37 《钱穀纪行图》之十二《枫桥》

到达昆山后，王世贞入城与昆山王县令辞行。昆山的缙绅又挐舟为王世贞送行，在各家的船上痛饮，至真义（图 3.30）才各自回去。继续前行过维亭（图 3.31）、沙湖（图 3.32）、下雉渎（图 3.33）等处，因为一路上故朋旧友的饯行，王世贞不胜酒力，又或许是船夜行，他在自己的《适晋纪行》中并没有记录这几处的情况，倒是画家为我们描绘了沿途的场景，水流平缓，在河口各处有石桥相接，水中船只靠摇橹、撑杆、风帆等提供航行的动力，也偶见一两艘吃水很深的小型货船靠着岸上的纤夫牵引而行，纤夫的人数也只在二三人而已，进一步说明这段水路相对长江以北的运河水道还是相当平稳的。

二十日清晨，王世贞一行船只抵达苏州，首先见到的是东北城外的接待寺，和东北城门娄门（图 3.34），画家钱穀为我们记录下了苏州东北城外清晨的实景。如果不需要进城办事，可以沿着苏州城外的河道继续前行，到达苏州城西北角的阊门（图 3.35），阊门是通往虎丘以及进入苏州吴县西北部重要工商业中心的交汇处，同时也是运河上与另一处胥门齐名（俗称金阊、银胥）的运河码头。从图像中，我们可以感受到城外屋宇连墙接栋，一片繁华景象，同时图像也再现了阊门高大坚固的双重城门。王世贞从阊门进苏州城，去见故朋旧友，并与苏州郡守李公辞行。未刻（下午 1 点—3 点）王世贞从阊门出来，在城外又与里人饯行。在阊门外辞行，明代绘画史中保存有很多这样的社会历史场景图像，相对钱穀《纪行图》高视觉鸟瞰式图形概写，他的前辈唐寅所绘的《金阊别意图》，用一个更加亲历的视觉，再现了一个个每天都在阊门码头发生的送别场景（图 3.36）。

王世贞在阊门码头上与里人作别后，继续前行，并觅小船与友人同游虎丘等景点，至晚上二鼓才分别，王世贞醉卧枫桥（图 3.37）自家的船艎中，而船乘着满月继续夜航，过射渎（图 3.38），此处水道上航行的船只，与从太仓到苏州并没有多大的区别。

廿一日巳时（上午 9 点—11 点），抵浒墅（图 3.39），浒墅钞关距离苏州阊门约 30 里，是京杭大运河上苏州段收取过路商船商税的主要关口，但在明代中期之后，因时局变化和为官

图 3.36　唐寅《金阊别意图》（局部）　台北故宫博物院藏

图 3.38 《钱穀纪行图》之十三《射渎》

图 3.39 《钱穀纪行图》之十四《浒墅》

员所请，曾多次关闭，或又重新启用，《水程图》绘制的万历三年，此时并未有税务在关口抽税，但设置的关口和水闸在图像中还可以见到，两岸的屋宇毗邻相接，说明这里是苏州城外重要的交通枢纽。过浒墅钞关 20 里，就是望亭（图 3.40），明代朝廷在此设置有巡检司。王世贞到达时，过去的浙江属令李户部荐佳曾上船来拜访他。从望亭再行 20 里到新安，再行 27 里就是无锡县。黄昏时分，王世贞的船只抵达无锡（无锡梁溪，图 3.41）。从无锡县城出发，船行 10 里至惠山第二泉，再向北行 10 里到达高桥（无锡惠山，图 3.42），出夏港，船行 15 里至洛社（图 3.43），再行 20 里至横林（图 3.44）；从横林船行 35 里到达常州府（昆陵驿，图 3.46），途中路过采菱港、白家桥（图 3.45）[1]。因为又是夜航，王世贞在此次去山西的纪行文字中，并没有提及这些场所，但画家钱穀为我们再现了这些在京杭运河河道上重要的历史场景，河道上架筑着一座座高耸的石桥，

1 里程数据参照黄汴《天下水陆路程》，第 204 页。

图 3.40 《钱榖纪行图》之十五《望亭》

图 3.41 《钱榖纪行图》之十六《梁溪》

图 3.42 《钱榖纪行图》之十七《惠山》

图 3.43 《钱榖纪行图》之十八《洛社》

图 3.44 《钱榖纪行图》之十九《横林》

图 3.45 《钱榖纪行图》之二十《白家桥》

图 3.46 《钱榖纪行图》之二十一《毘陵》

图 3.47 《钱榖纪行图》之二十二《新闸》

图 3.48 《钱榖纪行图》之二十三《奔牛》

图 3.49 《钱榖纪行图》之二十四《吕城》

图 3.50 《钱榖纪行图》之二十五《丹阳》

图 3.51 《钱榖纪行图》之二十六《黄泥坝》

航行通过石桥的船只，在通过之前放下了自己的桅杆。

廿二日巳时（上午 9 点—11 点），抵达常州，在常州城外王世贞并未停留，船行 15 里至洞子河（新闸，图 3.47），十五里至奔牛（图 3.48），再向北 20 里至吕城（图 3.49）；50 里后至丹阳县（图 3.50）。在钱榖所绘《水程图》这段路程的图像中，画面的主体呈现的就是三座水闸，运河南段中水闸的设置其目的是抬升水位，便于船只通行，从常州到丹阳县这段水程中，水闸的频繁出现，说明了这段水浅，需要借助水闸来抬升水位。王世贞在《适晋纪行》中的记录印证这样的一个事实：“廿三日夜半，距丹阳七里，水浅甚，为群舟所壅，廿四日黎

图 3.52 《钱榖纪行图》之二十七《丹徒》

图 3.53 《钱榖纪行图》之二十六《新丰》

图 3.54 《钱榖纪行图》之二十九《京口》

图 3.55 《钱榖纪行图》之三十《金山焦山》

图 3.56 《钱榖纪行图》之三十一《瓜洲》

明始达。”七里水路，整整航行了半夜，受阻的原因就是水浅船多。

廿四日黎明到达丹阳县，自丹阳县行30里至新丰（图3.53），再30里到丹徒镇（图3.52），行120里到达镇江府（镇江、京口、扬子江，图3.54）。王世贞一行的船只是在廿四日黄昏抵达镇江的。王世贞将在镇江府稍作停留，因为他要在此处过长江，自此后改陆路去山西，他的堂弟送至镇江，在此与他作别。在镇江停留期间，王世贞还与故朋旧友游历了焦山、金山（图3.55）。

二十七日黎明，王世贞再次在京口与诸友作别，便乘坐江船过长江抵达对岸的瓜洲（图3.56），在瓜洲登陆，正午到达瓜洲西边的仪真县……[1]

以上是1570年6月王世贞在京杭大运河南段的一段纪行，这一段纪行与5年之后钱榖、张复所绘制的《水程图》是重合的，所以笔者借用他在《适晋纪行》中的记录来说明《水程图》中前31张图像。从以上的叙述中可以看出，长江以南运河周边的水路旅行是十分便利的，王世贞十九日从太仓出发，二十四日就到达了镇江，而且这一路上还是不断地与故朋旧友饯行作别，甚至游历名胜古迹。另据黄汴于1570年刻版发行的《天下水陆

1　王世贞《适晋纪行》，《四部稿》卷七十八，第3697–3715页。

路程》[1]记载，从浙江杭州府到镇江一路平水，船航行得很平稳，而且来往十分便利，即便不是像王世贞一行乘坐自家的船只，一路上昼夜也均有其他船航行载客，而且费用很低，每航行20里船费不过二文钱。

此后长江以北的运河路程，王世贞并没有专门的文字记载，笔者将结合黄汴的《天下水陆路程》和其他历史文献来说明这些历史的图像。

里河（又称南河）

长江以北的大运河，在明代文献中习惯称作漕河，是大运河运输的主干线[2]，而长江以南连接杭州的运河，并不认为是大运河主干线。漕河的水位高于长江水位，漕河与长江相接，从宋代开始就有两个出入的运口，分别是仪真和瓜洲。到了明代漕运主要是借助漕河，所以两个运口均十分繁忙。西边仪真运口主要为从长江中上游四川、湖广、江西等地区而来的漕船开放，较早就安装了水闸，而且处在长江上游，与漕河的水位落差较小，是相对便利的漕河出入口，每年从这个运口转送的漕粮超过200万石；东边下游的瓜洲运口，因为隔江正对着镇江，

1 徽商黄汴编撰的《天下水陆路程》是明代国内交通的重要指南，它详细地记载南北二京十三布政司水陆路程、各地道路的起讫分合和水陆驿站名称。在古代，程图和路引是士商行旅的必备之物。黄汴编撰的程图和路引在明代就曾一再重印，广为流传。甚至在日本和朝鲜也广为收藏。

2 《明史》卷八十五“河渠三”之“运河上”。称漕河“南极江口，北尽大通桥，运道三千余里”。

是江南船只进入漕河的重要出入口。在瓜洲的东面，长江上还另有一个白塔河出入口，进入漕河，这个出入口开凿时间短，是宣德六年（1431）陈瑄征集扬州至淮安一带的军民开凿的，但因为泥沙较多，只使用了80余年，之后成了淮扬地区的一个泄洪口。

瓜洲入口处，迟至1526年才修建了水闸口，或称为“水门”，在修建水闸口之前，长江中的船只进入漕河，十分困难，它们在进入漕河之前，先要卸下货物，由苦力将货物搬运到漕河的岸上，然后用绞盘把船只提起来，拖过长长的斜坡，船只被提升到顶端，然后从顶端利用自身的重量滑入漕河水中[1]，这个过程叫作“盘坝”，盘坝过程十分危险，往往对船只造成很大的损害，时人形容这个拖船的过程为：“起若凌空，投若入井，财废船坏，不可胜算……船过必损，须办灰麻备舱。”[2]水闸的修建克服了拖船入漕河的风险，同时也节省了卸货装货的花费，以及等待的时间，但是水闸的开放，是以降低漕河水位为代价的，并不能随时开放，因此有着较为严格的规定，如1573年明朝朝廷就规定：瓜洲水闸每年只开放3个月，并且是只让装载贡粮的船只通过，另外的船只只能通过盘坝的方式来进入漕河。文徵明在嘉靖二年（1523）受工部尚书李充嗣的举荐以贡生身份入翰林院，二月二十四日从苏州出发，二十八日到达瓜

1　黄仁宇《明代的漕运》，九州出版社，2019年版，第18页。

2　顾炎武《天下郡国利病书》，第12册，第64—65页。

洲，根据他的书信记载，在瓜洲他们一行“买舟搬（盘）坝”，进入漕河[1]。另根据策彦周良保存的日本贡使团旅行日记记载，1548 年日本使团从浙江宁波到达漕河入口处，准备进入运河北上时，他们一行的 5 艘船，开始想从南京附近的仪真水门进入漕河，因为负责的官员拒绝他们从此处进入漕河，他们只好返回瓜洲，用绞盘机把船只提升越过缓石坡进入漕河[2]。我们在钱穀的《水程图》瓜洲城外连接江水的岸边，还能隐隐地感觉到它过去惊心动魄的历史。

1574 年王世贞和钱穀、张复入漕河过程的实际情况不得而知，但可以肯定的是他们这次没有乘坐自家的船进入漕河，而是沿途乘坐驿站提供的官船——王世贞此行北上就任太仆寺卿，各地驿站将在其职责管辖范围之内，更何况明代对于官员差旅的费用，各地驿站是有义务负责接待和安排的——因此他们自然不需要遭遇漕船和商船通过绞盘机提升进入漕河的惊险。他们一行可以直接步行上坝来到漕河岸边，甚至到瓜洲的扬子桥古镇附近的码头，雇船或者借用各处驿站的官船来航行。如图 3.57 所示，从画家的图像描绘中，我们还能察觉不少文字描绘较难提供的信息，图像描绘者的视点显然是站在漕河的东岸边，对面是扬子桥古镇和码头，视线可及的远处，其实是数

1　参见周道振、张月尊《文徵明年谱》，百家出版社，1998 年版，第 334 页。
2　牧田谛亮《策彦八昭记的研究》上，第 244—247 页，转引自黄仁宇《明代的漕运》，第 174 页。

十里之外的扬州城池。画家的脚下是漕河边高高垒砌的堤坝，堤坝之下就是瓜洲，图像的描绘让我们真实地感受到了漕河水面高过近处地面的巨大落差。如果没有水闸的协助，每年数百万石的漕粮[1]，靠着人力从长江上的漕船卸下来，又在漕河大堤的码头上再装运上去，而漕船通过绞盘提升这么高的距离再进入漕河，将是多么大的风险。

距扬州还有20里的扬子桥，在漕河的西边，东南面是瓜洲，扬子桥处在三汊河口。一条河流向西流向仪真，是漕河与长江在西边的入江口，另一条即是瓜河，连通瓜洲和扬州。扬子桥是古人另一个重要的饯行地点，“雁尽瓜洲树，人逢扬子桥。乡关吴楚隔，何处问归潮。”[2]从瓜洲行35里至扬州[3]。钱穀应该就是站在瓜洲漕河，又称作瓜河的岸边码头上，远望着对岸的扬子桥和远处的扬州，画下了此程中他最后的一张作品，余下的绘制工作他委托给了年轻的弟子张复——张复此时28岁，还没有形成自己成熟的绘画风格，他绘制的草稿还需要老师的进一步润色——钱穀以自己年事已高为理由，推却了王世贞一同北上的再三邀请，虽然王世贞拿北宋皇族画家赵大年不能行500里之外游历大好河山来助益山水画创作的典故来打趣他，但他还是断然拒绝了，深知自己年高体弱，无法承受长江以北

1 如明代1569年运河输送的漕粮为4,000,000石，数据来源黄仁宇《明代的漕运》，九州出版社，2019年版，第200页。

2 清代诗人毛奇龄《过瓜洲》。

3 黄汴《天下水陆路程》，第204页。

图 3.57 《钱榖纪行图》之三十二《扬子桥扬州》

图 3.58 《钱榖张复合画水程图》之三十三《邵伯》

图 3.59 《钱榖张复合画水程图》之三十四《露筋庙》

图 3.60 《钱榖张复合画水程图》之三十五《高邮》

图 3.61 《钱榖张复合画水程图》之三十六《宝应》

图 3.62 《钱榖张复合画水程图》之三十七《淮安》

运河旅行的艰辛和风险。站在漕河的岸边与王世贞一行作别，目送他们登上客船沿着漕河北去，自己再掉头返回苏州太仓。

根据黄汴 1570 年《天下水陆路程》记载：从扬州出发，15 里扬子湾，北行 40 里至邵伯驿（图 3.58），30 里烈女庙（露筋庙，图 3.59），30 里高邮州（图 3.60），35 里张家沟，20 里界首，20 里瓦店铺，30 里槐角楼，20 里宝应县（图 3.61），30 里泾河，30 里平河桥，40 里淮安府（淮安、漂母寺，图 3.62）。

瓜洲以北，从扬州至淮安这段运河，明代称作里河、南河，或者湖漕。它连接长江和淮水（黄河）两个水系，全长约 197 千米，它的一个重要特点是：湖泊分布较多，河网纵横，水系较平，落差也不大，原则上十分适合漕船的运输。在元代和明代前期，运河均是借湖行舟，但这个优点后来也成为它的一个弱点。尤其是 1194 年黄河改道南下入海，它在淮安北面的清口附近夺了淮水下游的水道，黄河水位高并且泥沙多，使得原来顺畅的淮水入海通道阻塞，淮水在洪泽湖积聚，并溢出至漕河行经的湖泊中（邵伯湖、高邮湖、宝应湖），冲击航行的船只，而且借湖航行的船只在宽广的湖面上，还会遭受到侧风鼓起风浪颠覆的风险。

据《明史》所载："宝应汜光湖，诸湖中最湍险者也，广百二十余里。槐角楼当其中，形曲如箕……西风鼓浪，往往覆舟。"[1] 黄汴在《天下水陆路程》中提示行旅："自本县（仪真县）

1 《明史》卷八十五"河渠三"之"运河上"。

至淮安皆平水，邵伯之北，湖荡多，人家少，西高而东卑，水大之年，最怕西北风，巨浪能倒塘岸，舡不能过。”[1]弘治元年（1488）朝鲜人崔溥过扬州至邵伯驿时说“驿北有邵伯大湖……因水涨风乱不得夜过湖”[2]，正德年间严嵩由此经过淮扬运河，时值六月水盛，“过邵伯驿，夜行湖中，大雷电以风。初五日辰过高邮，晚泊槐角楼镇，滨湖石岸陡峻，风雨横作，舟振荡冲击”，与石相撞击[3]。两年后严嵩南下广西，又乘船过此地，航道依然艰险异常，“过槐角楼镇，风急水涌，石岸礌磕不可住，撑舟行十里许入港乃即安流”[4]。嘉靖年间，日本贡使过高邮时，看到的也是“前程河广而如湖”，因风不顺不能开船，第二天一早，开船行一二里又退了回来，第三天才又开船行进[5]。归有光在《壬戌纪行》中也提及“宝应湖大风，夜至平河桥宿”“风阻宝应，又以百数，夜始行，牵缆如织”[6]。

从王世贞《水程图》中所绘“邵伯”“高邮”“宝应”图（图 3.58、图 3.60、图 3.61）来看，三图反映的正是漕船在湖中航向的场景，虽然图中的船只没有呈现“风急水涌”“与石相撞击”的风险，但湖中岛屿树木横行在航行的水道中，船只

1 黄汴《天下水陆路程》卷五，第 147 页。
2 葛振家《崔溥〈漂海录〉评注》，线装书局，2002 年版，第 115—117 页。
3 严嵩《钤山堂集》卷二十七，《北上志》。
4 严嵩《钤山堂集》卷二十七，《西使志》。
5 牧田谛亮《策彦入明研究》（上），转引自李泉《明代江北运河交通——以明代运河旅行“日记”为中心》。
6 归有光《震川别集》卷六，《壬戌纪行》。

穿梭在深浅不明的水域，则暗示着航行的风险。对于这些图像的解读，可以从两个方面来看，如果是从纯粹的山水画来说，水域中岛屿树木丛生，船帆错落点缀其间，增添了画面的形式美感；但如果是从水利和治漕政务的视角来看，则是另一种效果。不管王世贞的具体目的是什么，我们可以认为图像是这一种真实性的纪实反映——它的具体意义指向，则要看图像解读者所在的具体语境了。

图像中所反映明代万历二年（1574）时期淮扬漕河中借湖行舟的场景，在当时总理河道的朝廷大臣万恭看来，这段漕运所面临的风险，则应是整个明代漕运六段河道中最应该“亟治”的[1]，但这种情况要到稍晚几年之后才能彻底改变。明中后期加强对淮扬诸湖河道的治理工作，是治理漕运的一个重点，它包括的具体工程有：万历六年（1578）潘季驯再次出任治理漕河事务，潘季驯将在洪泽湖东岸修筑长达60里的高家堰作为治黄、治淮、保运的首要任务，高家堰的建成一方面起到了“蓄清刷黄”的目的，同时也可以控制洪泽湖的水溢出。进入淮扬运河周边湖泊的水量；万历十三年（1585）总理漕河的都御史李世达在宝应湖边开弘济河，一千七百余丈；万历二十八年（1600）刘东星开邵伯月河十八里、界首月河一千八百余丈[2]。此后明代淮扬运河完全脱离了沿途湖泊的干扰，成了南北直达两侧有河

1　万恭《治水筌蹄》卷上，水利水电出版社，1985年版。
2　史念海《中国的运河》，陕西人民出版社，1988年版，第330页。

堤的河道。不再借湖行舟，也就不再有湖中行船的风涛之险。

在邵伯驿至高邮州的水道中，半途有一处古迹——露筋庙，也称烈女庙（图 3.59）。在很多明清时期的运河纪行文献中，均有提及。庙中所祭祀的烈女，其出生年代以及家乡姓氏均无可考[1]，据说她是同嫂嫂路过此地，滞留不行，嫂子投宿农舍，姑娘决意露宿道边，由于河边蚊子过多，姑娘为蚊子所叮咬至死，次日早晨大家发现她皮开肉绽筋骨全露，后人哀之，为她在运河边立庙祭祀。这个故事应该是每一个运河上旅行的旅人所熟知的，在宣扬礼教道德的同时，更是告诉人民旅途的艰辛。张复用一帧的篇幅来记录了这个场景，更加深了图像观看者对于运河旅行艰辛经历的印象，这个印象也因为图像的视觉作用，感染了后世的读者。

过宝应后，行 100 里就是淮安（图 3.62），虽然画家只给我们呈现了淮安府城西门外一个片段的场景，但画面中满目的船只和桅杆，几乎遮蔽了城墙的民舍和商铺。这是我们从整个《水程图》八十四帧中，所见到的最为繁华的运河边的城市，甚至在画家的笔下所呈现的繁荣超过了自己家乡苏州的景象。这并不奇怪，这一时期苏州、杭州还只是江南的商业中心，而淮安处在明代南北官道、漕运航道上的核心位置，从南京以西的四川、湖广等地来的漕船商船均要在这里停靠，而从江南过来的士商和货船，也必然在这里停驻，从北方而来的商船旅客

1 谈迁《北游录》“纪程”，中华书局，1960 年版，第 15 页。

也必然经过要这个水陆交通的要道。他们或作短期停留，继续自己南来北往的行程；或者停留下来长期居住，依靠这条运河提供的商机来积累财富。在15世纪和16世纪，淮安人口的增长，从城墙内延伸到城墙外，最后不得不在旧城之外建造新城[1]。甚至在17世纪，被荷兰的使团认为是中华帝国的第八大城市[2]，明代也十分重视淮安在整个漕运中的地理位置，明代朝廷在这里设置漕运总督的办公机构，内有漕运都御史、监仓主事、理刑主事、总兵、参将各一员[3]。王世贞的好友王宗沐，此时正坐镇淮安府，任都察院右副都御史，总督漕运并提督军务，王世贞此行还特意到淮安府王宗沐的新官署中拜访了自己的老友[4]。

淮安是明代淮扬运河，或称作里河的最北段，在这里漕河将连接到中河，中河是借助黄河河道航行的一段运河，从淮安到徐州，约540里，那将是整个明清时期大运河航运中最为惊险的一段，也是明代漕运治理历史中最为头痛的一段，因为它是与黄河共处河道的一段运河。顾炎武在总结明代漕运航道的治理时说：黄河是运河之贼，在一定程度上明清时期对于运河的治理，其中主要的工作就是治理黄河。

1 顾炎武《天下郡国利病书》，第11册，第45页。

2 安东尼·弗朗科斯·普雷沃斯特《耶稣会士的历史性旅行》卷五，第257页。转引自黄仁宇《明代的漕运》，第152页。

3 黄汴《天下水陆路程》，第244页。

4 周颖《王世贞年谱长编》所载“三月，过凤阳，会王宗沐，宴与其所。时王氏以都察院右副都御史巡抚凤阳，总督漕运”。此条有误。王宗沐总督漕运巡抚凤阳等处，其办公的官署应在淮安府，而不是凤阳，而且王世贞此程北上行程中，行程匆忙，不可能偏离运河官道折向凤阳去拜访老友。

但运河并没有在淮安的北边直接进入近在咫尺的淮河河道——其实更准确地说是此时的淮河河道已经是黄河入海的河道——而是折返向西而去，在经过一段几乎平行于黄河的河道中航行了一段，再在清河县附近的清口进入黄河。这段航程在黄汴的《天下水陆路程》中是这样记载的：10 里移风上闸（移风闸，图 3.63），5 里下闸。15 里清江浦（清江浦闸，图 3.64）（船厂主事、提举各一名），15 里福兴闸，10 里新庄闸，5 里清河县（图 3.65），15 里三汊河（淮河口，图 3.66）。这是一段预热式的航道，也是不得已而为之。自 1194 年黄河干流改道南下入海，在徐州附近占用了泗水（又称小清河）的河道南流，在清口（原来小清河入淮河的河口）附近又侵占了淮河的下游河道，东流入黄海。黄河是一条高出地表水位的悬河，它流经淮安段的水位自然也高过淮扬运河和淮河的水位，而且泥沙的含量随着季节的不同一直在 60%—80% 之间高位徘徊[1]。如果淮扬运河在淮安的北面直接接入黄河，黄河的泥沙自然会很快地淤积堵塞下游的淮扬运河河道，给整个淮扬运河造成毁灭性的破坏，所以必然要另辟蹊径，规避风险。虽然黄河占用了淮河的下游河道，但淮河还是存在，如果它不改道，河水必然还要借助以前的河道东流入海。淮河在洪泽湖积聚之后，在以前的清口与黄河交汇，共用自己以前的下游河道入海。这个交汇口

1 《明史》卷二百二十三“列传第一百十一”之“潘季驯”。潘季驯上奏指出：“河水一斗，沙居其六，伏秋则居其八。”

图 3.63 《钱榖张复合画水程图》之三十八《移风闸》

图 3.64 《钱榖张复合画水程图》之三十九《清江浦闸》

图 3.65 《钱榖张复合画水程图》之四十《清河县》

图 3.66 《钱榖张复合画水程图》之四十一《淮河口》

距离淮安府城不远，如果将淮扬运河的北上入河口避开直接进入黄河河道，而是先接入淮河的河道，随着淮水一道再进入黄河河道，中间利用多重水闸来控制调节水流，就能很好地解决淮扬段运河进入中河，规避黄河泥沙以及黄河河水对于淮扬运河的破坏。当然这是一个理论的设想和论述，但实际操作起来，会有很多意想不到的现实问题，这也是明清两朝600年中，朝廷治运、治黄水利工程中官员们绞尽脑汁想要解决的难题。

对于这个难题，和这一段在整个3000多里的运程中并不长的水程（约75里），应该一直是明代人，尤其是关注漕运命运的士大夫们所要关注的重点。王世贞的《水程图》为我们留下了四帧珍贵的历史图像，它们分别再现了移风闸上的木闸（图3.63）、清江浦闸上的闸坝（图3.64）、清河县附近的木闸（图3.65）、淮河口上的闸门（图3.66）。显然图像中的主体就是四种类型的水闸水坝，可见图像制作者对于内容的选择性关注。

中河

运河进入黄河河道后，运河在淮河口至北面徐州的茶城口，这段运程被明代人习惯称作“中河”，全长约540里[1]。在王世贞所处的正德、隆庆、万历初期，是与黄河河道一致的，完全“借黄行运”[2]。在黄汴的《天下水陆路程》中记载，从淮河口计算，行25里至张思仲，20里桃源县（桃源，图3.67），20里满家沟，20里崔镇，20里古城（古城、三义庙，图3.68），30里白洋河（图3.69），15里陆家墩，10里小河口，10里宿迁县（宿迁，图3.70），50里皂河，10里直河口（去往沂州，图3.71），50里锄头湾（曲头集，图3.72），20里邳州（图3.73），20里于沟，10里杨青，20里辛安，20里马家浅，20里双沟，20里房村，10里吕梁洪（主事一员，图3.74），20里黄钟集，50里徐州洪（主事一员，徐州、九里山、云龙山、范增墓，图3.75），20里秦梁洪，20里磨石，10里茶城（茶城口，图3.76）。

1　万恭《治水筌蹄》卷上，第17页。

2　泇运河的修建，让运河在宿迁附近脱离黄河河道，过台儿庄进入山东境内的会通河运河段。开始实现运河与运河河道的分离。最初的开凿时间为万历三十二年（1604）。

漕运在中河段，借助的是黄河河道航行。明代运河出现险情，多数原因是黄河的决堤和堵塞。夏秋季节洪水暴发，河道波涛汹涌，时常溃决，冲毁运道，毁坏农田村庄；春夏乏水，河道浅涩，运船“动辄起拨”。如杨士奇在自己《南归纪行录》中所记载的自己通过中河的经历，正统年间，他回江西省亲，至中河时，往返均遇浅阻。南行时，未至徐州，船便时常搁浅，至邳州，更是步步遇阻，地方官员一路护送，有时派上百人拉纤才能前行。北归时，船行至桃源，“自此迤北，河水涩，难行也，既行一里，凡数搁浅”，过了古城，“十步九滞者连延四十余里”[1]。

王世贞在《水程图》中为我们呈现了黄河段运河的场景有：桃源县、古城三义庙、白洋河、宿迁、直河口、曲头集、邳州、吕梁洪，徐州、茶城口。

王世贞此行运河北上是万历二年的二三月间，此时总理运河漕运的朝廷大臣是兵部左侍郎万恭（1515—1591），他于隆庆六年被朝廷委任总理运河，至万历二年四月被弹劾罢官，为治理黄河段运河做出了重要贡献。隆庆六年黄河决邳州，运道大阻。朝廷启用万恭总理河运，他力排众议修筑从徐州至宿迁小河口共 370 里长堤。万恭在《治水筌蹄》中言及了自己对于修筑长堤的坚持，以及对最终成绩的自诩：“徐邳顺水之堤，其始役也，众哗以为黄河必不可堤，笑之。其中也，堤成 370 里，

1　杨士奇《东里集》续集卷四十八，“北京纪行录”。

图 3.67 《钱榖张复合画水程图》之四十二《桃源》

图 3.68 《钱榖张复合画水程图》之四十三《古城三义庙》

图 3.69 《钱榖张复合画水程图》之四十四《白洋河》

图 3.70 《钱榖张复合画水程图》之四十五《宿迁》

图 3.71 《钱榖张复合画水程图》之四十六《直河口》

图 3.72 《钱榖张复合画水程图》之四十七《曲头集》

图 3.73 《钱榖张复合画水程图》之四十八《邳州》

图 3.74 《钱榖张复合画水程图》之四十九《吕梁洪》

以为河堤必不可守，疑之。其终也，堤铺星列，堤夫珠贯。”这个 370 里的黄河筑堤工程，为隆庆六年万历元年期间的漕运顺利通过中河提供了保障。“历隆庆六年至万历元年，运艘行漕中若平地，河涨，则三百里之堤，内束河流，外捍民地。邳睢之间，波涛之地，悉秋稼成云，此堤之余也。”[1] 这也正是我们在王世贞《水程图》中“曲头集”图（见图 3.72）中所看到的场景，众多的役夫正忙着从河床上取土，搬运至数米高的河堤上，合力夯实大堤。堤坝之外的民田村庄，因为不是秋天，并无“秋稼成云”的景象，但也是一片安宁和谐。

或许王世贞此行通过中河是春季的枯水季，以及河道淤积等原因[2]，在王世贞《水程图》中，就连一向在人的眼中是“水中乱石巉岩，与惊湍相激，舟行病之”的吕梁洪（见图 3.74）、徐州洪也是水面平静，不见惊涛骇浪的风险。图像制作者没有表现“惊湍相激”的场景，这显然与我们从万历之前的文献中读到的完全不同。如朝鲜人崔溥在《漂海录》中所描绘 1488 年通过吕梁洪时所见：“在吕梁山之间，洪之两旁水底乱石峻岩峭立，有起而高耸者，有伏而森列者。河流盘折，至此开岸，豁然奔放，怒气喷风，声如万雷，过者心悸神怖，间有覆舟

1　万恭《治水筌蹄》卷上，第 18 页。

2　沈德符《万历野获篇》卷十二“吕梁洪”记载，他在万历二十六年（1598）参加会试途中，船过吕梁洪，由于河道淤泥堆积，河床变高，已经不见“水底嵯岈”。

图 3.75 《钱穀张复合画水程图》之五十《徐州》

图 3.76 《钱穀张复合画水程图》之五十一《茶城口》

之患……须十牛之力，然后可挽而上。”[1] 这是一位刚刚经历过高丽内海险情的外国旅行者首次面对吕梁洪时的感受。我们再看看嘉靖七年（1528）曾总督过河道的官员唐龙对于吕梁洪的描述：

> 夫洪多巨石，胚岩，长如蛟蜒，伏如虎豹，纠错如置棋，盘旋如轮毂，廉如踞牙、如剑戟……漕万三千艘，胥于是乎进。每一艘合数艘之卒，夹洪夫挽之。敝肩伤臆，蹶足挥汗，咸毕力以赴。然悬崖蹑级，蚁行蜗引，得寸而寸焉，得尺而尺焉，一弗戒，则飘忽瞬迅，犹夫驷马脱衔，非穷日之力不可回也。[2]

1 葛振家《崔溥〈漂海录〉评注》，线装书局，2002 年版，第 121—123 页。
2 唐龙《渔石集》（丛书集成本第 2150—2155 册），第 2 册，第 64—65 页，转引自黄仁宇《明代的漕运》，第 32 页。

“得寸而寸，得尺而尺”真是一步一艰辛，这是无数明代人通过中河的真切感受。除了河道的风险外，其实旅途的艰辛还不仅于此。如严嵩在《北上志》中记载，他们一行的船只从桃源航行至邳州的途中，一路还有驿站官员的照顾，但在这短短的三天中，他的行船上因为酷暑就接连暴毙了两个仆人，搞得大家一路惴惴不安[1]。

会通河

从徐州往北的茶城口，漕河将分离黄河河道而继续北上，一直至山东临清，这段运河开凿于元代，称作“会通河”，明代人又习惯称这段河道为“闸河”段。之所以称作“闸河”，是因为此段漕河地势较高，在济宁以北的南旺，地势到达最高处，从京杭运河纵剖面图来看，它与南端的长江水平面和北端的海河水平面落差在 35 米之上[2]。南旺漕河中的河水主要来自山东省几条溪流的河水积聚起来，因为地势最高，所积聚的河水自然向南北两侧的低端漕河中流动，河床中的河水就会迅速变浅甚至枯竭，为了维持此段漕河的航运，从徐州以北到临清，在元代最初开凿时就安装有 38 座水闸，此后在明代宋礼于 1412 年的修复中，又安装了更多的水闸，因此明人就习惯性地

1　严嵩《钤山堂集》卷二十七，“北上志”。

2　姚汉源《京杭运河史》，中国水利水电出版社，1998 年版，附录二“京杭运河纵剖面图”。

称此段运河为“闸河”。

黄汴在《天下水陆路程》中记载明代隆庆时期这段运河的路程是：自茶城口，10 里境山（图 3.77），20 里黄家闸，18 里皮沟闸（夹沟驿，图 3.78），9 里留城，13 里马家桥闸，5 里百中桥，5 里西柳庄闸，满家桥闸，5 里夏镇（图 3.79），6 里杨庄闸，30 里珠梅闸，40 里利建闸，20 里南阳闸，10 里枣林闸，5 里鲁桥闸，3 里师家庄闸，8 里仲家浅闸，5 里新闸（新闸河，图 3.80），5 里新店闸，18 里石佛闸，5 里赵村闸，10 里济宁州（管河都御史一，图 3.81）。天井二闸，15 里安居，5 里至耐牢坡，20 里小长沟，6 里大长沟，12 里寺前闸，5 里南旺上闸（主事一员，图 3.82），10 里南旺下闸，5 里开河闸（河桥，图 3.83），18 里袁家口闸，12 里靳家口闸，20 里安山（图 3.84），20 里戴家浅闸，15 里张秋（郎中一员，图 3.85），10 里荆门二闸，15 里阿城二闸，15 里七级二闸。15 里周店闸，13 里李家务闸，18 里东昌府（图 3.86）。40 里梁家乡闸（梁店驿，图 3.87），13 里上桥闸，15 里魏家湾，40 里临清州（图 3.88）新开上闸、南板闸，出卫河。

《水程图》中的茶城口（见图 3.76）相对其他《水程图》中的图像显得极为不完整。正是它的不完整性，常常被美术史的研究者认定《水程图》是写生稿的最为直接的证据[1]，这种推

1 陈远《王世贞的水程图与明代大运河之旅》，中国美术学院，2019 年博士论文。

图 3.77 《钱榖张复合画水程图》之五十二《境山》

图 3.78 《钱榖张复合画水程图》之五十三《夹沟驿》

图 3.79 《钱榖张复合画水程图》之五十四《夏镇》

图 3.80 《钱榖张复合画水程图》之五十五《新闸河》

图 3.81 《钱榖张复合画水程图》之五十六《济宁》

图 3.82 《钱榖张复合画水程图》之五十七《南旺》

图 3.83 《钱榖张复合画水程图》之五十八《河桥》

图 3.84 《钱榖张复合画水程图》之五十九《安山闸》

图 3.85 《钱榖张复合画水程图》之六十《张秋》

图 3.86 《钱榖张复合画水程图》之六十一《东昌》

断是有一定道理的，《水程图》图像中所呈现的茶城口，是明代万历三十二年（1604）之前漕河从黄河河道改道北上的出口，从这个出口漕河进入了闸河段，从重要性来看，应该是漕河中一个至关重要的地段。但图像制作者，只描绘了入口的一个概括性地形地貌特征，其他的细节在匆忙的行旅之中，被有选择性地省略了。

在茶城口，从湍急的黄河河道进入会通河的河道，水流的转向，船只的航行充满了惊险。揣摩图像制作者的观察视角，显示他此时还是在黄河的河道中，没有太多的时间来观看和描绘入口两边的景象。一旦船只进入河口，就进入水流相当浅，而且需要靠上流的开闸放水来一段段地航行的河道时，画家有了充足的时间来观看和筹划自己的画面。境山（见图 3.77）就是这样的一个场景，它有着传统山水画的构图样式，近景的河口、土坡，中景的山丘、屋舍庙宇、官衙、树木、漕河中行驶的风帆。远景是平远视角中消失在雾霭里的田野与河道。应该说这是一幅典型的山水画，它在《水程图》中的存在，让《水

图 3.87 《钱穀张复合画水程图》之六十二《梁店驿》

图 3.88 《钱穀张复合画水程图》之六十三《临清》

程图》多了王世贞在一年之后题跋中所表达的卧游式的观赏性，这或许是一种文人士大夫理想性的美化，一种记忆的错觉——人的记忆总是会记住一些美好的细节，而天生地选择遗忘一些糟糕和悲伤的细节。而此时，王世贞一行为了尽快赶到北京，他们在过了徐州后，不得不改行运河岸边的陆路继续北上。但我们的陈述将继续明代士商通常的旅行路线和习惯前行。

对于明代人来说，漕河上的旅行似乎不会有太多的诗情画意。如果说在中河航行，顺流而下则是黄河水的惊险，逆流而上则是浓稠泥沙水的阻挡，无论如何总是充满了惊险，是一种提心吊胆的身心感受。那么在会通河上航行则是另一种感受，这种感受是不停地等待，等待河道上一个个水闸的依次开放。嘉靖十八年（1539）日本贡使记载他们航行的感受，在进入会通河后，闸多水浅，行船困难：“（正月）十七日，巳刻，开船，船路 20 里有闸，故泊于中流……十八日，辰刻，开船，船路 10 里而止，盖以处处多闸，且又水浅也……十九日……酉刻，开船，船路 10 里而有闸，故泊于此。二十日，卯刻，鸣鼓解缆，舟行少许而有新闸……闸多水浅，故迟了。”数年之后，当他们再次来到这段运河时，又是春季枯水时节，漕河中水浅，船只难行，“（二月）二十七日……泊于中流，盖水浅故也。……廿八日，少阴，水浅故未前进。午前，开船者少许，又泊于中流，水浅故也。廿九日，快晴，闸板开了，水增，即刻开船。超闸而前进10余里而泊于中流，又超枣林闸。未刻，又开船，申刻，著鲁桥闸”，快到济宁府城时，“在中游再三系泊，盖以水浅也”，过济宁北行，航程仍然如此[1]。

且走且停，等待每一个闸口的开放和闭合，来保证每一段闸内水道里水的深浅适于船只的航行，是会通河开通以来船只航行的一个特征。万历二年（1574）二月王世贞一行在徐州附近改行了陆路，沿着运河边的官道继续前行，想必也是担心在等待水闸开放中，会耽搁了进京赴任的时间。虽然行程匆忙，但陆地的旅行，让画家有了更多的时间，从一个更高的视角来观看这一路运河官道上的场景：“境山”“夹沟驿”“夏镇”“新闸河”“济宁”“南旺”“河桥”“安山闸”“张秋”“东昌”“梁店驿”“临清”。除“安山闸”外，这些图有了更多的细节。

夹沟驿（见图3.78），这个在黄汴为明代士商提供的路程工具书《天下水陆路程》中，没有提及的地方，在明代其他人的纪行日记中也较少提及，而在王世贞的《水程图》中却占

1 牧田谛亮编《策彦入明记之研究》上，《策彦尚初集》。转引自陈远《王世贞的水程图与明代大运河之旅》，中国美术学院，2019年博士论文。

了一整帧画面，并且整个画面远离了纪行图中山水画的审美习惯，让笔者不得不给予更多的关注，关注图像制作者所提供的细节信息。夹沟驿附近的夹沟地形，是一个中间低洼的浅滩，两边还保留有开垦的田畦或者是蓄水的水塘，在这样的地形中是较难筑堤的。嘉靖十三年（1534 年）开创固堤“植柳六法”的刘天和，在治理这样的河滩时，会采用漫柳密植之法，“惟沿河两岸，密栽低小柽柳数十层”，俗名“随河柳”。水涨既退，泥沙委积，随淤随长，数年后自成巨堤。刘天和（1479—1545）是明朝正德三年（1508）进士，官至兵部尚书。嘉靖初年黄河屡泛，接连几位大臣治理无功。嘉靖十三年刘天和以右副都御史接任总督河道。他在汲取历史经验的基础上，始创并实施了固堤“植柳六法”——卧柳、低柳、偏柳、深柳、漫柳、高柳。即在河堤两岸高度密栽柳枝，针对具体情况，采取适当的操作方法。“夹沟驿”图像为观看者记录了这个治理运河河堤的历史现场，我们在图像中，可以看到密集的小柽柳插在河堤和水塘堤岸的内侧。不容置疑，在数年之后，这些扦插在淤泥中的柳枝，将自成一道牢固的河堤。

过夹沟驿后，到达夏镇。夏镇在嘉靖四十四年（1565）之前，还不在漕河的运道上。嘉靖四十四年，黄河又在沛县决口，上下 200 里的会通河运道淤塞，王世贞的好友、明代治理运河和黄河的水利专家、名臣潘季驯总理河道，他在工部尚书朱衡的协助下，避开以前在昭阳湖之西的旧运道，在昭阳湖之东，自南边的留城到北边的南阳镇另开凿了一条新的运道，保证了新运道不再轻易受到昭阳湖和沛县以西黄河河道决口的影响。夏镇就在这个新运河道上，此时它还是一个人口不多的村落，叫作夏村。借助运河繁荣了经济，夏村迅速发展成为一个运河运道上的重镇（隆庆三年改村为镇），万历十六年（1588）建城，在不到30年的时间中，就发展成为一座重要的口岸，明朝廷甚至还派遣了一位皇室成员坐镇该处充当税务官员[1]。此后明代会通河与黄河入口于万历三十二年（1604）通过泇运河的开凿，再次改道从直河口接入黄河，夏镇还在这条泇运河的重要交汇点上，更奠定了它在运道上的重要位置。绘制于1574年的《水程图》，此时夏镇还没有建城，看不到城墙，但从它两岸的门楼、民舍、石闸的规模来看，已经预示着它在会通河运道上的重要位置和有别于其他关口的经济地位。

利玛窦在万历二十六年（1598）第一次通过运河北上北京的时候，他曾从一个局外人的角度感叹：

> 维持这些运河，主要在于使它们能够通航的费用，如一位数学家说，每年达到一百万。所有这些对欧洲人来说似乎都是非常奇怪的，他们可以从地图上判断，人们可以采取一条既近而花费又少的从海上到北京的路线。这可能确实是真的，但害怕海洋和侵扰海岸的海盗，在中国人的

1 祁彪佳《祁忠敏公日记》，第5册，1643年，农历八月二十二日。

> 心里是如此之根深蒂固，以致他们认为从海路向朝廷运送供应品会更危险得多。[1]

利玛窦之问，应该也是今天很多读者的疑问，但在明代这样一个文官制度高度发达的社会，其实纵观一下明代的历史，除了像丘濬、王宗沐等少数人之外，并没有多少官员，有过海运替代运河漕运的建言[2]，究其原因，这并不是他们缺乏像利玛窦那样所拥有的地理知识和航海经验，甚至也不一定就是海盗的骚扰。而是他们都深知，运河航运对于地方经济发展的贡献，图像中的“夏镇”就是这样一个明显的视觉证据。

过夏镇之后，下一站是新闸河（图 3.80），“新闸河”图呈现的是蜿蜒的运河河道，以及河道中的水闸，在画面中所表现的这段应该不长的水道中，出现了 4 道水闸，为我们较形象地再现了运道多水闸的特征。图像中在广袤的河岸上空荡无物，独在河岸的两侧画满了几乎遮蔽了其他景象的柳树，这种突出的表现内容，引起了笔者的特别关注，显然这样一种绘画构图的选择，有着不同于传统山水画的构图习惯和景致取舍的要求。图像制作者在这个图像中有着自己的侧重点，那就是运河河道两岸的柳树。

前面已经言及，明代在运河河道上遍植柳树，是治理运河

1　利玛窦、金尼阁《利玛窦中国札记》，中华书局，1983 年版，第 326 页。
2　樊铧《政治决策与明代海运》，社会科学文献出版社，2009 年版。

的一个重要手段。早在嘉靖十三年，刘天和就提出“植柳六法”的办法来加固运河河堤。到万恭总理河道的隆庆六年、万历初年，植柳固堤之法已经执行了快 40 年，并取得了很好的成效，这是我们从《水程图》中漕河两岸所看到的遍种柳树的景象。万恭在总理河道之后，在此基础上又制定了新的规范，将之前种植柳树不能成活的罚银钱制度，改为种植一株柳树不活罚再栽五株。这一制度的执行，既减轻了承担此差役的民夫身上的经济负担，又让漕河两岸种植的柳树剧增，“自张家湾以及于瓜（瓜洲）、仪（仪真县）徇河 2000 余里，万历初植至 70 余万株”。虽然我们在王世贞的《水程图》中没有能看到，“后来者踵行之，则柳巷二千里”[1] 理想中 2000 余里柳巷的场景，但这些措施的执行，一方面能够起到稳固漕河堤坝的作用，另一方面还能为制作卷埽——用树枝秫秸修成的堤坝或护堤——提供了就近的材料。

济宁，在洪武十八年（1385）改府为州，领 3 县，行政管辖的面积并不大。但因为其在运河河道上的重要位置，成为总理河道的官署所在地，驻地官员有都御史一名。《水程图》中所呈现的“济宁”图（图 3.81），画面中交代最清楚的还是到达济宁州城池前运河河道上的水闸（天井二闸），以及月河流入会通河的位置，以及治理河道的官署所在的位置。

过济宁府城，航行约 63 里，就达到了京杭大运河河道的

1 万恭《治水筌蹄》卷上，第 46 页。

最高处——南旺。从《水程图》“南旺”的图像中我们可以看到，正中心正对着图像观看者的是一条水口，这个水口是小汶河的引水口，在小汶河的尽头是戴村坝，戴村坝拦截大汶河的水，通过小汶河的分水口，在南旺镇会通河（运河）最高点补水，并挖掘相应的湖泊（所绘图像的外围为南旺湖、蜀山湖、马踏湖）作为水柜，旱时供水，涝时蓄水，这样通过分水口引水和水柜蓄水，以及上下水道的闸门，系统地解决了运河最高处的供水问题。画家所绘制的图像，较清晰地再现了历史的场景——这也是明代漕河的一个南北双向的注水口，因为南旺地势最高，以汶水注入运河，“七分朝天子，三分下江南”，70% 的河水通过南旺上闸向北流向临清，接入卫河，30% 的河水通过南旺下闸向南流向济宁、徐州，并注入黄河。

南旺引水分水工程的设计，确保了京杭运河的全线贯通，让京杭大运河畅通了 500 多年，它是古代运河工程中含金量最高的工程，是明代治运历史上最为光辉灿烂的一笔[1]。参与这个运河工程的设计者是永乐时期的工部尚书宋礼（1358—1422），永乐九年（1411）宋礼实地考察了元代所开凿的会通河，在接受当地一名叫白英老人的建议后，实现了南旺引水分水的方案。后世为了纪念他的功绩，正德十一年（1516）在南旺分水口的西岸龙王庙的旁边建立了宋礼祠，并附祀白英。这是我

1　毛锋、吴永兴、李喜佳《京杭大运河开凿与变迁》，电子工业出版社，2014 年版，第 294 页。

们在“南旺”图的下方所看到的两座庙宇之一。

显然在张复所绘的“南旺”图中，我们再次看出图像制作者的选择性视角，他将小汶河的“空白”引水口放在画面的正中心最为重要的位置，而近处的两座气势非凡，并且很容易入画的庙宇：龙王庙和宋礼祠，背向了观看者——这一种选择性的视角，在《水程图》的其他图像中也是存在的，在这一点说明图像制作者(这里是应该包括王世贞意图的)在绘制《水程图》时超越了同时期黄汴所编写《天下水陆路程》那种纯粹指明具体路程和地名的旅行指导价值，其背后，似乎还包含着作为一个满怀壮志再次走进朝廷的官僚对于当时水利、漕运政务的异常关注。

过南旺，运河水北向而行，但河道水浅，而且处在两闸之间的水平面几乎是持平的，船只的航行还是需要借助纤夫的力量。这是我们从“河桥”的图像中所看到的场景。

过河桥驿，下行至安山闸，安山（今梁山县北码头村，非现在的安山镇）是元代开凿最初的会通河时一个重要的节点，在元明时期漕运历史上位置十分重要的关口。张复所绘的“安山闸”图(图3.84)，画面较空洞，除了河道水闸和远处的门楼、屋舍、官衙之外，省略了很多细节，也正因为如此，被后来的研究者，以此为依据认定《水程图》是未完成的写生稿。或许它的不完整，真的说明了绘制过程的匆忙，但图像绘制者在有限的时间里，和有限的画面空间里，着重表现了他/他们所要表现的东西：水道上的闸门，标示有管理官吏存在的官署。

过张秋、东昌、梁店驿，这一路是相对平稳的。在严嵩的《北上志》，关于这一段路程的记载只有每日停靠驿站和官员到访的信息，再也不见“旅泊甚恶”“二仆暴卒”这样的记载。1574年王世贞此次携画家张复的北上旅行，在这一段运河上旅行也同样是《水程图》图像中所呈现给我们的那样，一路十分安稳顺利。

从安山两日可以到达临清，临清（图3.88）是会通河进入卫河的关口。在当时“临清是一个大城市，很少有别的城市在商业上超过它”[1]。这是利玛窦对于这个城市的最为直观的印象。朝鲜人崔溥在《漂海录》更为具体地描绘自己对于临清的感受：“县治及临清卫治俱在城中——在两京要冲、商旅辐辏之地。其城中及城外数十里间，楼台之密、市肆之盛、货财之富、船泊之集，虽不及苏杭，亦甲于山东，名于天下矣。”[2]王世贞《水程图》则是从一个较高的视角——这个视角点应该在临清的外围土城城墙上，图像中重点呈现的是会通河与卫河交汇口，以及在土城之下的临清县城城池、城池前停泊不少船只的卫河。

卫河、白河

出卫河，按照黄汴《天下水陆路程》的提示：40里夏城窑，

1 利玛窦、金尼阁《利玛窦中国札记》，中华书局，1983年版，第337页。
2 葛振家《崔溥〈漂海录〉评注》，线装书局，2002年版，第134页。

40 里渡口驿，40 里武城县（图 3.89），50 里甲马营（甲马营驿，图 3.90），60 里郑家口（图 3.91），30 里防前，30 里故城县（古城县，梁家庄驿，图 3.92），35 里四女寺，20 里德州（图 3.93）。70 里桑园，30 里安陵，40 里连儿窝（连窝驿，图 3.94），20 里东光县，15 里下店口，20 里油坊，20 里泊头，20 里齐家堰，20 里薛家窝，20 里石窝儿，15 里砖河（砖河驿，图 3.95），20 里东岸（新桥驿，图 3.96），20 里沧州（铁狮子在城内，腹下并过骡车二辆，图 3.97）。40 里兴济县（图 3.98），40 里青县（图 3.99），40 里流河驿（图 3.100），60 里双塘儿，12 里静海县，20 里独流，20 里新口，20 里杨柳青（图 3.101），40 里直沽、天津卫（天津柳青驿，图 3.102）。

运河通过这一段河道，借助的是卫河，故明代称呼这段运河为"卫漕"，在清代又称作"南运河"。卫河自河南辉县发源，东北汇合淇水、漳水，至临清接通会通河，再北经德州、沧州诸州又汇合滹沱河，下至直沽合白河入海。运河漕运正是利用了它从临清到天津段的河道。虽然卫河也有自己的问题，如上流水源常与引灌农田的矛盾，以及支流水源的决堤改道，造成卫河水流不足等问题，但相对于漕运中闸河、中河、里河而言，还是让治理河运的官员安心不少，所以万历初年总理河道大臣万恭在总结各段运河河道的治理时说：相对"闸漕（闸河）宜少治""河漕（中河）宜数治""湖漕（里河）宜亟治""浙

图 3.89 《钱榖张复合画水程图》之六十四《武城》

图 3.90 《钱榖张复合画水程图》之六十五《甲马营驿》

图 3.91 《钱榖张复合画水程图》之六十六《郑家口》

图 3.92 《钱榖张复合画水程图》之六十七《古城县梁家庄驿》

图 3.93 《钱榖张复合画水程图》之六十八《德州》

图 3.94 《钱榖张复合画水程图》之六十九《连窝驿》

图 3.95 《钱榖张复合画水程图》之七十《砖河驿》

图 3.96 《钱榖张复合画水程图》之七十一《新桥驿》

图 3.97 《钱穀张复合画水程图》之七十二《沧州》

图 3.98 《钱穀张复合画水程图》之七十三《兴济县乾宁驿》

图 3.99 《钱穀张复合画水程图》之七十四《清县》

图 3.100 《钱穀张复合画水程图》之七十五《流河驿》

漕宜间治”，而“卫漕不必治”“白漕不宜治”[1]。但对于行旅的士商而言，虽然少了里河中湖面的横风骇浪、中河中洪流湍急的惊险，以及闸河中超越耐心的等待水闸的开放闭合。但卫河上水情，依然会使运道受阻。明代运河官道上士商的旅行日记让我们看到了图像中无法呈现的内容。正统四年（1439）四月，时值春旱，杨士奇乘船回京，船只一过临清进入卫河河道，便遇搁浅，“河浅，舟聚不得前进也”[2]。正德十一年严嵩乘船一行北上，从会通河至临清，突然骤风暴雨，“时卫水骤涨，

1 万恭《治水筌蹄》卷上。

2 杨士奇《东里集》续集卷五十，《南归纪行录下》。

图 3.101 《钱穀张复合画水程图》之七十六《杨柳青》

图 3.102 《钱穀张复合画水程图》之七十七《天津柳青驿》

黄流湍悍，两河漕舟鳞集。予所乘舟敝朽，而舟卒驽往往触撞，呼号险怖为甚”。七月初，严嵩等乘船行至离青县二里处，天色已晚，“忽骤风雨，舟不及维，系缆一短柳间，危怖达旦。至青县……相庆如更生”。第二天过流河驿，又赶上逆风，“风逆湍悍，舟时时回洑盘旋，不能行，晚力行至静海县”[1]。1598年，利玛窦在这条南运河上，因为冰封河道受阻了一个多月，直到来年的春天他才继续了他的旅行。所以，无论是春旱水浅，还是夏季多雨、冬季的冰冻河封，都成为这段运河受阻的原因。

如果赶上饥荒之年，卫河河道上则常常会有盗贼抢劫害命的风险。据朝鲜人崔溥的《漂海录》记载，他们一行在过故城县时，不再敢夜晚行船，因为随行者发现了卫河上漂浮着三具被盗贼砍杀的游人尸体，知情者告诉他们，在灾荒之年，北方灾民往往相率为盗，相比较他们之前在宁波所遇的江南盗贼，抢劫而不杀人，而北方人多强悍，劫人越货后，必杀人抛尸，

1　严嵩《钤山堂集》卷二十七，《北上志》。

置之沟壑或漂之河海[1]。

这一些是我们在王世贞《水程图》的图像中所不能见到的。所见的是从运河官道陆路上对于运河河道的打量。从“武城”（图 3.89）图中所见，远处的县城城池，河道安山的民舍、牌楼，以及驿站官署，运河中航行的船只；“甲马营驿”运河官道上又一个驿站；“郑家口”河窄沟深；“古城县梁家庄驿”，沟深河险，让人容易联想起崔溥在这段河道上所见的漂尸；“德州”城高，城外官署民舍遍布河道两侧；“连窝驿”“砖河驿”“新桥驿”运河官道上一个个驿站——从图像看，它们都是这运河官道上的标志性符号，也是行人一天正常的行程的距离，这样的驿站从长江边上的仪真县到北京通州张家湾共有 42 站[2]，他们不但为官船提供苦力，还向途中官员提供根据官品等级而定的食物和住宿。从这一段和之后《水程图》中对于驿站的密集描绘可以看出，在此后的旅行中，图像制作者的关注点，由运河本身转向了驿站。这说明一个问题，运河在进入卫河之后，正如万恭所言“白漕不宜治”“卫漕不必治”的一种普遍境况……

过天津卫，运河河道在这里接入南流入海的白河。白河指通州至天津段运河，明代亦称其为“白漕”“通济河”“潞河”。《明史》曰：“自通州南至直沽，会卫河入海者，白河也。”[3]

1　葛振家《崔溥〈漂海录〉评注》，线装书局，2002 年版，第 135 页。
2　黄仁宇《明代的漕运》，第 231 页。
3　《明史》卷八十五，“河渠三”之“运河上”。

清代也称此段河道为北运河。

黄汴在《天下水陆路程》记载了明代中后期在白河中的路程：10 里至丁字沽（图 3.103），10 里尹儿湾，10 里桃花口，10 里满沟，10 里杨村驿（图 3.104），30 里蔡村，10 里砖厂，10 里黄家务，10 里蒙村，10 里白庙，10 里河西务（主事一员，图 3.105）。30 里红庙，10 里靳家庄，10 里搬罾口，10 里萧家林，10 里和合驿（图 3.106），20 里漷县，30 里李二寺（图 3.107），10 里张家湾（图 3.108），15 里普济闸、通州（图 3.109）、庆丰闸、文明闸、会川闸，共 45 里北京。

《明史》记载："（白河）杨村以北，势若建瓴，底多淤沙。夏秋水涨苦潦，冬春水微苦涩。冲溃徙改颇与黄河同。"[1] 杨村驿以北的白河河道多淤沙，河道较浅，夏秋水涨的时候，往往水会溢出河岸发生水灾，在冬春枯水季，则河道水浅，行船困难，需要纤夫牵引船只才能航行。严嵩的《北上志》（1516）《西使志》（1518）分别记载了他在正德年间两次通过白河河道搁浅的情形。正德丙子春（1516）北上时，在和合驿附近船只搁浅，船只夜宿在河道旁的野地中，"初九日，雨宿和合驿，初十日，搁浅，野宿此地，多寇"[2]。正德十三年（1518）秋在他南下时船过和合驿，官员派送过来的夫皂，协助牵引船只，却没有多久就各个逃逸了。到天津卫时，由于兵备被逮捕，卫官也逃匿，

1 《明史》卷八十六，"河渠四"之"运河下"。

2 严嵩《钤山堂集》卷二十七，《北上志》。

图 3.103 《钱榖张复合画水程图》之七十八《丁字沽》

图 3.104 《钱榖张复合画水程图》之七十九《杨村驿》

图 3.105 《钱榖张复合画水程图》之八十《河西务》

图 3.106 《钱榖张复合画水程图》之八十一《和合驿》

图 3.107 《钱榖张复合画水程图》之八十二《湾口李二寺》

图 3.108 《钱榖张复合画水程图》之八十三《张家湾》

图 3.109 《钱榖张复合画水程图》之八十四《通州》

一时之间找不到纤夫引夫来协助船只的航行。“丙午晨发，经和合驿，漷县官送夫皂，既而辄逸去”“午至天津，胡兵备被逮去，卫官匿，索夫不得”[1]。

“白漕不宜治”是相对运河的其他河段而言，但小规模的疏浚是每年都需要的。在嘉靖十五年（1536）之后，管理通州河郎中移驻杨村等地，每年仲春、秋末都要督夫老浚淤沙通河道。管河郎中每年三月亲至河道浅处，督促疏浚外，还要亲测水道深浅[2]。

我们可以在“河西务”（见图 3.105）的河段中直观地看到，数船逆水而行受阻在河道的中间，另一艘船只靠着 4 个纤夫的牵引，以及船头船夫拼命地摇橹才能艰难地前行。“和合驿”图像描绘的一片浅滩的地形，这样的河道河口众多，水流较缓，自然容易堆积淤沙泥。

过河西务、和合驿、50 里至李二寺。再过 10 里就到了张家湾，北京朝堂在望。张家湾是“诸路贡赋、朝贡、商贾之船之所集处也”[3]。运河官道上的航程到此结束，王世贞《水程图》最初只绘制到“湾口、李二寺”（见图 3.107）。想来，王世贞一行因为是走陆路，他们在到达张家湾之前，就已经改行其他陆路从北京的南边直接进城了，完成了他们此次历时一个多月的旅

1 严嵩《钤山堂集》卷二十七，《西使志》。
2 姚汉源《京杭运河史》，中国水利水电出版社，1998 年版，第 136 页。
3 葛振家《崔溥〈漂海录〉评注》，线装书局，2002 年版，第 135 页。

程。但图绘上运河官道的旅程《水程图》并没有完结，迟至3年之后，张复再次来到王世贞太仓的“小祇园”，为王世贞补画了“张家湾”（见图3.108）、“通州”（见图3.109）两地场景，从现存的图像中也能轻易看出，这两帧图像与前面图像的风格不尽相同。“张家湾”或许还有写实再现的成分，而“通州”一图，却完全是一种臆想的图像。运河水道的特征完全消失，一株株萧瑟的树木遮挡着缥缈的城镇，这个当时极度繁荣的水运都市在画家的笔下变成了岑寂的北国荒郊——或许这完全符合一个吴门画家对于北京郊外的想象——这也正说明张复1574年的行程并非到过通州。显然他们在最后的运河官道的旅程中，偏离了明代士商的常规水程行旅。

王世贞此行的主要目的不仅是要带着钱榖、张复去完成一部运河官道的图像史，他还有一个更为重要的目的——再次进入权力中心去履行新的职责。

王世贞《水程图》创作目的

王世贞是嘉靖二十六年（丁未，1547）的进士，二甲第八十名，同年同榜进士还有张居正（二甲第九名）、李春芳（当年的状元）、杨继盛、汪道昆等人。在明清两朝的科举考试之中，同榜之谊，就是一张大家命运、官运交织在一起的关系网。嘉靖二十六年这一榜的进士也不例外。

虽然是同榜进士，但大家的性情个性天赋不同，最终也将决定每个人的追求和成就不同，王世贞和张居正也正是这样。嘉靖三十八年（1559）王世贞父亲王忬因为滦河战事失利，诏逮入狱，次年（1560年）十月被斩。王世贞愤然辞官，扶柩归乡，从此归隐不出，在太仓开始了长达8年的闲居生活。正如前文所述，这期间，他在家乡太仓城中造了两座私家园林：离薋园和小祇园，并充分发挥自己在文学艺术上的才华，逐渐成为明代文坛的领袖。嘉靖四十一年（1562）严嵩倒台，徐阶终于坐上了内阁首辅的高位，张居正因勤于政务而且精于政务，早已作为徐阶的心腹高参，正在逐渐进入朝廷的权力中心。隆庆元年（1567）张居正入阁。此时还赋闲在家的王世贞，正在为父亲申冤而到处奔走，他写信向自己的同年张居正寻求帮助。隆庆元年八月，朝廷诏复王世贞父亲原官，算是给他平反了。隆庆二年（1568）四月，朝廷再次起用王世贞，就任河南按察副使，后改为山西提刑按察使的任命——就是我们前面提及王世贞所记《适晋纪行》的出行。王世贞一开始不太愿意就任，上书乞休，但没有得到朝廷肯定的答复。以致在收到自己同年张居正的来信劝说后，才迟至1570年动身北上去山西赴任。此时朝廷的内阁首辅是高拱，高拱虽然是王世贞父亲王忬的同年进士，但他对于王世贞颇有微词，不满王世贞在野时期，利用自己是天下士人领袖的势力，操控士子舆论，在一定程度上影响了朝政，同时他还将王世贞视作自己政敌徐阶的势力，故此王世贞成了高拱压制的目标。此时张居正虽在内阁，但朝政为首辅高拱一手独揽，也爱莫能助，多次致函王世贞应该韬光养晦，不要意气用事[1]。隆庆四年（1570）初，王世贞母亲病故，王世贞回家丁忧守制3年。这3年间，王世贞的小祇园得到进一步的扩建，发展至我们在钱穀所绘《小祇园图》中所见到的规模。但他并没有忘记自己为官经世致用的抱负，不停给自己的同年张居正写信表达了自己的诉求，并赠送了名贵的古人书法珍品等礼物。张居正在回信表示了王世贞所馈赠礼品的贵重外，还说自己很赏识王世贞的才华，并勉励他“纾先世之积愤，展平生之所怀”[2]，言外之意，一旦自己大权在握，必将会重用王世贞。

隆庆六年隆庆帝去世，万历帝登基，朝政也朝着王世贞预想的方向发展。张居正在宦官冯保的协助下，排挤掉了原来的首辅高拱，成为独揽大权的内阁首辅。守制在家的王世贞也从朝政的变化中看到了自己的希望，对于自己的未来任职自然有着一番计划，在某些宏伟的想法之外，或许还有为最重要的漕运贡献自己的一些真知灼见。他在此期间曾在小祇园中接待过明代即将到任的总理河道的湖州籍官员潘季驯[3]，潘季驯在到访期间也极有可能和他商谈过治漕治运的策略。无独有偶，从钱

1 《张太岳集》卷三十五，《答廉宪王凤洲二》，第442页。

2 《张太岳集》卷三十五，《答廉宪王凤洲一》，“迭辱华翰，深荷雅情。惟丈俊才卓行，冠冕人伦，沈抑数年，舆情共惜，然不困厄乌能有激乎？清明之世，与天下贤士褎然汇征，纾先世之积愤，展平生之所怀，在此时矣，幸努力自爱。辱惠佳书，宝若彝鼎，兼之珍币，岂所敢当。”黄仁宇《万历十五年》，也有论及王世贞用古人法书行贿张居正以求尚书之位。

3 周颖《王世贞年谱长编》，第361页。

瀔题在《水程图》上册的题跋中的信息，我们知道王世贞筹划绘制全运河官道《水程图》的计划也产生在这个时期[1]。万历元年（1573）正月，王世贞服除，但事与愿违，他并没有马上等到进京任职翰林院的诏令，而是授职偏远的湖广，任湖广按察使。对这一任命，王世贞有些失望，显然这个目标是偏离了王世贞所追求的目标。王世贞的平生之志在于能作一部纪传体“国史”，成为像司马氏那样的史学大家，他在《国史策》中言：“愚故欲效法司马氏……有能删节其凡例，白羲皇而下迨于今为一家之言，以藏之名山大川，愚且愿为之执鞭，而终其身也。”[2]这样的愿望，显然是一位外放官员所无法实现的，他期待直接进入权力中心。

王世贞在与张居正的通信来往中，没有放弃这样一个目标，而张居正表达这种任职是朝廷的惯例“循资”，而且他把王世贞有意安排到自己的家乡任职，是希望王世贞文学上的才华能惠及自己家乡子弟，这正是自己的一番苦心，又表明不久就会将把王世贞迁为京官。

1　钱瀔在《水程图》上册的题跋：“右画册自小祇园以至维扬郡，共三十二番，赠送太仆王凤洲先生还天府作也。凤洲此册留予所三四年，未尝注意，今迫于行，勉尔执笔。维欲记其江城山市，村桥野店，舟车行旅，川涂险易，目前真境。工拙妍媸，则不暇计也。观者请略之，时万历二年（1574）岁次甲戌上元日。彭城钱瀔识于悬磬室之北斋。”载于《故宫书画图录》第28册，《明钱瀔张复合画水程图》（上册），第54—68页。

2　《明经世文编》卷三三五，《王弇州文集·国策》，第3599页。

“缴凭人至，知道从已至楚，入锁院，主文衡。今岁程序，必将为海内冠矣。以下国之荒陋，何幸得闻云和之声，睹环玮之宝哉？宪长例当入觐。汪伯玉言，公雅不乐行。且循资、量移、晋右辖，旦夕便可为内转之阶，仓促不及为公择地，但借资耳，诸惟原亮”[1]。

这封张居正于万历元年九月写给王世贞到湖广任职的信，态度相当诚恳，并对王世贞这样的一个文坛领袖主持自己家乡的乡试给予了很高的期望。此后，王世贞在张居正的照顾下，再次“循资”，从地方上的正三品湖广按察使，升至从二品的广西布政使。万历二年（1574）二月，王世贞终于等到了进京转任太仆寺卿的任命（京官从二品），《水程图》正是诞生在此行他进京任职的途中。

需要特别指出的是：明代的太仆寺属兵部，相当于现在的交通部副部长，掌牧马及驿传之政令，总管车马杂物等，虽与明代漕运隶属工部管理不同，但与运河沿岸的驿站息息相关。

笔者将《水程图》的绘制背景，安放在王世贞仕途履历和时代的大环境之中来解读，我们自然会读出《水程图》中更多的图像信息，如那些我们在前文中所说的图像制作者所采取的选择性视角，就有了更多的合理性。显然，这些信息是与王世贞一年之后，再次外放至郧阳任职，独自在郧阳官邸中为《水

1 《张太岳集》卷三十五，《答廉宪王凤洲四·为楚宪长时》，第 442 页。

程图》作题跋的内容是完全不同的，因为那时他的心气又有了新的变化——这也说明题跋相对图像本身而言未必能准确地陈述“历史的真实”。

王世贞万历二年三月到京，任职太仆寺卿，不到六个月又外放郧阳，这段时间在京城中，他和张居正之间到底发生了什么，我们对此不得而知。甚至张居正与他之间的分歧起于何时，也难有定论。虽然王世贞在京任职这段时间，张居正曾向汪道昆透露过有意让王世贞任职翰林院去做他梦寐以求的史官，但王世贞最终还是以“清议可畏，何可作此”的理由拒绝了张居正的好意[1]。但可以肯定的是：此前和此后王世贞在政事上的作为，已经逐渐让张居正失望了，显然这个在文坛上享有崇高地位的天才，并不是他张居正在改变明代朝政时弊中可以倚重的人物，既然不是：哪怕他与自己有着同年之谊，王世贞终将难以进入到自己组织的权力中心里。在这样一种推理下，王世贞虽然一直保持着与张居正较好的私人友谊——在张居正死后，朝堂一片倒张问责的声浪之中，王世贞始终保持着对于张居正较为公正的评价，并为他书写了《张居正传》——此后王世贞再也没有能够进入权力的中心，去实现他要成为像司马氏那样的“国史”大家的理想。迟至此后的万历四年（1576），王世贞在南京大理寺卿任上，因为政务处理不当被人弹劾，回籍听用，再次赋闲在家。就是等到张居正死后，王世贞虽然再次被

1 周颖《王世贞年谱长编》，第 439 页。

朝廷起用，但也始终是在南京这个留都中担任闲职。

回过头来，我们再来看看《水程图》。是否有必要将《水程图》从吴门画派纪游纪行图这一绘画母题中剥离出来——因为“人工运河既非典型的自然奇观美景，也不符合时下游览的风尚”[1]。明代运河题材绘画的稀缺本身也说明了这一点，运河的场景并不是一条理想的可以用来描绘的旅游路线，运道、水闸、驿站、远处的城墙均缺乏传统山水画中的诗意——重新确立《水程图》创作的真正主题呢？[2]这个问题的提出本身就是一个问题。任何形式的归类，尤其是根据绘画内容和创造目的来将历史的图像进行归类，其实都是简单的，甚至粗暴的做法。因为一种行为的最初目的往往是复杂的，是多重因素的交织，而且它在执行的过程中，又会因为客观、主观的原因而改变，让这一行为的动机变得更加复杂，有时它的真实动机往往会在时过境迁的历史语境之中被遮蔽，甚至被篡改。所以在分析这些历史图像时，应该是揭秘图像中所呈现的多维度的意义指向，让图像中的每一个符号和每一种意义指向都呈现出来，不给它一个简单的目的或者动机的规定。引导图像观看者自己去思考，找到自己认可的意义。这是笔者写作本章的一个意图，从图像的内容出发，多维的内容交织在一起。它们既有前后抵牾的陈述，又有逻辑

1 梅韵秋《明代王世贞〈水程图〉与图画式纪行录的成立》。参见陈远《王世贞的水程图与明代大运河之旅》，中国美术学院博士论文，2019 年。

2 陈远《王世贞的水程图与明代大运河之旅》，中国美术学院博士论文，2019 年。

性较强的推论，以及追问式的引导。笔者最终呈现的也是一个复杂的多维的历史图像解读，它既包含了明代士商在这一条运河官道上的行旅信息，又有治漕治运的政治意图的暗示。这本身就是明代以王世贞为代表的士大夫阶层在对待一个具体问题上的多重面孔。

额外说一句，从王世贞要著司马氏一样“国史”的个人理想角度来看，笔者更愿意将《水程图》视作王世贞假借画家之手，所书写的一部明代中后期运河官道的图像史。

乐

戏台上的人生

戏台：明代娱乐的空间

戏台是明代历史图像中常见的场景，如仇英反映明代苏州城场景的《清明上河图》（石渠本）（图 4.1）、明代佚名画家反映南京城生活的《南都繁会景物图卷》、反映南京郊外《南中繁会图》等画作图像中，均较为详细地再现了明代的戏台和看戏的人群。这些图像不仅是我们今天了解明代戏剧发展的重要图像资料，同时也是我们了解明代人生活图景的一个重要切入口。

据现有的图像资料来看，唐代就出现了专门用来表演的戏台，在敦煌莫高窟壁画中出现了舞台的形象，或垒土而建，或筑木而成，但均没有顶盖。如敦煌唐第 172 窟《西方净土变》壁画：一座没有顶棚的露天木台，搭建在莲花盛开的水面上，四周围以栏杆，两个舞伎在台中心的地毯上翩翩起舞，两侧各有乐伎共 16 人正在伴奏。这时的舞台还不能算作戏台，因为经过唐宋散乐百戏的孕育，到了元代戏曲进入成熟阶段，到了明清进入到中国戏曲的繁荣期，戏台才从唐代的垒土筑木为台的形制，发展到元明清飞檐翘角的建筑样式。明清之际，人们在神（祠）庙、会馆、城镇的街心，乡村的河边等处纷纷建立起戏楼、戏亭乃至戏院（图 4.1）。这些建筑成为人们日常聚集娱乐的重要场所。在明代表现市井世俗生活的图像中，戏台成为一个最为常见的视觉形象。戏台成为一个临时性的集会场所，

图 4.1　仇英《清明上河图》（局部）　乡村路边戏台

日常人们喜闻乐见的故事也在戏台上发生。

《南都繁会景物图卷》（图 4.2）街市中的临时戏台，将南京城三月庆春游艺活动中戏曲演出场景描绘得淋漓尽致。戏台建在街道正中，用木条和席子搭建，虽然是临时搭建，但也具备标准的戏台形制。戏台为单檐歇山顶，台四周有栏杆围绕，前后台分割清晰，前台正在上演。后台内有一个画红脸的演员正在对镜化妆。戏台下观众随意站在街道上看戏，在戏台右侧面街道上的万源号银铺、极品冠带铺的楼廊上也挤满了看戏观众。在街道的侧翼还有两座用木条和木板搭建的女台，专供女眷在台上看戏，上面用布幔遮顶，避雨或者遮阳，可见这是临

图 4.2 《南都繁会景物图卷》（局部）

时搭建的两个女台，一个台上坐着 12 人，另一个台上有 8 人，有的抱着小孩，后台有一小孩正站在台边向台下小贩托举头顶的托盘中取买点心。画家纪实摄影般地记录了这个生活中的生动场景，同时也告诉我们在繁华的街市里的戏台前看戏，购买小贩推销的果品点心就是明代城市市民生活中值得记忆的美好时刻。画家深知这一点，他们也热衷表现这个场景，在明代许多表现市井生活的图像中，我们都能看到这样的场景。

相比我们从《南都繁会景物图卷》中所看到的临时搭建的街心戏台，建筑在神庙、祠堂、会馆中的戏台则要讲究很多。在祠堂和庙宇的总体设计中，一般会将戏台作为主体建筑安排在建筑群的纵轴线上，从前到后，依次为门厅、戏台、正大殿、后大殿，左右为厢房。戏台处在前部的中心位置。戏台的朝向面对正大殿，其中供奉的神位或者祖宗灵位，也可以看到戏台上的演出。戏台和正大殿之间的空间是主要的观赏区，也称为戏坪，在东西两侧厢房的二楼是专为妇女和儿童设置的观赏区。戏台的台板一般高 1.6 米—2 米，使演出区的演员和观众分割在一定的距离之外，让故事和现实在不同的空间里展开，同时也照顾了戏坪、正大殿以及厢房二楼各个观赏区的观赏视角。这样一个空间成为明代人一生中一个极为重要的视觉和情感的体念空间。无数王侯将相、才子佳人、悲欢离合的故事在这个空间中轮番展演，并被一个民族的几乎整体人群不停地观看。在一颦一笑、一跃一跳间，传递着中国传统文化中所崇尚的忠义奸邪、美丑善恶泾渭分明的道德价值。

戏台分前、后台，前台和后台之间设置木屏墙，左右有门，分别是“出将”“入相”。“出将”是演员上场的出口，“入相”是演员下场的入口。后台是戏房，紧贴门厅，是演戏时制作声音效果的地方，如狗吠马嘶、雷鸣雨声等声音效果都是从这里传出来。后台还是演员候场的地方，戏台左边是化妆间，右边是道具服装间。

现在收藏在中国国家博物馆内另一幅明代中后期风俗画《南中繁会图》，描绘的是当时城郊民众在庙前搭建戏台观赏戏曲的历史场景，这个场景与仇英所绘的《清明上河图》（辛丑本）中庙前看戏的场景（图 4.3）是同一个图式，或者存在其中一个对另外一个借鉴的可能，又或者它们是来自同一个图式母本：戏台均搭建在一座庙宇的前面，戏台的后面是一片田地，田地中水车上农夫的姿势，以及主戏台侧面女台中的场景几乎也是一致的。另外戏台下看戏的人物，从他们的装扮服饰来看，两图中的男子大多冠戴幞头、身穿长袍大褂，而女子则插簪盘发，身着裙装等，行为举止得体，富有典型的明朝江南地域时代特征。两幅图式的相似性特征，除了说明两者在图式来源上或许存在共同的母本外，还说明了这两个历史图像所描绘的场景，同样是明代社会生活中一个常见的场景：正在操作水车灌溉的农夫和田地中刚刚冒芽的庄稼，作为图像中典型的视觉符号，告诉我们这是农闲时节。戏台前，聚集了不少前来翘首观看的男女老少，他们有的一边看戏、一边相道家常。庙前大路上过往的路人，不时地有人三三两两地停下自己的脚步，走近戏台驻足观看。

自宋代以来，中国民间神庙里逐渐发展起专门化的剧场来，以供平时演出所需。尤其是乡村地区，相对于城市中瓦舍勾栏一类的商业性演艺场所，广大的中小城镇和乡村不具备建筑专门性的演艺场所，定期举行祭祀和庙会活动的神庙自然就成了演艺场所的重要选择，而且神庙作为当时社会重要的公共空间，也是人群聚集的最佳场所。

明代袁小修在《游居柿录》里记载了在寺庙里看戏的事情：

图 4.3　仇英《清明上河图》（辛丑本）（局部）　庙前戏台

“米友石见召，同君御、修龄诸公，命歌儿演新曲城西净业寺前……同龙君御、米友石饭于长春寺，寺在顺城门外，斜阶看演《昙华记》。”

而张岱在自己的笔记中记载了一起闹剧式的演戏场景，更生动地说明了明代演剧场所与神庙空间的一种契合关系。

> 崇祯二年中秋后一日，余道镇江往兖。日晡，至北固，舣舟江口。月光倒囊入水，江涛吞吐，露气吸之，噀天为白。余大惊喜，移舟过金山寺，已二鼓矣。经龙王堂，入大殿，皆漆静。林下漏月光，疏疏如残雪。余呼小仆携戏具，盛张灯火大殿中，唱韩蕲王金山及长江大战诸剧。锣鼓喧阗，一寺人皆起看。有老僧以手背摋眼翳，翕然张口，呵欠与笑嚏俱至。徐定睛视，为何许人，以何事何时至，皆不敢问。剧完，将曙，解缆过江。山僧至山脚，目送久之，不知是人是怪是鬼。[1]

女台上的妇女和儿童

在讲究男女授受不亲的明代，男女看戏是要分区的，在神庙、祠堂、会馆等封闭空间中戏台边上的二楼一般就是妇女和儿童的专区，通常男子不得上楼，在上面所提及的三张明代戏

1 张岱《陶庵梦忆》卷一“金山夜戏”。

台看戏的图像中，我们同样看到了类似的场景，在戏台旁边，搭建有一个二层的亭台作为妇女的观赏区。

为女性设置一个专门的观赏区反映了一个重要的事实：在明代社会中，女性是一个极为重要的消费群体。我们在图像中看到，一般的戏台侧面多会搭建一个或者两个女台，张岱《陶庵梦忆》卷六“目莲戏”中说到了“女台”的规模超出了我们从图像中所得到的视觉感知：“余蕴叔演武场搭一大台，选徽州旌阳戏子，剽轻精悍、能相扑跌打者三四十人，搬演目莲，凡三日三夜。四周女台百十座。”这百十座女台，应该是大户人家自己搭建来供自家女眷看戏专用的，同于传统神庙封闭空间中的二楼妇女儿童观赏区。百十座女台的规模，也证明了戏曲在当时女性日常娱乐生活中的重要地位。

在合称为明代五大传奇《琵琶记》《荆钗记》《刘知远白兔记》《拜月亭》《杀狗记》中——我们将在后面重点介绍这些戏剧。它们有一个共同的特点，剧中的情节都是以妇女为中心。《琵琶记》中的赵五娘，《荆钗记》中的钱玉莲，《白兔记》中的李三娘，《拜月亭》中的王瑞兰，《杀狗记》中的杨氏，她们都是被道德礼教肯定的妇女。

舞台中的人物，在普通观众，尤其是女性观众看来，上演的是别人的传奇人生，一方面是可以窥视打量、同情欣赏的对象，具有一定的娱乐目的；同时，也是自己理想人生的一种憧憬，是对现实的一种超越，在这样一种“以身代之”的观看过程之中，实现了道德伦理教化的作用。从这个意义层面上讲，台上的戏剧是她们极为重要的人生教材。其中最受朱元璋推崇的明代传奇《琵琶记》，所看中的正是该戏中道德教化的作用，“《五经》《四书》，布帛菽粟，家家皆有；高明《琵琶记》，如山珍海错，富贵家不可无”[1]。

图像中的南戏与传奇

被称作为“百戏之祖”的南戏，是于北宋末年至元末明初，在中国南方地区兴起的一种剧种。最具特色的是它发展了一种重要的戏曲声腔系统，这个声腔系统影响深远，为明清时期多种地方戏的繁荣发展奠定了坚实基础，所以被称作“戏祖”。南戏在元明时期的四大经典剧目是《荆》《刘》《拜》《杀》，即《荆钗记》《刘知远白兔记》《拜月亭》《杀狗记》，这个剧目外加后来的《琵琶记》，又称为明朝戏剧的“五大传奇”。

仇英所绘《清明上河图》（辛丑本）中戏台的匾额上所书的“古今传奇”四个大字（图 4.3），表明戏台上上演的正是此类的“传奇”类故事。本节我们不妨简要地介绍一下“五大传奇”的剧情内容。这些剧目展演的故事内容，或许就是我们了解明代社会最为普遍的精神图景。

1　转引自丁牧《中国戏剧的历史》，第 82 页。

图 4.4 《新编刘知远还乡白兔记》，成化年间永顺书堂刊本

《白兔记》——状元路之外的发迹变泰

［满庭芳］五代残唐，汉刘知远，生有紫雾红光。李家庄上，招赘做东床。二舅不容完聚，生巧计，拆散鸳行。三娘受苦，产下咬脐郎。

知远投军，卒发迹，到边疆，得遇绣英岳氏，愿配与鸾凰。一十六岁，咬脐生长，因出猎识认亲娘。知远加官晋职，九州安抚，衣锦还乡。[1]

南戏的开场，一般会有一个副末[2]站在台前开场和问后台两个环节："且问后房子弟，今日敷演谁家故事？哪本传奇？"后台应道某某故事某某传奇，在副末略道剧情之后，戏剧开场。上面引用的《满庭芳》正是明代传奇《白兔记》的开场。

《白兔记》在南戏的流传过程中有不同版本，剧情略有出入，大体剧情如此：刘知远在没有发迹之前，落魄潦倒，父死家亡，沦落为乞丐，后被李大公收留，并将女儿李三娘许配给他。李大公死后，李三娘兄嫂迫害刘知远夫妻。刘知远离家投军，后被岳节使看出有帝王之相，便将女儿岳绣英嫁给了他。在家的李三娘却受尽兄嫂的刁难折磨，白天挑水，晚上拉磨，还在磨坊里生产，自己咬断脐带，产下孩子叫咬脐郎，李三娘担心

1 明代汲古阁版本《六十种曲》本《刘知远白兔记》开首《满庭芳》词。

2 "副末"与"正末"相对而得名，即副中末角，古又称"冲末"，是次要的男性角色。传统南戏表演整出戏，都由副末开场介绍剧情和主题。

兄嫂伤害孩子，托窦公将咬脐郎送到刘知远处抚养。15 年后，刘知远因屡立战功，官至九州安抚，他差遣儿子咬脐郎回乡探母，咬脐郎路上出猎，因追赶一只白兔，在井边与正在汲水的生母李三娘相遇，便回去报知刘知远，最后刘知远带兵回去与李三娘团聚。

仇英《清明上河图》（辛丑本）中，戏台中上演的“古今传奇”正是《白兔记》。历史图像定格在咬脐郎追赶白兔的途中与井边汲水的母亲李三娘相聚。这是剧情发展中的一个情感高潮点，十分适合图像的静态表现，同时也十分适合观看者的识别。无独有偶，清代画家徐扬在《姑苏繁华图》中所画木渎“遂初园”舞台上上演的堂会节目，也表现了这个场景——从这些留存的历史图像中可见一斑，《白兔记》在元明清时期所受欢迎的程度。

早在《东京梦华录》中，就有记载专门讲说《五代史平话》的“说话”艺人尹常卖[1]，《五代史平话》其中有一段刘知远的故事。在宋金时期，诸宫调艺人也将刘知远与李三娘的故事加工作为说唱的题材，如《刘知远诸宫调》。南戏《刘知远白兔记》又简称《白兔记》，正是在以前“说话”“说唱”艺术的基础之上，根据刘知远与李三娘的传说编撰而成。

刘知远的事迹见于北宋时期薛居正编撰的《旧五代史》、

1　孟元老《东京梦华录》卷五“京瓦伎艺”，中州古籍出版社，2010 年版，第 90 页。

图 4.5 《荆钗记》，万历金陵陈氏继志斋刊本

欧阳修主撰的《新五代史》，以及司马光的《资治通鉴》中，因为史书书写必须依史实录，缺乏更多的情节和故事细节。但这个故事又有很好的市场潜力，在下层民众中深受欢迎，它讲述的底层人物的成功故事，满足了大众认同的心理需求——这和我们今天的武侠小说和网络爽文小说阅读快感是相同的——刘知远由一介平民到王侯的特殊经历，成为广大下层民众钦佩的对象。这是在通过科举考试应试及第之外，通过像刘知远那样投军立功，发迹变泰的另一条成功通道。

《荆钗记》——王状元的翻案故事

［沁园春］才子王生，佳人钱氏，贤孝温良；以荆钗

为聘，配为夫妇。春闱催试，拆散鸾凰。独步蟾宫，高攀仙桂，一举鳌头姓氏香。因参相，不从招赘，改调潮阳。修书远报萱堂，中道奸谋变祸殃。岳母生嗔，逼凌改嫁，山妻守节，潜地去投江。幸神道匡扶，使舟人捞救，同赴瓜期往异乡。吉安会，义夫节妇，千古永传扬。

有一种说法，南戏起源于温州的永嘉地区。而《荆钗记》故事的本源更有可能是针对温州真实的历史人物王十朋，被宋元杂剧《王魁》抹黑的一个翻案文章[1]。原本宋元杂剧《王魁》中的王状元始乱终弃，与他相好的妓女钱玉莲投江自杀。翻案的《荆钗记》，则讲述的是另一个圆满的故事。

家境贫寒的温州书生王十朋，以荆钗为聘礼与钱玉莲定亲。后王十朋入京赶考，一举状元及第，授官江西饶州佥判。当朝宰相万俟卨见王十朋才貌双全，欲招他为婿。王十朋不从。万俟卨恼羞成怒，将王十朋改调边远地区的潮阳地区任佥判，并不准他回家省亲。和王十朋一同赴京应试的豪绅孙汝权欲娶钱玉莲，他篡改了王十朋的家书，诈称王十朋已经入赘相府，让玉莲改嫁他人。钱玉莲的继母与姑母，嫌贫爱富，逼钱玉莲嫁给孙汝权。钱玉莲誓死不从，投江殉节，碰巧被福建安抚钱载和赴任路过温州时救起，认为义女，带至住所。钱载和来到福建任上后，即差人去饶州寻找王十朋。差人打听到新任饶州佥

1 周贻白《中国戏剧略史》，中国书籍出版社，2019年8月版，第127页。

图 4.6 《新看重订出相附释标注拜月亭记》，万历年间金陵唐氏世德堂刊本

判虽姓王，但到任不久后便病故，回来告知钱玉莲。钱玉莲误以丈夫已死，悲痛欲绝。而王十朋在赴任前，欲接取母亲与妻子来京城，听说钱玉莲已投江而亡，十分悲恸。五年后，万俟卨倒台，王十朋调任吉安太守，而钱载和也由福建安抚升任两广巡抚，赴任途中路过吉安府，王十朋前去码头拜谒。钱载和怀疑面前的王太守就是自己义女的丈夫，就在船上设宴，以荆钗为凭信，最后让王十朋与钱玉莲夫妻得以团圆。

《拜月亭记》——动乱中的团圆故事

> ［沁园春］蒋氏世隆。中都贡士。妹子瑞莲。遇兴福逃生。结为兄弟。瑞兰王女。失母为随迁。荒村寻妹。频呼小字。音韵相同事偶然。应声处。佳人才子。旅馆就良缘岳翁瞥见生嗔怒。拆散鸳鸯最可怜。叹幽闺寂寞。亭前拜月。几多心事。分付与婵娟。兄中文科。弟登武举。恩赐尚书赘状元。当此际。夫妻重会。百岁永团圆。

《拜月亭记》的故事说的是：金朝贞元年间，蒙古入侵，金主迁都汴梁。左丞相陀满海牙因主战而遭灭门，其子陀满兴福幸得逃脱，为秀才蒋世隆所救，认为义弟。战乱中，蒋世隆与其妹蒋瑞莲在逃难中离散。兵部尚书王镇出使在外，他的夫人和女儿王瑞兰也仓皇逃离中都，同百姓一起逃难。途中母女失散，王瑞兰与蒋世隆慌乱中邂逅，两人在患难中产生感情。

路经陀满兴福栖身的山寨，被强掳上山，兴福传令："二人若是兄妹，杀其兄留其妹，若是夫妻则一同杀死。"二人甘愿同死。当兴福认出义兄蒋世隆后，则盛情款待，赠银饯行，在客栈中王瑞兰与蒋世隆结为夫妻。而蒋瑞莲巧遇王夫人张氏，被认作义女，王镇奉旨和番荣归，路经客栈，得知其情后，以为门第不当，强行拆散王瑞兰蒋世隆夫妇。后蒋世隆和兴福上京应试，二人分别得中文、武状元，蒋世隆夫妻兄妹团聚，兴福招亲也与蒋瑞莲匹配——一个大团圆的结局。

《拜月亭》虽然还是才子佳人、悲欢离合的套路，但将故事中人物置身于宋金分治、蒙元入侵的社会大动乱特定环境中，通过男女人物的遭遇，向观众展现万民仓皇、妻离子散的社会现实。在元明时期的社会环境之中，同样让观众有着感同身受的体念感。

《杀狗记》——劝人向善的身边事

［鸳鸯阵］孙华家富贵，东京住，结义两乔人。诳语谗言，从中搬斗，将孙荣赶逐，投奔无门。风雪里救兄一命将恩作怨，妻谏反生嗔。施奇计，买王婆黄犬，杀取扮人身。

夫回蓦地惊魂，去浼龙卿子传，托病不应承。再往窑中，试寻兄弟，移尸慨任，方辨疏亲。清官处乔人妄告，贤妻出首，发狗见虚真。重和睦，封章褒美，兄弟感皇恩。[1]

《杀狗记》全名《杨德贤妇杀狗劝夫》，同样是从宋元旧的说唱本改编而来，它能从众多的南戏剧本中脱颖而出，除了剧本唱词成功外，另一个原因是它是少有的脱离了才子佳人故事套路的南戏，而是讲述人们身边的劝善故事。

剧情是这样的，没有分门立户的兄弟孙华、孙荣两人生活在一起。哥哥孙华受酒肉朋友、市井无赖柳龙卿、胡子传的恶意怂恿，将规劝自己的弟弟孙荣驱逐出家门。孙荣无奈，离家在破窑内安身。孙华的妻子杨月真，聪明贤惠，知道孙荣无辜。又见丈夫听信恶友的谗言，执迷不悟，便想出一条计策。杨氏从邻居那里买来一条狗，杀死之后去了头尾，穿上人的衣服，放在后门口，孙华酒醉回家，撞上后大惊，向妻子问计。杨氏让孙华去请自己的恶友来帮忙埋尸灭迹。柳、胡二人都拒绝前来。杨氏和孙华又去找孙荣帮忙，孙荣念兄弟手足之情，不计前嫌。帮助哥哥将“尸体”移至他处掩埋。后孙华的两个恶友报官说孙华杀人灭尸。杨氏出面说明实情，真相大白，兄弟和睦，恶友被责，杨氏受到表扬。

这其实描绘的是一场家庭纠纷，在平日里兄弟之间的家庭纠纷中，往往妯娌间拨弄是非是传统家庭矛盾爆发的原因所在，但这个故事塑造了一个贤德的妇女形象，并用自己的聪明智慧

1 徐畛《杀狗记》，上海古籍出版社，1992 年 12 月版。

化解了兄弟间的矛盾，这样的一个角色是现实社会所期待的，同样符合朝堂对于民间风俗驯化的要求。

《琵琶记》——传奇之中的忠孝文

［沁园春］赵女姿容，蔡邕文业，两月夫妻。奈朝廷黄榜，遍招贤士；高堂严命，强赴春闱。一举鳌头，再婚牛氏，利绾名牵竟不归。饥荒岁，双亲俱丧，此际实堪悲。

堪悲！赵女支持，剪下香云送舅姑。把麻裙包土，筑成坟墓；琵琶写怨，径往京畿。孝矣伯喈，贤哉牛氏，书馆相逢最惨凄。重庐墓，一夫二妇，旌表耀门闾。

生活于元末明初的戏剧家高明（约 1305—约 1371），在元代至正年间中过进士，但仕途并不顺心，50 岁左右就归隐乡间，潜心于戏剧写作，他写作的《琵琶记》作为南戏第一部最成功的文人作品，被吕天成《曲品》列为“神品”之首，在明清两代流传最广，影响也最大。

故事说的是：陈留书生蔡伯喈与赵五娘（赵贞女）新婚两月，因父亲严厉斥责，希望他以前途为重，无奈告别年迈父母和新婚妻子，进京赶考。蔡伯喈蟾宫折枝，一举考中状元。皇帝要为当朝权贵牛丞相的女儿主婚，令蔡伯喈娶她为妻。面对从上而来的逼婚，蔡伯喈虽有抗命之心却无违命之力，被迫招为牛丞相的女婿。蔡伯喈身居京华，心思家园，但家书为牛家所扣，

图 4.7 《琵琶记》，万历年间汪氏玩虎轩刊本

断了家乡的音讯。他一去三年，家乡连年饥荒。赵五娘苦苦支撑门户，靠典卖自己的衣服首饰，甚至乞讨、自食谷糠来奉养年老的公婆。公婆去世之后，为了安葬公婆，赵五娘无计可施，只好剪下自己的长发沿街叫卖。在卖发获得帮助后，用衣裙包土埋葬公婆，怀抱琵琶带着公婆的容像，一路靠着弹唱《琵琶词》，乞讨上京寻找丈夫蔡伯喈。最后在得到同样善良的牛小姐的帮助后，一夫二妻大团圆。并在牛小姐说服父亲牛丞相之后，同意蔡伯喈辞官携妻回家守孝，祭奠父母，旌表门闾，成为传奇佳话。

《琵琶记》改变了宋元戏曲中常见的才子负心戏的叙事逻辑，是更多地考虑到观众对于“圆满大结局”期望的同时，加强了道德的教化作用。《琵琶记》是最受朱元璋推崇的一部南戏，他认为该戏是古今道德教化的典范：“《五经》《四书》，布帛菽粟，家家皆有；高明《琵琶记》，如山珍海错，富贵家不可无。”《琵琶记》虽然写的还是状元的圆满故事，但已经突破简单的叙事手法，在故事的展开中，两条叙事的线索同时发展，对于赵五娘的悲惨经历，着墨较多，成功地塑造了一个“教忠教孝”坚贞贤德的女性形象。

明代崇祯年间《李卓吾先生批评琵琶记》的剧本插图，为我们用图像的方式塑造了赵五娘装扮成道姑模样乞讨进京寻夫的“流民”形象——显然这个流民形象比我们前面所记述的流民一节更于理想化、戏剧性（图 4.8），该剧本插画的形象塑造，

图 4.8 《琵琶记》，万历年间汪氏玩虎轩刊本

是一种既依靠戏台演出，又脱离了戏台环境的一种塑造，将人物置身在山水阡陌之中，加强了图像塑造的现实感。对照《琵琶记》第二十九出戏文《乞丐寻夫》来看：

奴家昨日独自在山筑坟，正睡间，忽梦一神人，自称当山土地，带领阴兵，与奴家助力，却又嘱咐教奴家改换衣装，径往长安寻取丈夫。待觉来，果然坟台并已完备，这分明是神道护持。正是宁可信其有，不可信其无。今二亲既已葬了，只得改换衣装，扮作道姑，将琵琶做行头，沿街上弹几个行孝的曲儿，抄化将去。只是一件，我几年间和公婆厮守，如何舍得一旦撇了他，奴家自幼薄晓得些丹青。何似想象画取公婆真容。背着一路去也似相亲傍的一般。但遇小祥忌辰。展开与他烧些香纸。奠些酒饭。也是奴家一点孝心。不免就此画描真容则个。[1]

相较详尽的文字叙述和情节交代的前因后果，图像更为直观。再现了一个具体的视觉形象，而且这个形象兼备了戏台中形象理想化的视觉效果，和现实场景的既视感，丰富了读者阅读文字时的想象。这种带有插图的戏剧文本，不只是文学的纸面阅读，而让读者可以重温戏台的视觉等综合效果，这显然是戏剧剧本中图像的重要作用之一。

从某种意义上说，以《荆钗记》《拜月亭》《白兔记》《杀狗记》《琵琶记》为代表明代五大传奇的流行，这是明代中前期社会的一个历史精神图像。同时应该看到，这种图景还是明代统治者对于社会规训的一种必然结果，从明代顾起元《客座赘语》所记载明代前期的一则榜文可见：永乐九年（1411）七月初一"该邢科署都给事中曹润等奏：'乞敕下法司：今后人民娼优装扮杂剧，除依律神仙道扮、义夫节妇、孝子顺孙、劝人为善，及欢乐太平者不禁外，但有亵渎帝王圣贤之词曲、驾头杂剧，非律所该载者，敢有收藏、传诵、印卖，一时拿赴法司究治。'永乐九年七月初一日奉圣旨：'但这等词曲，出榜后，

1　毛晋编，《六十种曲》卷一《琵琶记》，中华书局，1958 年 5 月版，第 113 页。

限他五日都要干净，将赴官烧毁了。敢有收藏的，全家杀了！’”[1]明代朝堂对于流行戏剧的形式和内容，进行了强制性的规训，不符合要求的词曲，一律送官销毁，敢收藏的人“全家杀了”，可见处罚之严厉。而五大传奇所倡导的内容，则正是朝堂规训之下留下来的一个时代精神图景。

此后，明代的戏剧呈现了另一种历史图景，尤其是明代嘉靖后期，文人参与传奇写作成为风尚[2]。文人的过度参与，让明代传奇的精致化、文人化，在悄然地改变着明代戏剧的发展。对于由宋元南戏发展而来的明传奇，一般人都会强调这是中国戏剧发展的一种进步，如余秋雨所说：“从16世纪末到17世纪末，整整100年，是中国戏剧丰收的世纪。在这100年中，传奇艺术获得了极其充分的发展，其中最杰出的代表作有四部：《牡丹亭》《清忠谱》《长生殿》《桃花扇》。这些作品在整个中国戏剧文化史上也是第一流的瑰宝，至今还在闪耀着光芒。”[3]由南戏变为传奇所形成的不同气质和发展，其根本的出发点就是把民间的俚俗之剧发展成为一种为上层社会服务的高雅戏剧。

这种不同的精神图景，虽然更加精致。然而，戏剧艺术的

1　顾起元《客座赘语》卷十“国初榜文”，《明代笔记小说大观》，上海古籍出版社，2005年版，第1462页。

2　解玉峰《花雅争胜——南腔北调的戏曲》，江苏人民出版社，2017年版，第60页。

3　余秋雨《中国戏剧文化史述》，湖南人民出版社，1985年版，第371页。

生命力就在于从众随俗，而不是趋雅反俗。明杂剧最终被淘汰的命运就是它自元末以来的趋雅反俗结果[1]。中国戏曲在元明时期繁荣发展的基础，就是这些“田畯红女”欢喜，而被中国戏剧文化史捧作为第一流瑰宝的《桃花扇》，由于脱离了这些从众观众的基础，而始终没有被舞台艺术所接受，“止可作文字观”[2]，这是整个戏剧史中的一种畸形发展趋势[3]。

当我们从明代图像中看到戏台下那些摩肩联袂的观众，尤其是那些在女台观看的明代女性和儿童时，以及在戏文的插图中图像制作者为观众所塑造的直观的人物形象时，我们就不得不同意，20 世纪 20 年代，深受江浙地区“社火”等通俗戏剧形式影响的鲁迅在“文艺大众化”的历史语境中，对梅兰芳的戏曲风雅化所作出的批评：“雅是雅了，但大多数人看不懂，不要看，还觉得不配看了。”[4]戏剧艺术正是在这样一些广大的观众基础之上发展起来的艺术形式，它就适合在街市中心、神庙前等大家聚集的地方上演，娱乐最大范围人群。它本身是一种庶民的艺术形式，满足的也是庶民的趣味，离开了这个根基，也就必然走向脱离群众，逐渐自我衰败的境地。

这或许是我们从明代的图像资料中看到的，在了解到明代

1　陈多《戏史何以需辨》，中华书局，2014 年版，第 277 页。

2　李渔《李笠翁曲话》，湖南人民出版社，1980 年版，第 40 页。

3　周贻白《中国戏剧史》，湖南教育出版社，2007 年版，第 334 页。

4　鲁迅《略论梅兰芳及其他·上》，《鲁迅全集》第五卷，北京日报出版社，2014 年版，第 407 页。

图 4.9 《琵琶记》中的堂会

戏剧在当时社会生活中的位置，并激发我们对中国戏剧史的发展所做出的思考。历史图像在为我们观照历史提供了重要的视觉参考之外，同时它也向我们展现了另一个精神图景。

家班小剧场的兴起与明初禁戏的反差

明代中叶之前，戏曲的搬演主要是职业戏班。明代中叶之后，随着江南商品经济的迅猛发展，民间财富积累日厚和奢侈享乐之风日盛，缙绅和官宦家庭豢养家班成为当时的风尚。正如张瀚《松窗梦语》记载的那样："至今游惰之人，乐为优俳，二三十年间，富贵家出金帛，制服饰器具，列笙歌鼓吹，招至十余人为队，搬演传奇，好事者竞为淫丽之词，转相唱和。一郡城之内，衣食于此者，不知几千人矣。人情以放荡为快，世风以侈靡相高，虽逾制犯禁，不知忌也。”[1]明代中后期演戏家班的出现，繁荣了戏曲的内容，家班不同于职业戏班，可以重复展演成熟的、能带来商业盈利的、大家喜闻乐见的传统传奇剧目，如《琵琶记》《荆钗记》《拜月亭记》《白兔记》《杀狗记》等，而家班的主人又多是缙绅官宦，喜好附庸风雅，不会满足于来自“田畯红女”趣味的传统戏目。自然带动了文人对于传奇写作的新风尚，时人感慨：“名人才子踵《拜月》之武，竞以传奇鸣。曲海词山，于今为烈。”[2]嘉靖后期最负盛名的几部传奇，均来自当时知名的文人之手。《宝剑记》的作者是嘉靖八年的进士李开先（1502—1568），表现的是水浒英雄林冲被逼上梁山的故事，其中《夜奔》一出，至今仍然十分流行；《鸣凤记》旧传为王世贞所作（时间大约在1567—1572年间），是明代戏剧中少有的针砭时政的作品，写夏言、杨继盛、董传策、邹庆龙等忠臣与奸臣严嵩父子斗争的时事。至明代晚期，文人士大夫开始以撰写传奇自命风流，一些在思想、文学、艺术界有着卓越成就的一流人物，如徐渭、傅山、吴伟业、王夫之等

1 张翰《松窗梦语》卷七“风俗纪”。

2 沈宠绥《度曲须知》，见古兆申、余丹《昆曲演唱理论丛书》，生活·读书·新知三联书店，2013年版。

人都参与了传奇的写作。

新曲的撰写，带动了家班展演内容的翻新，家班的主人往往会邀请亲朋好友等前来欣赏。与友同乐、怡悦性情、探讨文艺，甚至成为缙绅、官宦、文人们之间交往结社、结盟的一种重要形式。家班的小剧场成为明代中后期文化生态中一种极为重要的现象。它的盛行甚至被写进了先人的墓志行状之中，可见这些活动早已成为明代社会士人生活中极为重要的内容。明人张宁文集中所记载的先人张翥的墓志资料，为我们描绘了一个生活在明代天顺、成化初年的嘉兴士人日常结社，带领家班演戏的生活场景："与乡老数人结社，更日宴乐，方春令节，篮舆画舫，酒樽餐具，携妓女歌儿，相与出游郊外渚间……"士人们有时还不满足于听人演唱，还亲自参与其中，张翥就"亲操弦管，度曲传腔，调弄竟日，乐而忘疲"[1]。明代文学家、书画鉴赏家李日华在《味水轩日记》记载自己于万历四十一年（1613）十一月初一赴朋友吴县项楚东之约，参加项家班的演出情况："赴项楚东别家之招，与王稚方孝廉联席。楚东命家乐演玉阳给谏所撰蔡琰《胡笳十八拍》与王嫱《琵琶出塞》。"[2]显然这场家班的小剧场演出，同样是一次朋友间的小规模聚会，作者作为主人邀请的贵宾，同时有好友做陪，演出的还是熟人（戏曲家陈玉阳）所撰写的戏曲蔡文姬入塞《胡笳十八拍》、王昭

1　张宁《方洲集》卷二十五，"求稽勋沈先撰先考墓志铭事行状"。
2　李日华《味水轩日记》卷五。

君《琵琶出塞》的故事，这是晚明时期一个经典的家班演出场景。

一些豢养家班的巨富人家，一般在自己的庭院之中设置有专门的演戏戏台或者场地；有些人家为了更方便演出，还会在戏台的建筑设计上动起脑筋，如张岱《陶庵梦忆》卷三所记载的包涵所，说包家“大厅以拱斗抬梁，偷其中间四柱，队舞狮甚畅”。包家有自己专门演戏的家班，平时用来演戏的戏台，还可以临时稍做改装，撤除中间的四根大柱，立马成为可以舞狮子的大场地。

明代中后期家班小剧场的兴起，是明代社会一个重要的历史图景。它反衬出来的问题，或许本身就是明代社会中隐藏的一种矛盾形式。家班家乐的盛行，一方面反映的是明代中后期社会经济发展，和民间财富的高度积累。但对照我们在前面流民一节的分析，我们清楚在明代社会中，其实一直存在着两种截然不同的图景，在大量财富相对积累的过程中，其实是土地的大兼并，一些农民在土地被兼并之后，不得不走向流亡之路。我们在家班家乐繁荣的身后，应该要透过历史的图像看到另一种图景。明代学者陈龙正在《几亭全集·政书》中称：“每见士大夫居家无事，搜买儿童，教习讴歌，称为家乐。”顾炎武在《日知录》中记载：“吴中仕宦之家，（家奴）有至一二千人者。”[1]这些记载为我们了解家班成员的组成和来源，提供了

1 顾炎武《日知录》卷十三“奴仆”。

一个重要的信息，他们多是家主家买来的奴仆，这样的奴仆数量在一些大的仕宦之家，数量之巨应该是与家主所积累的财富成比例的。另一则明人潘允端（1525—1601）的日记记载了明代许多重要的戏曲史料，潘允端是嘉靖四十一年（1562）的进士，做过四川右布政使，在万历五年（1577）退职归故里松江，筑豫园自乐——即今天上海豫园——在这里潘氏几乎是“无日不开宴，无日不观剧”。《玉华堂日记》记载了潘家家班小厮的大约身价：“串戏小厮身价银：呈翰，二两五钱；呈清，一两；呈春，原名杨元春，十五两；呈节，原名张守仁，八两；呈良，二两五钱。他们都是万历十六年买进。”[1]他们的身价在一两银子至十数两银子之间不等，与明代中后期的普通奴仆身价并没有差别。

我们在前面描述的那些流民，他们在流亡的过程中，变卖了自己的子女。他们中间的一些人为了谋得一口饭，卖身为奴，或许他们中的一些在戏曲演出中有天赋的被动地进入到富家的家乐乐伎队伍，这正是我们所看到的明代社会另一张面孔。

明代家班演戏的兴盛，是从明代中期之后才开始的。在明初则是另一番图景，洪武初年，明太祖朱元璋为了获得社会尤其是士人等精英阶层的认同感，需要树立崇尚儒家纲常教化的正统形象，而“礼乐治国”，重新制定区别元代的礼乐制度，

1 参见张安奇《明稿本玉华堂日记中的戏曲史料》，《中华文化》第2辑。

是朝廷的当务之急[1]。朱元璋在初定天下之时，其他工作还没有来得及开展，就首先开设了“礼乐”二局，向社会广泛征召耆英宿儒，听取他们对于国家礼乐制度建立的意见[2]，“锐志雅乐”。雅乐是与国家政治生活密切联系的一种礼乐形式，在国家层面的重大庆典祭祀上演出，用来纪功德祀鬼神、成教化助人伦。早在周代就有了较为规范的“文武二舞”的形式——文舞以歌颂帝王以文德治天下，武舞以歌颂统治者的武功。至汉、唐、宋各朝各代统治者均十分重视雅乐的正统礼乐地位。在朱元璋的眼里，元代时期礼崩乐坏，胡虏之声与正音相杂，古乐俱废，唯有淫词艳曲充斥朝野，“何以为治”[3]？打击淫词艳曲的俗乐戏曲自然也就成了明代朝堂“锐志雅乐”工作的一部分。同时，明太祖朱元璋还认为：民间“恒歌酣舞”，不事生产，不利于自己治国理念中“农本”思想的贯彻；军卫所中官兵沉迷戏曲，不习武，严重影响到了国家的防务安全，必须严加禁戒。

朝廷在洪武六年（1373）诏令礼部申禁天下乐人不得以古代圣贤明君义士为搬演解色[4]，而后在洪武三十年（1397）更定的《大明律》中，进一步完善了条款：“凡乐人搬作杂剧戏文，不许装扮历代帝王后妃忠臣烈士先圣先贤神像，违者杖一百；官民之家，容令装扮者与同罪；其神仙道扮义及义夫节妇孝子顺

1　王斌《明朝禁戏政策与明代戏剧研究》，南京大学 2013 年博士论文。

2　《明史》卷四十七“志第二十三”之“礼一”。

3　《明太祖实录》卷六十六，中华书局，第 1245 页。

4　《明太祖实录》卷七十九，中华书局，第 1440 页。

孙劝人为善者，不在禁限。”[1] 在规定演剧内容形式的同时，还严令了对官民之家违令的处罚。对于官宦士大夫严格管束，不仅严令禁止演剧，还明令规范官员不得与乐户优伶有过多接触和交往：“凡官吏娶乐人为妻妾者，杖六十，并离异。”[2] 在乡村禁戏。朱元璋为了监视民间是否看戏取乐，还曾命令在城街中心建立高楼，督促士卒在高处侦查，如果听到有“弦歌饮博”之声，就将触犯者缚至高楼倒挂，任其“饮水三日而死”[3]。在军中禁戏，也有明令严处，“在京但有军官军人学唱的，割了舌头；下棋打双陆的，断手；蹴圆的，卸脚；做买卖的，发边远充军”[4]。客观上讲，明初的禁戏在一定程度上更正了元代社会从上至下的一种糜烂的社会风气，在“正民风”上起到了应有的作用。但从另一个方面上讲，限制了明初戏曲艺术的多样性发展。

到了明代中期，这些政令形同虚设，一些官宦之家也纷纷开始豢养家班演戏，对于明初的诏令视而不顾。如苏州王锡爵、申时行这些曾官至首辅大臣的朝堂官员家中都开始豢养家班演戏。其中申时行家的家班，还是明代中叶间苏州上三班之首，

1 明洪武三十年五月刊本《御制大明律》，《刑律三》“搬做杂剧”条，转引自王利器《元明清三代禁毁小说戏曲史料》，上海古籍出版社，1981 年版，第 13 页。

2 《大明会典》卷一百六十三“婚姻”，明万历十五年内府刊本。

3 李光地《榕村语录》卷二十二，王利器《元明清三代禁毁小说戏曲史料》，上海古籍出版社，1981 年版，第 12 页。

4 顾起元《客座赘语》卷十“国初榜文”，《明代笔记小说大观·二》，上海古籍出版社，第 1462 页。

演艺技艺高超，所演《鲛绡记》为时人称赞[1]。导致这些禁戏政令在明代中后期废弛的原因是多方面的：其一是明代中后期，社会经济和文化的发展，财富的积累，带动了追求享乐的社会风气的蔓延；其二是禁戏令本身存在的缺陷，无法对戏剧进行全面禁止，为戏剧的发展留下了适当的空间；其三是皇帝个人对于戏剧的爱好，和宫廷演剧风尚对于士大夫的影响，上行下效，从而带动了士大夫家班小剧场的发展[2]。

这种景象的反差，正反映了明代建国初期朝堂所颁布的政令，在中后期的社会经济文化发展中所遭遇的新问题，并不能适时调整和改变，而在“后世有言更祖制者，以奸臣论”[3]的大帽子下，不敢轻言改变，朝野上下也只能是一种逐渐无视性的废弛，这是明代社会在许多方面的一个政治常态，从而导致了明代社会在这些方面呈现出一种纠结和矛盾的图景。

从戏剧《汉宫秋》到《汉宫春晓图》

改编自汉元帝时期昭君出塞故事的元曲《汉宫秋》，是元代著名曲作家马致远的代表作之一，被后世认为是与《窦娥冤》《梧桐雨》《赵氏孤儿》齐看的元曲四大悲剧之一。它讲述的

1　郑桐庵《周铁墩传》“吴中故相国申文定公家，所习梨园为江南称首”。参见褚人获《坚瓠集》卷一，浙江人民出版社，1986 年版。

2　王斌《明清禁戏政策与明代戏剧研究》，南京大学博士论文。

3　《明史》卷三“本纪第三”之“太祖二”。

是昭君出塞另一个的版本。元曲《汉宫秋》反映元代社会，汉人在异族强势之下的生存处境。该剧讲述汉元帝派毛延寿去民间挑选宫女，毛延寿凭借手中权力收受贿赂。民女王昭君因不肯向毛延寿行贿，被画成丑女，因而被打入冷宫。后汉元帝巡视后宫偶然得见王昭君，遂加以宠爱，封为明妃娘娘。毛延寿自知罪责难逃，投靠匈奴，并将王昭君的美人图献给了呼韩邪单于，怂恿呼韩邪单于以兵戎相见要挟汉元帝索要王昭君为妻。汉朝文武百官畏惧匈奴兵马，劝汉元帝割爱，以美人换和平。汉元帝无奈，只得送昭君出塞，并亲自到灞桥送别。汉元帝回宫后，面对王昭君的画像，形影相吊，满腹悲怨一发不可收，在梦中与明妃再聚；而王昭君不舍故国，衷情于汉元帝，在汉蕃交界的黑龙江投水而亡。身为汉人的马致远，应该深知北宋时期二帝被虏，后妃们青衣行酒的前事屈辱。他安排昭君投江而死，以完气节，把汉元帝面对强势压迫的痛心疾首的悲情写得更是如泣如诉，使得《汉宫秋》流传千古：

> ［梅花酒］呀！俺向着这回野悲凉：草已添黄，兔早迎霜；犬褪得毛苍，人搠起缨枪；马负着行装，车运着粮，打猎起围场。他、他、他伤心辞汉主，我、我、我携手上河梁。他部从入穷荒，我銮舆返咸阳。返咸阳，过宫墙；过宫墙，绕回廊；绕回廊，近椒房；近椒房，月昏黄；月昏黄，夜生凉；夜生凉，泣寒螀；泣寒螀，绿纱窗；绿纱窗，

不思量。

[收江南]不思量除是铁心肠。铁心肠也愁泪滴千行。美人图今夜挂昭阳，我那里从养，便是我高烧银烛照红妆。[1]

在《汉宫秋》中，汉代的皇帝被塑造成了一个忠于爱情，却迫于匈奴兵马武力，而让自己的爱妃成为外族人之妻的“平民式”的弱者形象——似乎这种有着平民色彩的爱情故事，更容易为世人所接受——这样一种写作与原本的历史史实存在着很大的出入。但它的成功，却有着很强的市场基础，受到了戏剧爱好者的欢迎。同时，由于《汉宫秋》戏剧在明代社会中的广泛传播和所产生的社会影响，“汉宫”成为明代一个重要的图像和场景概念。在明代，明人创作的另外几部戏曲《琴心记》《紫钗记》《霸亭秋》[2]，均出现了“汉宫春晓”的场景或话题；另外，在元杂剧《汉宫秋》之外，昭君故事被明人改写成传奇故事而搬上舞台，目前所知共有戏曲选本 16 种，共计 25 个出次的选择，其中明传奇《和戎记》是出现最早而且传播最为广泛的一种[3]。《和戎记》的作者今天已经无法考究，其中口语和典故并用，雅俗共赏的特征说明，它不同于《汉宫秋》出自文人之手，而是民间艺人集体创作的。它的写作更多地照顾了普

1 元曲《汉宫秋》第三折。

2 沈自徵《盛明杂剧初集二集》《霸亭秋》。

3 张文德《明代戏曲选本昭君戏考论》，《艺术百家》2009 年第 4 期，第 149 页。

通大众的欣赏趣味，这样的一个特点决定了《和戎记》在明代社会传播的广度和深度，它对后世昭君戏的影响很大。明清时期的曲选和曲谱所选昭君戏，多出自《和戎记》[1]。以“汉宫”为背景的昭君故事，在明代社会的传播深度和广度，必定会在其他艺术形式上有所体现。

这种首先在戏剧中流行的“汉宫春晓”“汉宫”的概念，在很大程度上影响了当时人对于汉宫形象的理解和接受。一些原来唐宋时期流传下来的以宫廷生活场景为描绘对象的绘画，在历史文献中原本是唐宫、吴宫的视觉形象，在明代也逐渐地被变更为了“汉宫”的概念。如唐代中后期擅长画宫宇人物的画家尹继昭，他在唐人郭若虚的《图画见闻志》和宋代《宣和画谱》中均有传记载，列在他名下的绘画作品为：《移新丰》《阿房宫》《吴宫》等图[2]，显然在这些可以确信的历史文献记载中，尹继昭并未有《汉宫春晓》类的作品流传下来，但在清前期卞永誉编撰的《式古堂书画汇考》中所载尹继昭的作品，突然多了一张《汉宫春晓》的团扇，原作我们今天已经看不到，但从记载的文字描绘“团扇，绢本，著色。宫人晓状，绿荫深院”。以及宋高宗的题诗：“名花倾国两相欢，长得君王带笑看。解

1　甄静《元杂剧〈汉宫秋〉与明传奇〈和戎记〉比较研究》，《戏剧文学》2010年第8期，第77页。

2　郭若虚《图画见闻志》卷二，记载尹继昭存世作品为：《移新丰》《阿房宫》《吴宫》等图；《宣和画谱》卷八，记载尹继昭存世的作品有四件：汉宫图一，姑苏台二，阿房宫一。这说明从唐代到宋代，存在着一个名称的转变，估计很有可能《吴宫》在宋代被称作了《汉宫图》。

释春风无限恨，沈香亭北倚栏杆。”[1]从这些信息之中可以推断出，这个题名《汉宫春晓》的团扇作品只是一张普通的宫宇人物画，并没有明显可以指向汉宫的符号元素。如果这张画作真是尹继昭的真迹，则很有可能还是他在郭若虚《图画见闻志》中记载的那样，本来表现的是阿房宫或者吴宫唐宫之类的宫宇人物画，而到明清时期，突然被深受当时戏曲文化影响的明代收藏家和鉴赏家冠以了《汉宫春晓》的题名。这样的例子还可以举出一些来，·个基本的认识是：在元曲《汉宫秋》之前的宫宇人物绘画图像之中，“汉宫春晓”的题材并没有明确的记载，而是在明代深受戏剧文化浸染的语境之中，突然多出了很多的“汉宫春晓”概念的绘画、工艺品装饰等图像，一些过去的“阿房宫”“秦楼”“吴宫”“唐宫”也逐渐被变更为了“汉宫”。这是戏剧文化对于明代社会影响的一个图像学上的证据。

明代“汉宫”概念在视觉图像中最大的成就是：明代仇英所绘制的宫宇人物画《汉宫春晓图》（图 4.10），它是中国绘画史上最重要的作品之一，与宋代张择端的《清明上河图》一道，被视作中国传世绘画十大经典作品之一。“汉宫春晓”画题概念在明代兴起之后，逐渐发展成为一个重要的绘画题材，并深刻地影响到后来的清代宫廷绘画和工艺创作。

1 《中国书画全书》第九册，上海书画出版社，2009 年版，第 536 页。所录之诗为李白《清平调·其三》，描写的是唐宫中杨贵妃与唐明皇的爱情故事，呈现的是“唐宫春色图”。

图 4.10　仇英《汉宫春晓图》　台北故宫博物院藏

仇英所绘的《汉宫春晓图》，显然不是对于戏曲《汉宫秋》或者《和戎记》等戏文故事的一个直接翻版，它是一种新的图像创造。这种创作与画家仇英的身份、经历有着直接关系。

漆工出身的仇英，因为天赋异禀，而得到同时代文徵明、唐寅等人的帮助和提携，并被引荐到周臣的门下学习绘画。声名鹊起后，被同时代的一些收藏家如项元汴和富商大贾延请至家中临摹古画和创作。在与这些人的交往之中，开拓了仇英的艺术视野，接触了许多前代名画。“凡唐宋名笔，无不临摹，皆有稿本，其规仿之迹，自能夺真。”[1]

仇英在绘画中，描绘了“汉宫”之中宫女贵妃们娱乐生活的一系列场景，这些场景很多是我们在唐宋绘画中所似曾相识的，如《汉宫春晓图》熨烫场景与唐代人物画家张萱的《捣练图》是完全一致的，从宫女们下棋场景也可以见到唐代《弈棋图》的影子，而吹奏和跳舞场景，也能看到对五代顾闳中名画《韩熙载夜宴图》的借鉴，还有对《宫女戏儿图》的借鉴。这些历史的名画，仇英是有机会在江南大收藏家的珍藏中见到的。据记载，仇英晚年绘画创作生涯的大多数时间是在嘉兴大收藏家项氏家中做画仆度过的，嘉兴项氏的古书画收藏，从今天的统计数据来看，当年项氏收藏几乎是今天的半部中国书画史。仇英寄住在收藏家家里时，接触和临摹了大量的唐宋元古画。这一经历一方面可以看作是仇英在向古人学习，另一方面则是在

1 姜绍书《无声诗史》，山西教育出版社，2015 年版，第 51 页。

帮助江南大收藏家们为了各种目的而绘制赝品和仿品。如我们在前面章节中所提到的《村童闹学图》就是仇英临摹的宋人古画《临宋人画册》，它是仇英临摹宋人单页和团扇的合册，共15幅画，其他流传下来的临摹作品还有不少。这些流传下来的临摹作品，反映了一个重要史实，就是仇英从江南大收藏家的收藏中见过大量的历史名画。这些对于历史名画的视觉记忆，为他创作《汉宫春晓图》奠定了很好的基础。他可以很轻易地从他过眼的历史图像中，掂取他所需要的历史人物形象和历史场景，组合在自己的作品中。从《汉宫春晓图》的题跋中我们得知，《汉宫春晓图》最初的资助者和收藏者正是嘉兴的项氏。同样是喜欢戏剧的项氏，并在家中豢养家班演戏，或许正是从流行戏剧的“汉宫”概念中受到启发，而给出画家仇英所要求的命题——从项元汴题在《汉宫春晓图》后面题跋“值二百金，子孙永宝”，可见项氏对于仇英创作《汉宫春晓图》的珍爱程度——这个从自身对于戏剧喜好出发的命题，在无意之中开创了中国绘画史中一个崭新的画题，并进一步影响到清代和后世。

在清代宫廷中，《汉宫春晓》成了乾隆皇帝最为喜欢的绘画画题之一，根据造办处档案记载，清宫曾藏有仇英的《汉宫春晓图》及其临本摹本达16幅之多[1]。就连在清代小说《红楼梦》

1　王怀义《宫廷·闺阁·庭院——仇英〈汉宫春晓〉与〈红楼梦〉》，《红楼梦学刊》2020年第1辑。

中，也出现了题名为《汉宫春晓》的装饰屏风[1]，可见这一画题成为当时社会的热门。

同时在这个拼合的“虚构的历史场景”中，我们同样看到了明代的“时尚场景”。首先，虽然名为“汉宫”，我们从图像中的仕女服饰和头饰的装扮风格上可以看出，这并不是汉代的宫女、仕女的装束，而与当时明代女子的形象有着极为相似的地方，如明代女子在高髻上插一支金凤，口衔珠滴，脑后垂余发，正是图像中宫女常见的头饰装扮。在宫女的形态和服饰的特征上，则既可以看到唐宋仕女的一般风韵，又能见到明代女性的时尚衣着，如明代女性服装上衣下裙，肩背围有“云肩”，衣作加领，领上有纽扣，这是明代女性服饰的一个特色，在宋代尚未出现加领和纽扣这样的风格。或许这其中描绘的一些场景，极有可能是当时明代社会中极为流行的乐伎演奏和戏台演出的场景。

从仇英将历史上流传下来的一些名画的形象和场景嫁接在《汉宫春晓图》之中的这一创作手法来看，它是否还受到来自戏剧舞台这种艺术形式的启发，或者说仇英又是从哪些具体的

---

1 《红楼梦》第九十二回“评女传巧姐慕贤良玩母珠贾政参聚散”冯紫英道：“小侄与老伯久不见面，一来会会，二来因广西的同知进来引见，带了四种洋货，可以做得贡的。一件是围屏，有二十四扇槅子，都是紫檀雕刻的。中间虽说不是玉，却是绝好的硝子石，石上镂出山水人物楼台花鸟等物。一扇上有五六十个人，都是宫妆的女子，名为《汉宫春晓》。人的眉目口鼻以及出手衣褶，刻得又清楚又细腻。点缀布置都是好的。我想尊府大观园中正厅上却可用得着……”

地方吸收了戏剧的元素？具体而言，无从得知，我们只能从图像学的角度做一些分析和推测。

首先，《汉宫春晓图》展现的空间，是一个类似于戏台的三面封闭的半开放空间：起于画的开端和终于画末端的宫墙，以及画面上端的宫宇建筑，就像戏台上的围栏将登台的人物圈定在三面封闭的空间之中；在画面的下端，向台下的观众敞开，台下的观众从自己立足的地方可以看清楚戏台人物几乎所有的细节，尤其是那些标示她们身份的行头[1]。在这个大的由宫墙和建筑围成的大舞台之中，宫墙之内四处宫殿建筑，它们面向观看者敞开的空间，同时构成了四个小型的舞台，人物集中在这四个"舞台"空间之中，相互呼应，组成了戏剧中具体的一个个场景。这样一种多个戏台并列出现的舞台形式，称作为联台，常见的有二联台、三联台。在明代现实生活中，三联台如山西运城市盐池庙，明代所建，大殿为三间并列，大殿对面的戏台也是并列的三座；又如山西万荣县后土庙戏台，也是三座戏台呈品字形互相叠立[2]。这些历史的实物资料为我们提供了重要的视觉证据；其次，画面中所描绘的人物活动安排，又仿佛是戏剧中随着剧情展开的每一"出"场景：她们或散或聚，或坐或站，她们在观鸟、喂孔雀、浇花、摘花、梳妆、演奏、跳舞、读书、斗草、对弈、熨烫、戏婴、绣花、写影、捕蝶等。这其中在仇

1 戏曲演员演出时用的服装，包括盔头、靠把、衣服、靴子等。

2 转引自廖奔《中国古代剧场史》，中国书籍出版社，2020 年版，第 211 页。

图 4.11　冷枚《仿仇英汉宫春晓图》　台北故宫博物院藏

英《汉宫春晓图》所描绘的浇花场景，也正是明代戏曲《琴心记》中第十三出“汉宫春晓”的场景，戏文中女主和贴花女主唱和诗句的场景“（旦贴）银瓶先汲甘泉水，欲喷宫前几树花”[1]。图像的描绘和文字的叙述，别无二致，四个宫女侍女，正拿着汲满水的长颈瓶，站在庭院的花坛前给花圃中的牡丹浇水。另外，我们对比一下宋元时期的宫宇人物画，会发现仇英的《汉宫春晓图》有一个重要的突破。以往的宫宇人物画，本质上是表现宫宇建筑的界画，人物在画面中所占的比例较小，往往成为建筑界画的点景人物。而仇英的《汉宫春晓图》，人物是主体，建筑物成为人物的陪衬，是在为人物活动安置一个“舞台”，这是仇英在这个画题上的重要突破。

对比清代康熙年间冷枚的《仿汉宫春晓》和清院本《汉宫春晓图》（乾隆六年等本），我们可以看出它们与仇英《汉宫春晓图》在构图空间上的一种差异，清院本描绘了高空俯瞰的皇家宫廷建筑群落。用回廊、宫墙将画面空间分割成零散和各自封闭的小空间，人物点缀其中，画面整体体现了宫殿建筑的宏伟、繁华和庭院景致布置的复杂，人物是安置在繁杂的建筑物群中的一个弱化对象。而仇英在处理《汉宫春晓图》画面的空间，技巧上相对简单，没有局限于现实的宫廷园林的建筑空间，去表现庭院空间的幽闭曲折，他在画面中呈现的就是一种直白的，直接面向观看者的简单化的单向空间，在这个空间之

1 《六十种曲》，《琴心记》第十三出“汉宫春晓”。

中，宫廷建筑是人物活动的“戏台式”空间要素。

毋庸置疑，清代《汉宫春晓图》诸本均是依据仇英的《汉宫春晓图》作为前文本而创作出来的，它们有着仇英《汉宫春晓图》的影子，并借用了仇英的画题和表现内容，以及手卷这种绘画表现形式。但是他们在处理画面空间上却有着明显的不同，这种不同来自创作者不同的视觉感知基础。清院本的创作者们的视觉感知基础，首先是在他们前面的仇英《汉宫春晓图》这个前文本，另一个是他们对于皇家宫廷园林的熟悉，以及来自清廷皇帝对于他们创作的具体要求，尤其是后者对于他们的影响，决定了他们的创作会与仇英的创作在视觉形式上的不同；而社会底层漆工出身的仇英并不熟悉皇家宫廷的内部结构，对于“汉宫”的理解，来自留存在收藏家家里的那些古代宫宇界画。显然在这些作品中又缺乏他可以直接借鉴的范本，因为它们还停留在宫宇界画的范畴；而另一个最为直接也是最重要的视觉感知基础来自他的现实生活，他对于“汉宫”概念最主要的感知形式，就是他那个时代最重要的娱乐形式——戏剧，表现汉宫故事的戏剧或者剧本。在这种艺术形式中，他从扮演历代传奇故事的宫女皇妃的演剧装扮中，了解到宫廷的服饰知识，和她们在戏台空间中的活动场景；另一个视觉基础是江南富家的私人园林，这些让他在表现“汉宫”的建筑和园林布景时，有了重要参考。历史图像均包含着时代的影子，不是一句空话，在仇英的《汉宫春晓图》中，我们看到了他所处的那个时代和他周遭的社会环境，它们不同于尹继昭所处的唐代，也不同于冷枚所处的清代，历史图像映照着各自的时代。

再回到仇英《汉宫春晓图》的图像中。绘画中的形象，它们就像是一个个历史的片段再现在一个新的空间之中，这个新的空间就是一个为了安放历史人物所营造的戏台空间。时人乐伎们穿着各式各色的服装，在一个虚设的当代空间之中，扮演着属于历史的传奇故事。在仇英《汉宫春晓图》手卷画中，我们今天看到的其实是一个用手卷形式的绘画空间，展开的是明代社会中正在上演的舞台戏剧故事，也可以说是明代的一个戏剧舞台艺术以另一种形式展现的历史图像。

写真的现场

《汉宫春晓图》中写影的场面，正如戏剧的高潮一样，是仇英在画面中重点表现的场景，这很容易让人联想到毛延寿在汉宫之中为宫女写真的故事。

最早记载王昭君的文献是史书《汉书》《后汉书》，都是基于昭君和亲的简单史实记述，并未有过多的细节。到东晋葛洪的《西京杂记》杂史中，对于昭君故事的演绎，突然多出了一个重要的人物画工毛延寿。画工毛延寿为众宫女写真，王昭君因为独不肯行贿画工，因故被画工画丑了，而不得皇上恩宠，才远嫁塞外和亲。自此之后，所有有关昭君的故事中，画工写真均成为其中一个重要的元素，画工成为推动故事发展的一个关键力量，或者是标志性的图像特征。正是基于这样一个广泛的认识，仇英《汉宫春晓图》中的画工为宫女写真的场面，很容易让观看者，尤其是今天的观看者理解为毛延寿为宫女写真的场景。

其实仇英的《汉宫春晓图》并非对《汉宫秋》或者《和戎记》故事的直接模写，他只是借用了这个在人们心目中所熟知的“汉宫”的概念。这个汉宫中的人物可以是王昭君，也可以是赵飞燕、班婕妤。又或者是画家突破了时人的认知常识，在《汉宫秋》悲剧色彩的基础上，在画面中重新塑造了一个“汉宫秋”的欢快场景，也不得而知。

明人胡应麟在《少室山房集》中记载[1]，胡应麟推测仇英画中正在写真的妇人，应该是赵飞燕姐妹，“盖妇人以绰约闻者，古今一赵飞燕耳”。另外，根据明代孙承恩所作的《汉宫春晓图歌为克斋司徒题》：“斜日吹落明星稀，汉家宫里春云低。铜龙漏静午门辟，鱼钥声传万户齐。此时六宫人尽起，宝镜荧荧对梳洗。螺黛妆余积翠烟，残脂涤去流红腻。龙脑入缕罗衣香，朱钿玉珮锵鸣珰。试问宫中谁第一，赵家姊妹夸新妆。东风习习春犹浅，小立徐行娇步软。梦余杨柳尚含嚬，睡足海棠犹力倦。簾垂翡翠挂珊瑚，渐观花影摇金铺。闲理玉筝调锦瑟，官家上直听传呼。列屋盈盈尽妖冶，负宠争怜不相下。饰貌何如饰性情，当熊辞辇何为者。容光或有覆盆遗，燕笑宁知泣向隅。歌舞昭

1 胡应麟《少室山房集》卷一百九，上海古籍出版社，1993 年版，第 788 页。

阳竞春好，凄凉长信恨更迟。春去春来年复年，人生岂得常娇妍。忽忽愁中添绿鬓，匆匆镜里改朱颜。沧海桑田讵胜道，富贵荣华孰长保。试看当时盛丽区，只今无地生芳草。”[1]从这段描述可以了解到《汉宫春晓图》所描绘的正是汉宫中的赵飞燕赵合德姐妹和班婕妤。我们自东晋人留下的杂史中，了解到的画工毛延寿为汉元帝宫女写真的场景，在仇英所绘的图像中，改变成了汉宫中的赵飞燕姐妹。其实这些并不重要，只是说明汉宫的宫女写真，是“汉宫”这个概念中的一个重要图像符号而已。

> 元帝后宫既多，不得常见，乃使画工图形，案图召幸之。诸宫人皆赂画工，多者十万，少者亦不减五万。独王嫱不肯，遂不得见。匈奴入朝，求美人为阏氏。于是上案图，以昭君行。及去，召见，貌为后宫第一，善应对，举止闲雅。帝悔之，而名籍已定。帝重信于外国，故不复更人。乃穷案其事，画工皆弃市，籍其家，资皆巨万。画工有杜陵毛延寿，为人形，丑好老少，必得其真；安陵陈敞、新丰刘白、龚宽，并工为牛马飞鸟众势，人形好丑，不逮延寿；下杜阳望，亦善画，尤善布色。樊育亦善布色。同日弃市，京师画工，于是差稀。[2]

1　孙承恩《文简集》卷二十一，上海古籍出版社，1993 年版，第 272 页。

2　刘歆《西京杂记》卷二“画工弃市”，上海古籍出版社，2012年版，第 16 页。

这则东晋人记载的早期轶事，说明早在汉代，就有了高度成熟的写真技术（肖像画）——至少是在编撰这个故事的东晋时期，已经有写真存影的意识。人们为了各种不同的纪念礼仪、身份习别或者地位诉求等目的而写真[1]。汉元帝的后宫之中，后宫宫女太多，为了便于习别美丑，随时恩宠而写真；我们在前文谈到的明传奇《琵琶记》中，赵五娘为了表孝心，将公婆的真容描画出来带在身边，以便在“乞丐寻夫”的进京路上随时祭拜公婆——当然写真也是创作者设计的一个承接故事发展的要素。同样是明代传奇的《牡丹亭》，剧中的女主角杜丽娘为自己对镜写真，她的最初目的是模糊的，“春香，也有古今美女，早嫁了丈夫相爱，替他描模画样；也有美人自家写照，寄与情人。似我杜丽娘寄谁呵！”[2]但这个写真在剧情发展中，再次成了一个至关重要的元素，她的这幅写真后来被她仍在尘世之中的梦中情人柳梦梅找到，柳梦梅为画像中的美貌所吸引，追寻杜丽娘直至阴间，并使她还魂人间。

其实写真既是一个流传在文字和戏剧中历史图像符号，同时也是明代图像中一个再现的日常现实场景。我们在仇英另一幅表现苏州城市风貌的风俗画《清明上河图》（石渠本）中，同样见到了这个写真的“历史真实”场景（图 4.12），这是一

1 文以诚《自我的界限：1600—1900 年的中国肖像画》，北京大学出版社，2017 年 6 月版，第 3 页。

2 汤显祖《牡丹亭》第十四出“写真”。

图 4.12　仇英《清明上河图》（局部）“写真场景”

个画师正坐在一个儒士模样的人对面，为他描写容貌。正如我们在前面所提及的，明代肖像画技术已经高度成熟；同时，社会需求的增加，是写真绘画在明代流行的主要原因，一般可以承担得起绘制肖像画费用的人和家庭，都会热衷于肖像画的绘制。

斗草的游戏

仇英《汉宫春晓图》中再现的斗草游戏（图 4.13），是明代社会中较为常见的生活场景，在明代出版的日常百科类书《三才图会》中，归属在日常游戏中（图 4.14）。斗草是一种从汉代就开始在中原和江南地区盛行的游戏，尤为妇女和儿童喜欢。其起源与中医药学的“踏百草”“采百药”有关。每逢端午时节，人们纷纷行至郊外采药，成为定俗，收获之余，往往以自己所采集的花草举行比赛。梁朝人宗懔在《荆楚岁时记》中云：“五月五日，四民并踏百草，又有斗草之戏。”到了唐代“斗草”或“斗百草”的游戏依然十分盛行，白居易在《观儿戏》诗云：“弄尘或斗草，尽日乐嬉嬉。”到了宋代，斗草游戏逐渐衍变成一种日常的游戏，参加游戏的人主要是妇女和儿童。这种游戏主要有两种玩法，一种是武斗，一种是文斗。所谓武斗很简单，主要为儿童们所喜爱，就是比赛双方采取一种韧性很强的草茎，相互交叉成“十”字状，然后各自用力拉扯，以草茎不断者为胜。我们在仇英所绘《汉宫春晓图》和《三才图会》等图像中所见明人所玩的斗草游戏，则是文斗，其中几人席地而坐，各人将自己采集的各色花草拿出来，先由一人展示自己采集的花草，并报上名称，另一人接着拿出另一种花草以对仗的形式来报名，依此下去，谁采的花草种类多、对仗的水平高，谁就会是最后的获胜者。这需要一定的植物学知识和文学修养。因此，在中国的传统社会中一直十分流行。《红楼梦》第六十二回中，用文学的手笔记载了这种游戏的具体玩法：

外面小螺和香菱、芳官、蕊官、藕官、荳官等四五个

图 4.13　仇英《汉宫春晓图》（局部）“斗草游戏”

人，都满园中顽了一回，大家采了些花草来兜着，坐在花草堆中斗草。这一个说："我有观音柳。"那一个说："我有罗汉松。"那一个又说："我有君子竹。"这一个又说："我有美人蕉。"这个又说："我有星星翠。"那个又说："我有月月红。"这个又说："我有《牡丹亭》上的牡丹花。"那个又说："我有《琵琶记》里的枇杷果。"荳官便说："我有姐妹花。"众人没了，香菱便说："我有夫妻蕙。"荳官说："从没听见有个夫妻蕙。"香菱道："一箭一花为兰，一箭数花为蕙。凡蕙有两枝，上下结花者为兄弟蕙，有并头结花者为夫妻蕙。我这枝并头的，怎么不是。"荳官没的说了，便起身笑道："依你说，若是这两枝一大一小，就是老子儿子蕙了。若两枝背面开的，就是仇人蕙了。你汉子去了大半年，你想夫妻了？便扯上蕙也有夫妻，好不害羞！"香菱听了，红了脸，忙要起身拧他，笑骂道："我把你这个烂了嘴的小蹄子！满嘴里汗憋的胡说了。等我起来打不死你这小蹄子！"[1]

《全明词》中收录的妓女薛素《醉花阴》："姊妹相携来斗草。赌罢欺侬小。偷看合欢书，岂料侬知，欲向人前道。频搔粉颊含糊笑。低首羞还恼。私许赠鲛绡，再四叮咛，休向人前告。"描绘了行院女妓们的生活场景，其中姊妹之间围坐相互玩斗草

1　曹雪芹《红楼梦》，人民文学出版社，2008 年 7 月版，第 860 页。

图 4.14 《三才图会》“斗草图”

的游戏，正是她们之间一种最为常见的消遣活动。

傀儡戏

刻出形骸假像真，一丝牵动便精神。

堪嗤鼓笛收声后，依旧当时木偶人。[1]

这种操纵活动傀儡的戏剧形式，滥觞于汉代，兴盛于宋代。早在汉代（前206—220），就已有“作魁儡”的风俗，京师百姓在举行红白喜事时，一般都会“作魁儡”，在大家酒酣之后，再“续以挽歌”[2]。但此时的傀儡戏尚处在草创阶段，迟至公元550年至577年的北齐时代，中国已正式形成了由人直接操纵、雕画塑造的傀儡装扮具体人物、当众表演有故事情节的傀儡戏。到了宋代傀儡戏进一步发展，题材多样，铺陈故事更为复杂，以戏剧、说唱为核心[3]，而且因为舞台的灵活性，展演相对其他演艺形式更为方便，所以也更容易获得更大的市场和关注。

根据宋代孟元老《东京梦华录》记载“杖头傀儡、悬丝傀儡、药发傀儡”等名目[4]。《梦粱录》：“凡傀儡，敷演烟粉、

1 易士达《观傀儡》。

2 《后汉书》卷二十三“五行志”，《影印文渊阁四库全书》本。

3 丁牧《中国戏剧的历史》，中国商务出版社，2018年版，第47页。

4 孟元老《东京梦华录》卷十“京瓦伎艺”，中州古籍出版社，2010年版，第89页。

图 4.15 《三才图会》“傀儡图”

灵怪、铁骑、公案、史书历代君臣将相故事话本，或讲史，或作杂剧，或如崖词。如悬线傀儡者，起于陈平六奇解围故事也，今有金线卢大夫、陈中喜等，弄得如真无二，兼之走线者尤佳。更有杖头傀儡，最是刘小仆射家数果奇，其水傀儡者，有姚遇仙、赛宝哥、王吉、金时好等，弄得百伶百悼。兼之水百戏，往来出入之势，规模舞走，鱼龙变化夺真，功艺如神。”[1]

宋代风俗画为后人留下了宋代社会市井中展演傀儡戏的图像，可见这种艺术形式已经深入到了人们的日常娱乐生活中。明代的历史图像同样为我们记录了众多不同展演傀儡戏的场景，一处是仇英的《清明上河图》，一处是明代佚名画家的《南都繁会景物图》，我们可以将这些图像视为明代南京、苏州城市市井之中展演傀儡戏的历史场景，因为这个展演傀儡戏的场景，被安放在一个更大的市井场景之中，而成为市井中的一个构成要素，从而增强了图像观看者对于图像真实性的认同；《三才图会》中“傀儡之图”的版画形式，并没有南京和苏州等这样具体地理空间的具体指向，而可以视作为一种概念化的历史场景展现，它展现的是一个庭院场景，反映一家人在一个相对私密的空间中，在一个较为专业的傀儡戏台前正在观看展演的戏曲故事。不同场景的出现，说明了这种傀儡戏形式在明代的普及程度。

傀儡戏不仅是民间的一种较为普及的演艺娱乐形式，在明

1 吴自牧《梦粱录》卷二十“百戏伎艺”，三秦出版社，2004年版，第317页。

代的皇宫之中，同样受欢迎。明代宦官刘若愚在《酌中志》这部记录明代后期内宫见闻的杂史中，用文字的方式为我们再现了明代内宫之中，展演水傀儡戏的历史场景：

> 又木傀儡戏，其制用轻木雕成海内四夷蛮王及仙圣、将军、士卒之像，男女不一，约高二尺余，止有臀以上，无腿足，五色油漆，彩画如生。每人之下，平底安一榫卯，用三寸长竹板承之。用长丈余、阔数尺、深二尺余方木池一个，锡镶不漏，添水七分满，下用凳支起，又用纱围屏隔之，经手动机之人，皆在围屏之内，自屏下游移动转。水内用活鱼、虾、蟹、螺、蛙、鳝、萍、藻之类浮水上。圣驾升殿，座向南，则钟鼓司官在围屏之南，将节次人物各以竹片托浮水上，游斗玩耍，鼓乐喧哄。另有一人执锣在初旁宣白题目，替傀儡登答，道扬喝采。或英国公三败黎王故事，或孔明七擒七纵，或三宝太监下西洋、八仙过海、孙行者大闹龙宫之类。唯暑天白昼作之，如耍把戏耳。其人物器具，御用监也；水池鱼虾，内官监也；围屏帐幔，司设监也；大锣大鼓，兵仗局也。乍观之似可喜，如频作之，亦觉烦费无余矣。[1]

1 刘若愚《酌中志》卷十六“内府衙门职掌”，《明代笔记小说大观·四》，上海古籍出版社，2005年版，第3000页。

这个为皇上展演的水上傀儡戏，颇费周折，本来傀儡戏是一种便于展演的活动艺术形式，在民间或许一人或者数人就能全部完成演出内容，在宫中动用了皇宫中各个部门，如御用监、内官监、司设监、兵仗局等。演出的场面也较市井之中的傀儡戏更为壮观，需要一个长宽数尺，深两尺的方木水池，木偶托浮在水面上，经躲在帷幔后的人手操动游斗玩耍，另有一人在旁执锣宣唱，替傀儡登答。而演艺节目既有传统的"八仙过海""孙行者打闹龙宫"的故事，也有反映明朝的历史人物的故事，如"英国公三败黎王""三宝太监下西洋"的故事，说明在傀儡戏剧目上明代又有所发展和创新。

明代皇帝热衷傀儡戏，以明熹宗为最甚，他以自己对木工精湛技艺的掌握和理解，对水傀儡戏，加以诸多改进，使之更加机械化[1]。但也有人不喜欢看，嫌弃过于吵闹了。秦元方记载天启年间明熹宗热衷于傀儡戏，而张皇后数次推辞与皇上同看傀儡戏的场景：

> 上创造水傀儡戏，用铜方池纵横各三丈贮水，浮竹板承傀儡。池侧设帐障之，钟鼓司官隐身帐内，引其机，辄应节转动，左右鸣锣鼓者，宣题目者，代傀儡问答者，又数人。所演有方朔偷桃、三宝下西洋等，张后数辞召，不欲观。上强邀之至，不久还宫。"机运铜池绣幔张，玉桃

1　高志忠《明代宦官演戏种类考略》，《文化遗产》2011年第3期，第33页。

偷罢下西洋。中宫性僻嫌箫鼓，翠辇辞归未夕阳。”[1]

高士奇《金鳌退食笔记》卷下“玉熙宫”条记明宫水傀儡戏时，用文字为后人记录一个观看傀儡戏，本该欢乐却实际马上变成了一个伤痛的历史场景：“明愍帝每宴玉熙宫，作过锦、水嬉之戏。一日，宴次报至，汴梁失守，亲藩被害。遂大恸而罢，自是不复幸玉熙宫矣。”[2]崇祯皇帝在玉熙宫用宴时观看水上的傀儡戏，期间有人报李自成攻克了开封汴梁，藩王贵胄全部被杀的消息，崇祯帝悲痛万分，自此不到玉熙宫。

估计，这也是明宫中最后一次傀儡戏演出。

1 秦元方《熹庙拾遗杂咏》，《历代咏史文献大集成》第十一册，北京燕山出版社，2021年版。

2 高士奇《金鳌退食笔记》卷下，北京古籍出版社，1980年版，第146页。

后记：矛盾的图像

对于熟知史料的历史研究者来说，图像所能提供的证据，基本上是他们从文献中早就熟知的东西。因此是否存在“图像证史”的问题，本身值得怀疑。在这样一种情况下，继续从图像出发对于历史的书写，是否还有学术价值？比如，笔者在本书中分析明代中期和后期两个苏州园林图像时，两者观念和风格的转变是我们从史料文献中可以直接看到的现象。图像在直观地佐证史料已经明白记载的历史事实之外，是否还能提供更多的东西呢？这是笔者在写作时，不断地对自己的追问：图像的特质是什么，它要肩负什么样的责任？

图像相对文字而言，它的特质之一就是视觉直观性。图像的视觉直观性是显而易见的，无须再进一步论证。笔者在本书第二章论及明代流民问题时，就曾提到姚虞、杨东明等明代官员，在用文字上报各地灾情时，都附带了图像形式的《流民图》，也正是这种图像的直观力量，给朝堂决策者造成了强烈的视觉震撼，而加快了对于灾情的处理，并加强了赈灾力度。

图像是直观的，同时它也是模糊的。模糊是指图像前面的观看者和图像指向意义的不确定性。在历史之中，图像曾经“遭遇”过无数观看的目光，这些目光的后面是不同的身份。在不同观看之下，图像的意义指向必然像这些观看者的身影一样，在历史的时空之中逐渐模糊起来。历史图像面对不同语境中的观看者会有不同的解读，甚至会有不同的意义指向。比如：宫廷画家谢环在正统二年春三月应“三杨”的邀请，参加了在工部尚书兼谨身殿大学士杨荣的官邸杏园中举行的一场雅集，并绘制了《杏园雅集图》，他绘制图像的目的是什么呢？是像我们以往研究者所解读的那样，这是一场江西籍文官针对当权宦官王振的私密性政治聚会吗？还只是相熟的官员在休沐之日无数次聚会中的一次，只是偶然被画家用图像记载了下来呢？这些图像在制作之后，除了参加的人之外，是否还存在着其他隐藏的观看者？此外，图像制作者本身的身份，是否又为图像赋予了特别的意义？几十年后的李东阳和吴宽等人，他们重复了这种雅集的形式和记忆图式，他们是否就清楚明了当时《杏园雅集图》图像背后的意图呢？这些都是值得追问的，这种追问或许是笔者下一步思考和写作的开始。但这些问题都构成了图像“模糊性”的要素。

又比如：我们在本书第三章所提及的王世贞与《钱穀张复合画水程图》，这个图像制作的目的又是什么？在缺乏传统山水画诗意的运河官道上，画家不厌其烦地描绘运道、水闸、驿站、远处的城墙。这一行为的最初目的一定是复杂的，并具备多重因素交织的特点，复杂性让图像制作的意图模糊起来。它的真实动机又往往会在时过境迁的历史语境之中被逐渐遮蔽，甚至被故意篡改，从而又加重了图像的模糊性。

虽说图像是“模糊”的，但它有时候相对文字文献而言，更加“真实”。在《钱縠张复合画水程图》的分析中，我们隐约地看出了图像比较文字（事后王世贞等人的题跋）更为真实，题跋有时候会为了某种目的，或者是因为语境的改变，又或者是一些不便于用文字语言陈述出来的原因，图像制作的真实意图被文字所传递的意义有意遮蔽，甚至误导。而图像中所呈现的图像制作者的选择视角和观看方式，被无意识保留下来，它们却是最诚实的。

显而易见，历史图像的制作最初的目的并不是要留着作为历史证据，它们在制作的时候，有着各自不同的目的，本书中所提及的图像，很大一部分是作为传统绘画而创作出来的。传统绘画，尤其是那些带有文人画审美趣味的绘画，它们本身存在的目的是区别于史料证据的。它们中一些之所以能作为历史的证据，则是偶然的，是被选择出来的。因为它们本身在文人画内涵之外，因为偶然性，而保留了一些作为历史视觉证据的信息，如沈周的《东庄图》。

传统绘画作为图像，或许并不能让我们直接找到“历史真实”的证据，却可以让我们得知当时人如何看待他们描绘图像对象的态度，他们的态度、视角，本身就是“历史真实”的证据。如在“市井乞丐”一节中，我们对于周臣、黄姬水、张凤翼等人题跋的详细分析，虽然这些不是直接的图像，但它们是历史图像的一部分，代表了图像所反映的时代，人们对待图像中的形象的观看态度。这些既是历史图像本身内容的一部分，同时又是历史的一部分。

所以在这个层面上讲，我们所谓的“矛盾的图像”，或者“另一张面孔”，其实就是笔者作为一个历史图像的观看者，对于“历史真实”的一次接近。但这个过程是否就是在真正意义上的接近或者再现真实的历史呢？这里还是要打上一个大大的疑问号。在“一切历史都是当代史”的大旗之下，所有对于过去历史的认知，都有着自身的合理性。人们研究历史和撰写历史可以从自己所处的现实出发。这样不免就带进了所处时代中个体的意识。这样的历史是否会超越“一切历史都是当代史”的概念，而变成个体认知的演变史呢？这好像又是另一个话题。

图像均有着自己的时代特质。我们在观看明代的图形时，感知到它们的特质，它们是矛盾的。我们从它们的身上，感受了它们的焦虑，一个时代的焦虑。

如笔者在第二章节中通过分析明代的乞丐和流民等图像资料，甚至在像沈周这样的地主身份画家所创作“渔乐图”的意图分析，这些分析均将明代社会指向一个“灾害化的社会”，但这些在以往的解读中常常停留在一种泛泛的感知中，而容易被忽视；此后我们在分析明代手工业和商业的图景中，以及文人商人造园、行旅，戏剧娱乐的图像时，又将明代指向一个“早期商业化”繁荣发展的形象，我们如何来整体地看待明代社会，以及这两个指向性明显矛盾的标签呢？

其实这个矛盾的问题正是明代社会历时 276 年发展过程中所存在的问题。对这个矛盾的进一步思考，会指向明代灭亡的原因。关于明朝灭亡的原因，从清代开始就有了很多观点，如：亡于流寇，亡于朋党之争，亡于宦官乱政，亡于皇帝的昏庸无能，亡于民众贫苦，甚至有亡于学术的观点——王阳明的心学是亡国之学[1]……

其中，有一个观点是值得我们更多关注的。从明代立国者朱元璋所勾画的理想社会“桃花源”式的图景之中，我们可以看出，明代以农业为立国之本，经济上实施的一元化的重农政策，政府的财政税收也极大地来自土地和农业。而灾害化的明代气候条件，给明朝的这个政策开了一个极大的玩笑——大量土地荒废或被兼并、人口脱籍流动、能纳税的人丁骤降。自然灾害的频发对于明代的大地主，同样造成了严重的负担，让一些深受土地赋税之害的地主，产生了“悔为农”的念头。明代中后期以手工业和商业为代表的多元化经济发展，又进一步冲击了单一的农业经济，政府的政策没有适时地转向商业和手工业，政府财政也不能从单一的农业税收转化为真正意义上的多种税收，政府没能从“早期商业化”这个标签中获益，反而是喂肥了个别商人和与商人勾结的权贵，造成社会贫富差距过大，在加重了社会矛盾激发的同时，国家财政吃紧，国家赖以立命的根本也就开始动摇了，所以有研究者说：“明朝与其说亡于

1 陆陇其《三鱼堂文集》卷二《学术辨上》，《影印文渊阁四库全书刊本》。

农民起义、亡于清朝的入主，倒不如说亡于长期无法解决的财政困难。”[1]这也是我们从明代的图像分析中所看到的。

或许这样一种思考和论证，已然超出了笔者作为一个图像解读者所能掌控的范围。本书的写作，笔者并没有企图将图像作为历史事件的证据来进行讨论和研究，当然在某些场合图像本身就具备历史证据的特质，但它不是笔者在这本书中所关注的重点。

或许图像的最后一个也是最重要的一个特质，就是可以“让作者和读者一道来检验”[2]。因为任何人都有解读图像的能力，在图像的面前，作者和读者是平等的，大家都是面向图像的观看者——还有一点需要强调，人类这种能力的获得，是早于人类创作文字的。在文字出现之前，人类就已经习得了用图像思考和记忆的能力——这样一种打量，让我们明白了，对于图像的研究，我们更应该关注与你同在的读者，他们是和研究者平等的——他们的存在，让写作者变得圆滑起来，在没有设计缜密的陈述铺垫或是“诱导”之前，不敢妄下定论，有时还不得不避开直接叙述出其实早就存在你脑海中的“成见”，而只能将继续思考的权利，甚至发言的权利留给读者。

---

1 方志远《明朝百年的社会进步与社会问题》，《吉林大学学报》2012年第5期。

2 Peter Paret, Imagined Battle: Reflections of War in European Art (Chapel Hill,1997),p.14. 参见彼得·伯克《图像证史》，北京大学出版社，2018年版，第294页。

笔者也深信，读者在阅读这本书时，在与明代的图像“遭遇”的过程中，同样会找到自己思考的切入点，以及思考的乐趣。

因为图像研究或者说图像的责任，就是寻找图像前面的观看者。

图书在版编目（CIP）数据

另一张面孔：图像中的明代社会 / 金匠著. -- 南京：江苏凤凰美术出版社, 2023.7

ISBN 978-7-5741-1094-6

Ⅰ. ①另… Ⅱ. ①金… Ⅲ. ①社会史－研究－中国－明代 Ⅳ. ①K248.07

中国国家版本馆CIP数据核字（2023）第135079号

选题策划　毛晓剑
责任编辑　陆鸿雁
项目协力　刘秋文
封面设计　杜文婧
版式设计　周伟伟
责任校对　吕猛进
责任监印　生　嫄
责任设计编辑　郭　渊

封面题字　无　我

书　　名　另一张面孔：图像中的明代社会
著　　者　金　匠
出版发行　江苏凤凰美术出版社（南京市湖南路1号　邮编：210009）
制　　版　南京新华丰制版有限公司
印　　刷　南京爱德印刷有限公司
开　　本　889mm × 1194mm　1/32
印　　张　11.5
字　　数　205千
版　　次　2023年7月第1版　2023年7月第1次印刷
标准书号　ISBN　978-7-5741-1094-6
定　　价　98.00元

营销部电话　025-68155675　营销部地址　南京市湖南路1号